2e secondaire

D1318723

♡

juana Bedaya

Espace Temps

2e édition

HISTOIRE

2

Cahier de savoirs et d'activités

Raymond Duchesne

Pauline Gélinas

Geneviève Goulet

Juana Bedoyo
II D

PEARSON

Montréal Toronto Boston Columbus Indianapolis New York San Francisco Upper Saddle River
Amsterdam Le Cap Dubaï Londres Madrid Milan Munich Paris
Delhi México São Paulo Sydney Hong-Kong Séoul Singapour Taipei Tōkyō

Directrice à l'édition
Chantale Quirion

Chargées de projet
Lucie Choquette (édition originale)
Diane Legros (2ᵉ édition)
Dominique Page (édition originale)
Danie Paré (2ᵉ édition)
Hélène Pelletier (édition originale)

Réviseurs linguistiques
Diane Legros (2ᵉ édition)
Dominique Page (édition originale)
Danie Paré (2ᵉ édition)

Correcteurs d'épreuves
Pierre-Yves L'Heureux
Richard Lavallée (édition originale)

Recherchistes (photos, textes et droits)
Pierre Richard Bernier
Jocelyne Gervais (édition originale)
Marie-Chantal Masson (édition originale)

Directrice artistique
Hélène Cousineau

Coordonnatrice aux réalisations graphiques
Sylvie Piotte

Couverture
Frédérique Bouvier (édition originale)
Benoit Pitre (2ᵉ édition)

Conception graphique
Interscript (édition originale)
Benoit Pitre (2ᵉ édition)

Édition électronique
Interscript

Cartographie
Groupe Colpron

Illustrations
Michel Rouleau (p. 52 et 90)
Volta (p. 271)

Réviseurs scientifiques

Géraud Turcotte
    Professeur d'histoire
    Cégep de l'Outaouais

Jean-Louis Vallée
    Centre d'études collégiales de Montmagny

Marc Vallières, Ph. D.
    Département d'histoire
    Université Laval

Nous tenons à remercier sincèrement les enseignants et conseillers pédagogiques suivants pour leur participation à différentes étapes de l'élaboration de cet ouvrage:

Annick Beaudoin, école des Deux-Rivières, commission scolaire René-Lévesque

Kim Beaumier, académie les Estacades, commission scolaire du Chemin-du-Roy

Nathalie Bergeron, collège Saint-Jean-Vianney

Lucie Blouin, école De Rochebelle, commission scolaire des Découvreurs

Catherine Boisvert, école secondaire La Frontalière, commission scolaire des Hauts-Cantons

Éric Boivin, école secondaire de l'Odyssée/Lafontaine, commission scolaire des Rives-du-Saguenay

Marie-Line Campeau, collège Laval

David Choinière, collège Mont-Sacré-Cœur

Sonia Dorion, école secondaire Champagnat, commission scolaire de l'Énergie

Christine Fillion, école secondaire Roger-Comtois, commission scolaire de la Capitale

Valérie Ftouh-Ghammat, collège Regina Assumpta

Anne-Marie Gaudreau, polyvalente Hyacinthe-Delorme, commission scolaire de Saint-Hyacinthe

Frédéric Gobeil, école secondaire d'Oka, commission scolaire de la Seigneurie-des-Mille-Îles

Mélanie Guérin, école secondaire de Chambly, commission scolaire des Patriotes

Michel Harvey, école internationale Lucille-Teasdale, commission scolaire Marie-Victorin

Manon La Rochelle, école du Mistral, commission scolaire des Phares

Sophie Laroche, polyvalente Louis-Saint-Laurent, commission scolaire des Hauts-Cantons

Manon Lavoie, école secondaire des Timoniers, commission scolaire des Grandes-Seigneuries

Marie-Pierre Lavoie, collège Reine-Marie

Liette Losier, école secondaire Armand-Saint-Onge, commission scolaire Monts-et-Marées

Patrick Mathurin, école Antoine-Roy, commission scolaire Chic-Chocs

Manon Paquet, école secondaire La Source, commission scolaire de Rouyn-Noranda

Marie-France Rochon, polyvalente Deux-Montagnes, commission scolaire de la Seigneurie-des-Mille-Îles

David Thibault, collège Letendre

TABLE DES MATIÈRES

DOSSIER 6
LA CONQUÊTE DES DROITS CIVILS ET DES LIBERTÉS 190

UN APERÇU DE TON CAHIER

LES PAGES D'OUVERTURE

Pour te permettre de situer dans le monde le territoire de la ou des sociétés étudiées dans le dossier.

Pour piquer ta curiosité sur un aspect marquant ou une caractéristique de la période à l'étude.

Pour te permettre de situer dans le temps la période à l'étude.

Les questions t'aideront à te familiariser avec différents sujets traités dans le dossier.

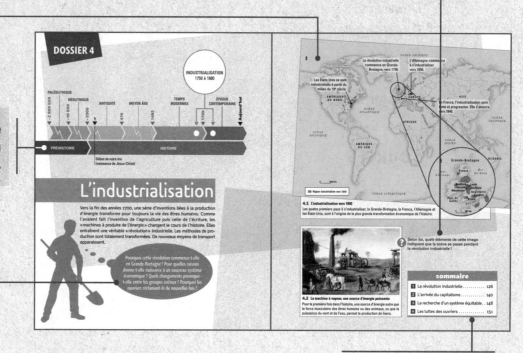

Pour voir d'un coup d'œil le contenu d'un dossier.

QUELQUES PAGES D'UN DOSSIER

Écrits en bleu, les termes difficiles et les concepts à l'étude sont définis dans la marge de la page où ils apparaissent la première fois.

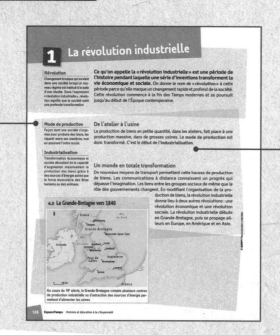

L'information est divisée en blocs de contenu suivant une séquence logique et progressive, pour t'aider à mieux comprendre les liens entre les différents points abordés.

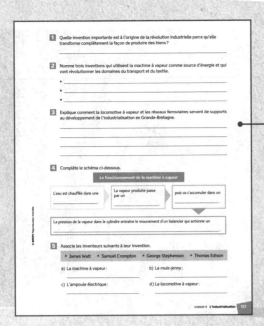

Des activités nombreuses et variées t'invitent à vérifier ta compréhension des contenus.

LES ACTIVITÉS SYNTHÈSES

Pour valider ta compréhension des principaux éléments du dossier, des activités synthèses sont regroupées à la fin de ton cahier.

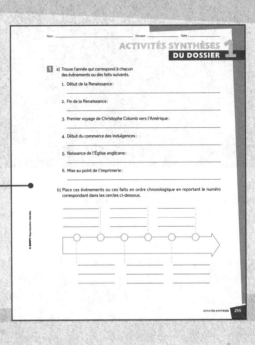

LA BOÎTE À OUTILS

De l'information pour t'aider à faire les activités ou te permettre de mieux comprendre ce que tu viens de lire.

0.1 L'horloge astronomique de la cathédrale de Strasbourg, en France, construite au 16e siècle

En route vers l'histoire

L'utilisation des unités de mesure du temps, des cartes et du schéma des causes et des conséquences est essentielle pour comprendre l'histoire. Elle permet d'organiser les événements dans une suite logique et de les situer les uns par rapport aux autres.

Combien de mois dure ton abonnement à la bibliothèque municipale ? une année scolaire ? Quel est le trajet entre chez toi et ton école ? Pourquoi as-tu quitté l'école primaire ?

0.2 **Les peintres de la Renaissance**

Ces peintres ont innové en intégrant la perspective à leurs toiles. Elles donnent l'illusion d'être en trois dimensions.

0.3 Une photographie tirée du film *Les Temps modernes*, de Charlie Chaplin

? D'après toi, que souhaite démontrer dans cette scène le réalisateur de ce film ?

1 Les unités de mesure du temps

En histoire, nous étudions différentes périodes de temps. Pour ce faire, nous utilisons un vocabulaire pour exprimer les différentes mesures du temps.

A Des mots pour parler du temps

Ainsi, il existe différents mots pour exprimer des durées exactes comme une année, un siècle ou un millénaire. Il existe aussi différents mots pour exprimer une période de temps moins précise comme une génération, une période ou une ère.

1 À l'aide de la banque de mots, remplis le tableau ci-dessous.

- Une minute.
- Une heure.
- Une semaine.
- Un siècle.
- Une année.
- Un millénaire.
- Une décennie.
- Un jour.

60 secondes	Une minute
60 minutes	Une heure
24 heures	Un jour
7 jours	Une semaine
52 semaines	Une année
10 années	Une décennie
100 années	Un siècle
1000 années	Un millénaire

2 Pour chacun des énoncés suivants, indique l'unité de mesure du temps la plus appropriée.

a) De l'an 1001 à l'an 2000. _____

b) Une pause publicitaire à la télévision. _____

c) De 1491 à 1500. _____

d) Du dimanche au samedi. _____

e) De 1201 à 1300. _____

f) La durée d'un cours d'histoire au secondaire. _____

g) Le 21 mars, c'est le printemps. _____

h) La durée d'une journée d'école. _____

i) La vie d'une personne. _____

3 Selon toi, quelle unité de mesure est utilisée le plus fréquemment en histoire ? _____

4 Relie chaque mot à la bonne définition.

Période marquée par un événement ou un personnage important. •

Durée entre la naissance d'un enfant par rapport à celle de ses parents. •

Bref intervalle de temps. •

Durée plutôt longue qui commence à un point précis et qui se termine à un point précis. •

Durée caractérisée par une série d'événements semblables. •

• Une génération.

• Une période.

• Une époque.

• Une ère.

• Un moment.

5 Parmi les énoncés suivants, encercle ceux qui représentent une durée indéterminée.

• La génération de mes arrières-grands-parents.

• Martin Luther King a été assassiné le 4 avril 1968.

• Il y a eu plusieurs guerres au cours de l'histoire.

• Au début de la Seconde Guerre mondiale, Hitler contrôlait la Pologne.

• Les États-Unis adoptent la déclaration d'Indépendance en 1776.

• Karl Marx a vécu de 1818 à 1883.

B L'ordre chronologique

En histoire, il est essentiel de placer les événements en ordre chronologique, c'est-à-dire l'ordre dans lequel ils se sont déroulés. Pour ce faire, il faut classer les événements du plus ancien au plus récent.

1492 → 15ᵉˢ

L'an 1

Pour situer les événements dans le temps, nous utilisons un point de référence : la naissance de Jésus-Christ, qui marque l'an 1. L'an 0 n'existe pas. C'est l'an -1 qui précède l'an 1.

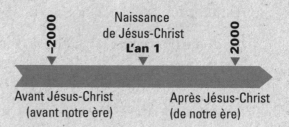

1 a) Sur la ligne du temps ci-dessous, place les événements suivants en ordre chronologique. Chaque intervalle équivaut à 100 ans.

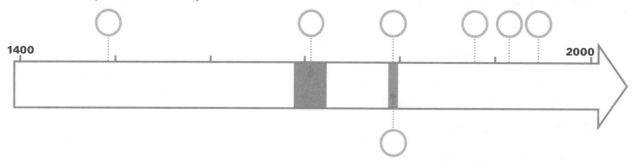

A. Indépendance de l'Inde, le 15 août 1947.

B. Découverte de l'Amérique par Christophe Colomb, en 1492.

C. Règne de Pierre le Grand, de 1689 à 1725.

D. Invention de l'ampoule électrique en 1878.

E. Exécution de Louis XVI de France, le 21 janvier 1793.

F. Révolution française, de 1789 à 1799.

G. Début de la Première Guerre mondiale en 1914.

b) Indique quels événements se sont passés avant le 19ᵉ siècle.

_____

_____

_____

c) Quel événement a eu lieu au 15ᵉ siècle ?

_____

2 Parmi les événements cités au numéro 1 de la page précédente, donne un exemple :

a) d'un événement survenu avant un autre.

_____

_____

_____

b) d'un événement survenu après un autre.

_____

_____

_____

c) d'un événement survenu en même temps qu'un autre.

_____

_____

Pierre le Grand (1672–1725)

3 Voici l'année de naissance de huit personnes ayant marqué l'histoire.

- Hubert Reeves : 1932
- Blaise Pascal : 1623
- Thalès de Millet : –625
- Amedeo Avogadro : 1776
- Nicolas Copernic : 1473
- Euclide : –300
- Marie Curie : 1867
- Al Kwarizmi : 780

a) Sur la ligne du temps ci-dessous, place ces dates en ordre chronologique. Chaque intervalle équivaut à 200 ans.

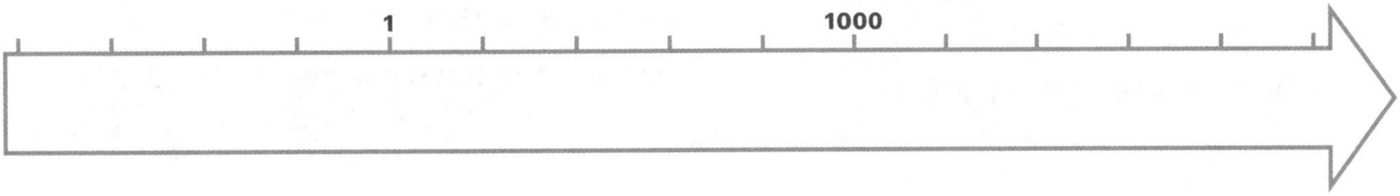

1   1000

b) Quelle personne est née au 17ᵉ siècle ?

_____

c) Nomme les personnes nées avant notre ère.

_____

d) Qui est né au cours du 1ᵉʳ millénaire ?

_____

C La ligne du temps

L'histoire et le temps sont étroitement liés : représenter le temps permet de situer et de repérer tous les faits historiques. Pour représenter le temps en histoire, nous utilisons la ligne du temps. Il s'agit d'une droite orientée, comme en mathématiques.

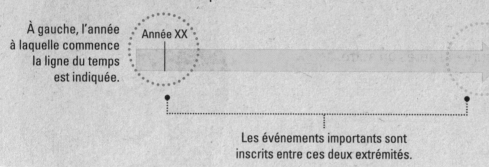

À gauche, l'année à laquelle commence la ligne du temps est indiquée.

Année XX

À droite, il y a toujours une pointe de flèche (→) pour indiquer que le temps ne s'arrête pas.

Les événements importants sont inscrits entre ces deux extrémités.

Interpréter une ligne du temps

1 Sur la ligne du temps ci-dessous, indique l'horaire de la journée d'un professeur d'histoire. Sur chaque ligne au-dessus de la ligne du temps, inscris les heures de la journée. Dans les cercles à l'intérieur de la ligne du temps, inscris la lettre qui correspond à ce que doit faire l'enseignant chaque heure de la journée. Certaines réponses sont déjà données.

Horaire du professeur d'histoire

De **8 h 45 à 9 h** : accueil des élèves (A)

De **9 h à 10 h** : première période : cours d'histoire au groupe 1 (B)

De **10 h à 11 h** : deuxième période : cours d'histoire au groupe 2 (C)

De **11 h à 12 h** : préparation de cours et correction (D)

De **12 h à 13 h 30** : repas (E)

De **12 h 30 à 13 h 30** : surveillance des élèves au gymnase (F)

De **13 h 30 à 14 h 30** : troisième période : cours d'histoire au groupe 3 (G)

De **14 h 30 à 15 h** : pause (H)

De **15 h à 16 h** : quatrième période : surveillance à la bibliothèque (I)

a) Complète la ligne du temps.

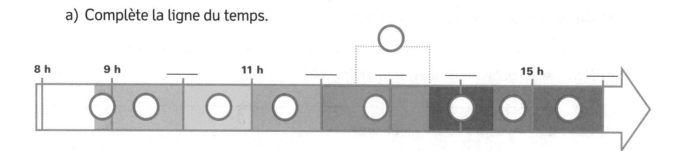

8 h   9 h   _____   11 h   _____   _____   _____   15 h   _____

b) En général, combien de temps dure une occupation pour l'enseignant ? _____

c) Nomme une occupation de l'enseignant qui a eu
lieu *avant* le cours d'histoire donné au groupe 1. _____

d) Nomme une occupation de l'enseignant qui a eu
lieu *après* la surveillance des élèves au gymnase. _____

e) Nomme une occupation de l'enseignant qui a eu lieu *en même temps* qu'une autre.

_____

_____

Le débarquement de Normandie, en 1944

2 Observe la ligne du temps suivante.

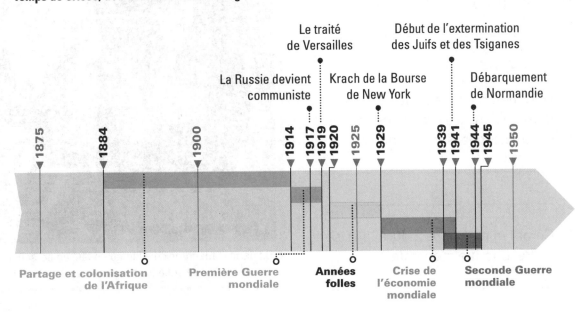

a) Nomme une période qui a *précédé* les Années folles.

_____

_____

b) Nomme un événement qui a débuté *après* le krach de la Bourse de New York.

_____

_____

c) Nomme la période et l'événement qui se situent *entre* deux guerres.

_____

_____

_____

d) Nomme un événement qui s'est déroulé en *même temps* que la Première Guerre mondiale.

_____

_____

Mohandas Karamchand Gandhi (1869–1948)

e) Pendant quelle période a eu lieu le débarquement de Normandie?

_____

_____

f) Quelle période est la plus longue?

_____

_____

g) Nomme un événement qui s'est déroulé dans les premières années de la Seconde Guerre mondiale.

_____

_____

h) Combien de temps a duré la crise de l'économie mondiale?

_____

0.4 Un anachronisme, qu'est-ce que c'est?

Peux-tu relever un anachronisme sur cette image?

On parle d'anachronisme lorsqu'un fait, un personnage ou un événement se situe à une époque où il n'existait pas.

Construire une ligne du temps

1 a) Réponds aux questions suivantes.

1. Quelle est ton année de naissance ?

   _____

2. En quelle année as-tu fêté ton 1er anniversaire ?

   _____

3. À cinq ans, tu as commencé la maternelle.
   C'était en quelle année ?

   _____

4. En quelle année as-tu commencé ta 1re année ?

   _____

5. En quelle année as-tu découvert ton premier groupe
   de musique préféré ?

   _____

6. En quelle année as-tu terminé ta 6e année ?

   _____

7. Cette année, tu as commencé l'école secondaire.
   En quelle année sommes-nous ?

   _____

b) Divise la ligne du temps ci-dessous en 14 intervalles (1 intervalle = 1 cm).
   Chaque intervalle est égal à une année.

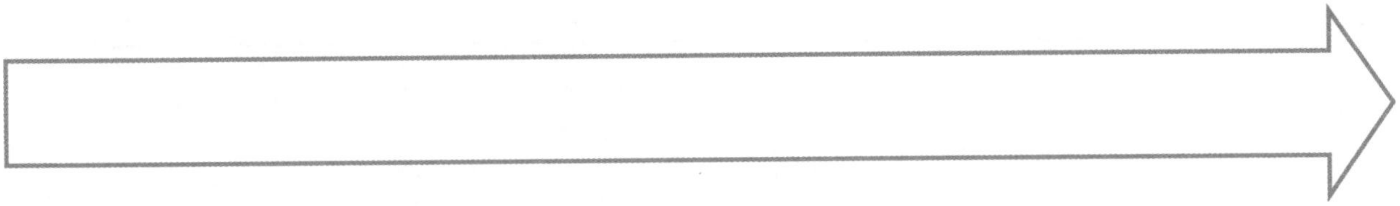

c) Inscris à gauche l'année de ta naissance.

d) Situe sur la ligne du temps toutes les réponses que tu as écrites aux numéros 2 à 7
   de la question a).

e) Fais un trait qui relie l'année du début de l'école primaire jusqu'à la fin de ta 6e année.

f) Nomme un événement qui s'est déroulé *avant* ton entrée à la maternelle.

   _____

g) Nomme un événement qui s'est déroulé *après* la fin de ta 6e année.

   _____

h) Nomme un événement qui s'est déroulé *en même temps* que tu fréquentais l'école
   primaire.

   _____

i) Pendant combien de temps as-tu fréquenté l'école primaire ?

   _____

2 Voici cinq périodes de l'histoire.

Période	Années
La Renaissance	1492 à 1600
La Nouvelle-France	1534 à 1763
La Révolution française	1789 à 1799
La révolution industrielle	1750 à 1880
La colonisation de l'Afrique	1884 à 1914

a) Divise la ligne du temps ci-dessous en 10 intervalles. Chaque intervalle est égal à 50 ans.

Une usine de métallurgie en 1900

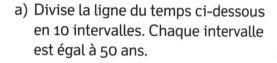

b) À gauche de la ligne du temps, inscris l'année 1450. Continue la graduation en utilisant des intervalles de 50 ans.

c) Situe sur la ligne du temps toutes les périodes historiques. Pour chacune, indique l'année qui marque le début de la période et l'année qui en marque la fin. Utilise une couleur différente pour chaque période. Si les périodes se chevauchent, tu peux les placer l'une sous l'autre.

d) Quelle période est la plus récente ? _____

e) Combien de temps a duré la révolution industrielle ? _____

f) Quelle période chevauche la Renaissance ?

_____

g) Combien de temps a duré la plus courte période ? Quelle est cette période ?

_____

h) La révolution industrielle se déroule en même temps que deux autres périodes. Quelles sont ces deux périodes ?

_____

D Les grandes périodes historiques

L'histoire s'échelonne sur une très longue période. Elle commence 3300 ans avant notre ère, avec l'invention de l'écriture. Les historiens ont divisé en périodes préhistorique et historique les années qui précèdent et qui suivent l'invention de l'écriture. Aussi, la préhistoire compte deux grandes périodes et l'histoire en compte quatre.

Préhistoire (–2 500 000 à –3300)	
Paléolithique	–2 500 000 à –10 000
Néolithique	–10 000 à –3300
Histoire (–3300 à aujourd'hui)	
Antiquité	–3300 à 476
Moyen Âge	476 à 1492
Temps modernes	1492 à 1789
Époque contemporaine	1789 à aujourd'hui

1 Sur la ligne du temps suivante, inscris les périodes historiques au bon endroit.

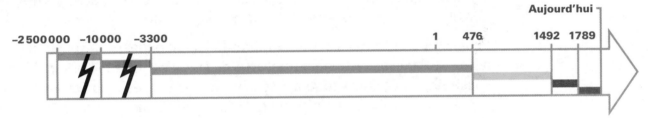

2 Indique quelle période historique, avant l'époque contemporaine, a été :

a) la plus courte. _____

b) la plus longue. _____

3 Combien d'années a duré chaque période historique.

a) Le paléolithique. _____

b) Le néolithique. _____

c) L'Antiquité. _____

d) Le Moyen Âge. _____

e) Les Temps modernes. _____

f) L'époque contemporaine. _____

E Les chiffres romains

Il y a 2000 ans, les Romains utilisaient les chiffres romains comme système de numérotation. Les Européens l'ont conservé pendant plusieurs siècles, jusqu'à ce que les échanges commerciaux avec des peuples du Moyen-Orient leur fassent découvrir les chiffres arabes. De nos jours, la numérotation romaine ne sert plus que pour le nom des rois, des empereurs ou des papes. La plupart des ouvrages l'utilisent toujours pour numéroter les siècles.

Ainsi, nous écrivons XXe siècle au lieu de 20e siècle ou Louis XVI au lieu de Louis 16.

Comment fonctionnent les chiffres romains?

Les chiffres romains sont en fait des lettres! On compose un nombre en associant sept lettres de l'alphabet latin (le nôtre), selon une méthode bien réglée. Les sept lettres sont: I, V, X, L, C, D, M. Elles représentent, dans l'ordre, les nombres: 1, 5, 10, 50, 100, 500 et 1000.

Pour composer tous les autres nombres, on additionne ou on soustrait «les lettres». Par exemple, en mettant «I» devant «V», cela signifie qu'il faut soustraire 1 de 5. Ainsi, le composé «IV» représente le nombre 4. Lorsqu'on met «I» après «V», cela signifie qu'il faut additionner 1 et 5. Le composé «VI» correspond au nombre 6.

Ainsi, pour connaître la valeur d'un nombre écrit en chiffres romains, il faut lire le nombre de droite à gauche: on additionne le chiffre, mais si le chiffre est inférieur au précédent, on le soustrait. Par exemple, la valeur de XCV est 95. On additionne V (+ 5), on additionne C (+ 100) et on soustrait X (– 10), car X est inférieur à C, ce qui donne 5 + 100 – 10 = 95.

Trois des sept lettres (I, X et C) peuvent se répéter jusqu'à trois fois. Par exemple, le nombre 3 s'écrit III et le nombre 400, CD, car l'écriture CCCC est impossible. Seule la lettre «M» peut être répétée plus de trois fois.

Voici comment écrire les chiffres romains de 1 à 10.

1	I		6	VI (le I à droite signifie qu'il faut l'ajouter au V)
2	II		7	VII
3	III		8	VIII
4	IV (le I à gauche signifie qu'il faut le retrancher du V)		9	IX
5	V		10	X

1 Voici un message écrit en chiffres romains.

XIX-V-IX-XV-V-XXV-XII

XV-VIII   II-XXVII-VI-XX-XX-VIII-XI-XI-VIII

IX-VIII-XI-VII-V-IX   II-VI-IX-XVIII-VIII-XI-VI

Utilise le code secret pour découvrir le contenu du message. Écris-le ci-dessous.

Bonjour je m'appelle Nelson Mandela.

Code secret		
1 = F	10 = I	19 = B
2 = M	11 = L	20 = P
3 = H	12 = R	21 = W
4 = G	13 = X	22 = T
5 = O	14 = C	23 = Q
6 = A	15 = J	24 = Z
7 = S	16 = Y	25 = U
8 = E	17 = K	26 = V
9 = N	18 = D	27 = '

2 Traduis en chiffres romains tous les nombres contenus dans le message secret suivant.

Samedi, le 27 _XXVII_ juin de l'an de grâce 1534 _MDXXXIV_

Je, soussigné James Butterfly, pirate de profession au temps du roi Henri VIII d'Angleterre, affirme avoir enterré de mes mains nues, ici dans l'Île-du-Repos-Forcé, un coffre rempli de tous les trésors que j'ai accumulés au cours de ma fantastique vie. Ce coffre contient 152 _CLII_ perles noires, 534 _DXXXIV_ pierres précieuses, 115 _CXV_ colliers sertis de diamants, 9 _IX_ livres de poivre noir et 5333 _MMMMMCCCXXXIII_ pièces de monnaie.

Pour trouver ce trésor, il faut observer les directions suivantes, une fois arrivé dans l'Île-du-Repos-Forcé.

1. Trouver, sur la plage, le plus gros arbre sur lequel est gravé JB.PP.

2. À partir de l'arbre, compter 57 _LVII_ pas de chameau vers l'ouest.

3. Vers le nord, compter 259 _CCLIX_ pas d'ours polaire.

4. Vers l'ouest de nouveau, compter 1538 _MDXXVIII_ pas d'écureuil.

5. Enfin, vers l'est, faire 34 _XXXIV_ pas de souris.

6. À cet endroit, creuser l'équivalent de 7 _VII_ pas de profondeur, et vous trouverez le trésor.

Voilà, c'est facile, mais je vous le dis, le plus difficile, c'est de trouver l'Île-du-Repos-Forcé.
Salutations,

James Butterfly, pirate

Les cartes permettent de bien comprendre où se sont déroulés les
divers événements qui ont façonné l'histoire.

0.5 Les principales explorations des 15ᵉ et 16ᵉ siècles

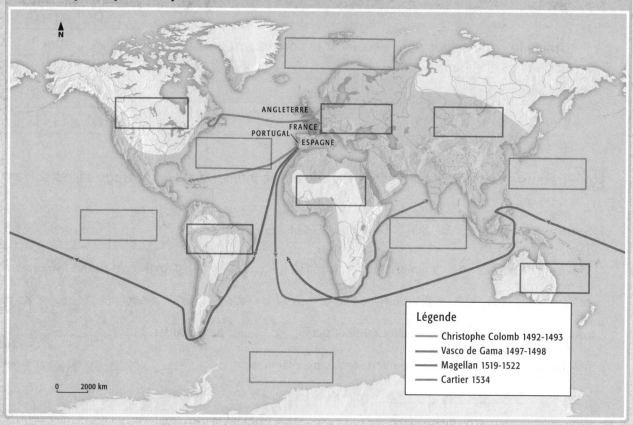

Légende

— Christophe Colomb 1492-1493
— Vasco de Gama 1497-1498
— Magellan 1519-1522
— Cartier 1534

1 Sur la carte ci-dessus :

a) Situe les continents dans les cases rouges. Consulte ton Mini-atlas au besoin.

b) Situe les océans dans les cases bleues.

c) Quelle période représente cette carte ? _____

d) Où as-tu trouvé cette information ? _____

e) Quelle étendue d'eau a traversée Christophe
   Colomb pour faire ses découvertes ? _____

f) Quel continent Vasco de Gama a-t-il contourné ? _____

2 Observe les deux cartes ci-dessous pour faire les activités 2 et 3.

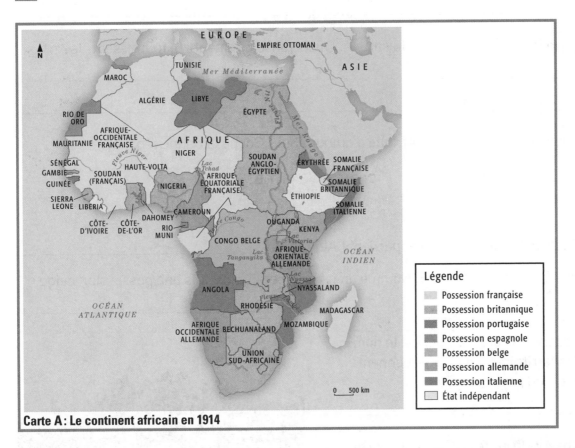

Carte A : Le continent africain en 1914

Légende

	Possession française
	Possession britannique
	Possession portugaise
	Possession espagnole
	Possession belge
	Possession allemande
	Possession italienne
	État indépendant

Carte B : Le continent africain de nos jours

a) Quelle région du monde est représentée sur les deux cartes?

_____

b) Lis le titre et la légende de la carte A. Quels renseignements te fournissent-ils?

_____

_____

c) Quelle carte représente l'Afrique d'aujourd'hui? Coche la bonne réponse.

CARTE A   CARTE B
   ◯   ◯

d) Observe la carte A. À qui appartient l'Algérie? _____

e) Observe les cartes A et B. Nomme un pays qui était autrefois une possession belge.

_____

f) Observe la carte A. Quel est le nom des territoires qui n'appartiennent pas à un pays européen?

_____

g) Observe la carte B. Quel nom porte le territoire de Rio de Oro aujourd'hui?

_____

h) Nomme les pays qui appartenaient autrefois au Portugal.

_____

_____

i) En 1914, qu'ont en commun le Kenya, l'Égypte et l'Ouganda?

_____

_____

j) Nomme deux pays africains où l'on parle le français aujourd'hui. Pourquoi?

_____

_____

_____

3 Sur la rose des vents suivante, inscris les mers et les océans qui se trouvent sur la carte B.

_____

_____

_____

_____

3 Les causes et les conséquences en histoire

Pour tout événement en histoire, il est possible de définir les causes qui l'ont précédé et les conséquences qui l'ont suivi.

La ou les **causes** d'un événement ou d'un fait nous permettent de comprendre pourquoi cet événement a eu lieu.

La ou les **conséquences** d'un événement ou d'un fait nous permettent de comprendre quels sont les impacts de cet événement. Une conséquence peut être négative ou positive.

Cause → Événement/fait → Conséquence

Temps ──────────────────────→

Par exemple, dans le cas d'une guerre, le schéma causes-conséquences pourrait ressembler à celui-ci:

Causes (avant)	Événement ou fait	Conséquences (après)
L'un des deux pays voulait agrandir son territoire et posséder plus de richesses.	Une guerre entre deux pays.	À cause des combats, beaucoup de gens meurent et des habitations sont détruites.

1 Un journal publie un fait divers dont le titre est le suivant: *Un camion-citerne emboutit l'arrière d'une camionnette sur l'autoroute 20, près de Drummondville.* Donne un exemple de cause et un exemple de conséquence possible de cet accident.

Cause (avant)	Événement ou fait	Conséquence (après)
_____ _____ _____ _____	Un camion-citerne emboutit l'arrière d'une camionnette sur l'autoroute 20, près de Drummondville.	_____ _____ _____ _____

2 Lis le texte ci-dessous au sujet de la Première Guerre mondiale. Ce texte traite des causes et des conséquences de ce conflit.

a) Surligne en jaune les causes de cette guerre et, en bleu, ses conséquences.

La Première Guerre mondiale (1914–1918) oppose l'Allemagne et son alliée, l'Autriche-Hongrie, à la France, au Royaume-Uni, au Japon et à la Russie. La guerre se déroule principalement en Europe, mais aussi dans certaines colonies. À la veille de la guerre, la situation en Europe est explosive. La France veut reprendre la région de l'Alsace-Lorraine que l'Allemagne lui a prise en 1871. Le Royaume-Uni et l'Allemagne se disputent le contrôle de la mer du Nord. L'Allemagne veut acquérir davantage de colonies en s'emparant de certains territoires français et britanniques. La guerre prend fin en 1918. Au total, 10 millions de personnes perdent la vie, et des millions d'autres sont blessées. Les économies européennes sont dévastées. L'Allemagne perd ses colonies et doit remettre des milliards de dollars à la France et au Royaume-Uni.

b) Quelles conséquences ont été négatives pour l'Allemagne et positives pour la France?

_____

_____

3 Voici un fait historique :

« À la Conférence de Berlin, en 1884, plusieurs pays européens se sont partagé le territoire de l'Afrique. »

Lis la liste des causes et des conséquences de ce fait historique qui ont été placées pêle-mêle. À côté de chacun des énoncés, écris le mot *cause* ou *conséquence*.

- Plusieurs ethnies sont divisées entre de nombreux pays et séparées par des frontières. _____

- Les pays européens veulent s'approprier des ressources pour alimenter leurs usines. _____

- Les Blancs imposent leurs langues, leurs lois et leurs religions aux peuples colonisés. _____

- Les autochtones sont soumis au travail forcé. _____

- Les pays européens désirent agrandir leurs territoires pour imposer leur suprématie. _____

4 La fin du 15e siècle marque le début des grandes explorations européennes qui ont amené la France, l'Angleterre, l'Espagne et le Portugal à se constituer de vastes empires. Distingue les causes et les conséquences de ces explorations. À l'aide de la banque de réponses, remplis le tableau ci-dessous. Écris ces énoncés dans la bonne colonne.

- Les pays européens veulent trouver de l'or et d'autres richesses.
- Des conflits opposent autochtones et conquérants espagnols.
- La Nouvelle-France est une colonie de la France située en Amérique du Nord.
- Des progrès scientifiques et techniques permettent de faire de plus longs voyages.
- La répartition actuelle des langues en Amérique.

Causes (avant)	Événement	Conséquences (après)
	Les grandes explorations européennes des 15e et 16e siècles.	

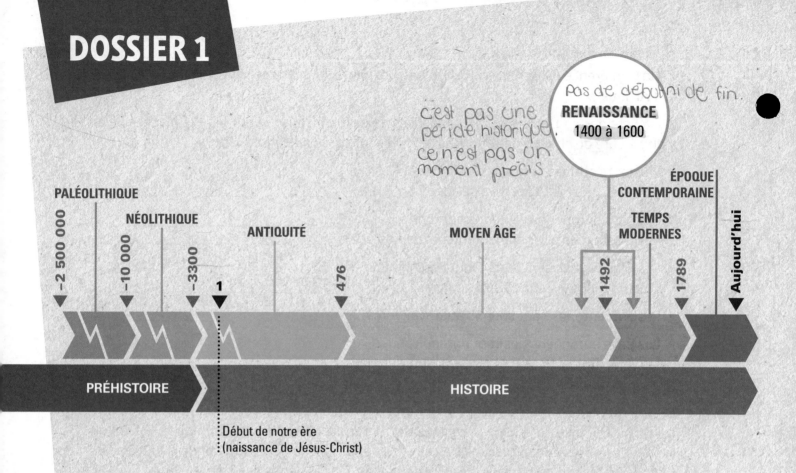

Pas de début ni de fin.
RENAISSANCE
1400 à 1600

C'est pas une période historique, ce n'est pas un moment précis.

PALÉOLITHIQUE

NÉOLITHIQUE

ANTIQUITÉ

MOYEN ÂGE

ÉPOQUE CONTEMPORAINE

TEMPS MODERNES

−2 500 000

−10 000

−3300

1

476

1492

1789

Aujourd'hui

PRÉHISTOIRE

HISTOIRE

Début de notre ère
(naissance de Jésus-Christ)

La Renaissance

Les 15e et 16e siècles se caractérisent par une nouvelle vision du monde qui s'appuie sur le développement des connaissances scientifiques et sur un nouvel élan artistique. Des penseurs remettent en question les façons de voir habituelles. Cette période commence dans les années 1400 et dure environ 200 ans.

Quels risques courent ceux qui critiquent l'Église et mettent en doute les croyances catholiques ? Pourquoi l'Église rejette-t-elle les théories scientifiques ?

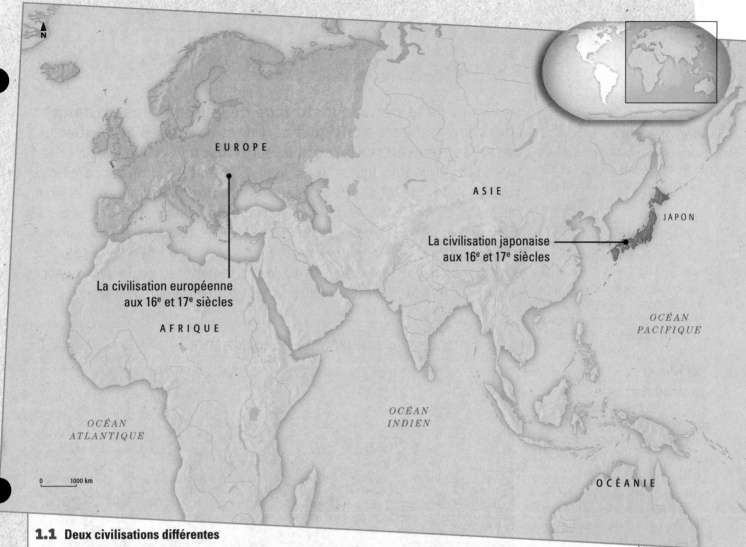

EUROPE

ASIE

JAPON

La civilisation japonaise
aux 16ᵉ et 17ᵉ siècles

La civilisation européenne
aux 16ᵉ et 17ᵉ siècles

AFRIQUE

OCÉAN
PACIFIQUE

OCÉAN
ATLANTIQUE

OCÉAN
INDIEN

OCÉANIE

N

0   1000 km

1.1 Deux civilisations différentes

Au début de la Renaissance, l'Europe et le Japon vivent tous les deux dans un système politique semblable. Peu à peu, par les voyages de ses explorateurs, l'Europe s'ouvre sur le monde. De son côté, le Japon se referme sur lui-même.

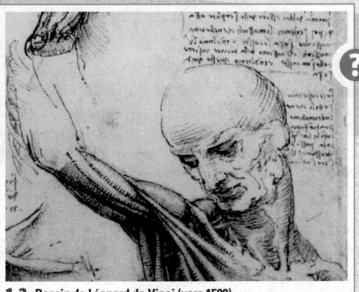

1.2 Dessin de Léonard de Vinci (vers 1509)

Ce dessin anatomique est l'un des nombreux qu'a réalisés l'artiste et savant italien Léonard de Vinci.

? Pourquoi les scientifiques de la Renaissance cherchent-ils à mieux connaître le corps humain ?

1 La « renaissance » de l'Antiquité

Renaissance

Mouvement social et culturel européen qui, au 15e et au 16e siècle, met en valeur la raison et la pensée logique.

interroge dans les propres mots.

Philosophie

Mot d'origine grecque venant de *philo*, qui signifie « aimer », et de *sophia*, qui signifie « sagesse ». La philosophie s'interroge sur le sens de la vie et les valeurs morales à l'aide de la raison.

Science

Ensemble des connaissances et des études liées à certains phénomènes ou objets et qui sont vérifiées par des expériences.

Foi

Fait d'accorder sa confiance, ou croire, sans demander de preuve pour soutenir cette confiance ou cette croyance.

Personnes intellectuels beaucoup d'économie (commerçants puissants, grands banquiers...)

Au début de la période historique de la Renaissance, des penseurs commencent à critiquer certaines pratiques de l'Église et à baser leur pensée sur la logique et la raison. Ils s'appuient sur l'héritage culturel de l'Antiquité. Ainsi, dans l'Antiquité, la **philosophie** et la **science** ont forgé les esprits d'un grand nombre de personnes. Réfléchir, raisonner et démontrer sont les principales préoccupations des penseurs grecs et romains. La « renaissance » des idées des philosophes et des scientifiques grecs et romains devient un obstacle au maintien de la **foi**. C'est pourquoi, au début de la Renaissance, le fait de mettre en doute des croyances religieuses en raisonnant scientifiquement peut conduire au bûcher.

1.3 Florence, ville influente de la Renaissance

une des villes d'intellectuels ... d'argent

La grande cité italienne de Florence est le berceau d'un nouvel élan artistique et scientifique qui va s'étendre à une grande partie de l'Europe.

Immense basin qui a plein des ingrédients qui si on les mélange, on va créer la renaissance

A L'Europe au début de la Renaissance

Individu

Être humain en tant qu'être unique, distinct des autres êtres humains et de la collectivité.

Le mouvement de la Renaissance commence dans le dernier siècle du Moyen Âge (15e siècle) et se termine avec le premier siècle des Temps modernes (16e siècle). Ce mouvement entraîne de profonds changements de la vision européenne de l'**individu**.

Des idées nouvelles

On remet en question le rôle de l'être humain dans la société, sa place dans l'Église et son rapport avec Dieu. Cette transformation fait entrer le monde dans la « modernité ». Voilà pourquoi on donne le nom de « Temps modernes » à la période qui suit le Moyen Âge.

Une même foi et des liens de parenté

Les frontières européennes bougent sans cesse. Après chaque guerre, de nouvelles frontières apparaissent sur la carte de l'Europe. Dans le dernier siècle du Moyen Âge, soit dans les années 1400, l'Europe est composée d'une quinzaine de royaumes et de plusieurs **principautés** et cités-États. La plupart des rois sont catholiques. Plusieurs d'entre eux ont des liens de parenté, car des rois épousent des filles de rois, de princes ou de familles importantes des autres royaumes pour former des alliances militaires.

Principauté

Territoire gouverné par un prince.

1.4 L'augmentation du nombre de soldats dans trois royaumes européens

	Nombre de soldats	
	Vers 1490	**Vers 1550**
France	18 000	40 000
Espagne	20 000	100 000
Saint Empire romain germanique	24 000	148 000

De nombreuses guerres

Le fait de partager la même foi et d'être proches parents n'empêche pas les rois de se faire la guerre. Chaque royaume a à cœur d'agrandir son territoire. L'Église aussi est engagée dans des guerres. Le pape veut défendre le grand territoire qu'il possède en Italie.

Ainsi, plus les guerres se multiplient, plus les royaumes augmentent la taille de leur armée.

1.5 Les royaumes, les principautés et les cités-États de la Renaissance, vers 1540

Pendant la Renaissance, les frontières de l'Europe changent en raison des nombreuses guerres que se livrent les occupants du territoire.

1 Classe les énoncés suivants selon qu'ils ont rapport à l'Antiquité (A), au Moyen Âge (MA) ou à la Renaissance (R).

(MA) a) Des penseurs commencent à critiquer certaines pratiques de l'Église.

(R) b) On assiste à la naissance de la philosophie et de la science.

(R) c) Le fait de mettre en doute des croyances religieuses en raisonnant scientifiquement peut conduire au bûcher.

(R) d) Cette période commence dans les années 1400 et dure environ 200 ans.

(A) e) L'esprit humain est remis en valeur et on redécouvre l'héritage culturel de l'Antiquité.

(R) f) La vision européenne de l'individu change en profondeur.

2 Associe les mots ci-dessous à leur définition.

> • Renaissance   • philosophie   • individu   • science

a) Étude du sens de la vie et des valeurs morales à l'aide de la raison.

philosophie

b) Ensemble des connaissances et des études liées à certains phénomènes et qui sont vérifiées par des expériences.

science

c) Au 15ᵉ et au 16ᵉ siècle, mouvement européen mettant en lumière les valeurs de l'Antiquité.

Renaissance

d) Être humain en tant qu'être unique, distinct des autres êtres humains et de la collectivité.

individu

3 Complète la phrase ci-dessous à l'aide des mots suivants.

> • premier   • modernité   • 15ᵉ   • dernier
> • Moyen Âge   • 16ᵉ   • Temps modernes

La Renaissance commence dans le _premier_ siècle

du _Moyen Âge_ (_15ᵉ_ siècle)

et se termine dans le _dernier_ siècle des

Temps modernes (_16ᵉ_ siècle).

Avec la Renaissance, l'Europe entre dans la _modernité_ .

4 a) Sur la ligne du temps :

- colorie en jaune la période de la Renaissance ;
- dessine un trait à l'endroit où se termine le Moyen Âge et où commencent les Temps modernes, puis inscris l'année correspondante.

b) Sous la ligne du temps :

- écris *Moyen Âge* et *Temps modernes* aux endroits appropriés.

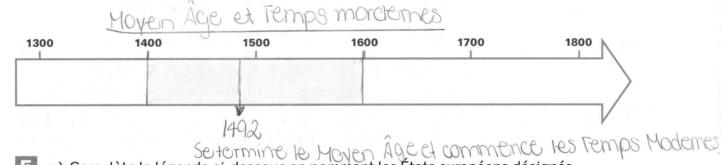

Moyen Âge et Temps modernes

1300   1400   1500   1600   1700   1800

1492
Se termine le Moyen Âge et commence les Temps Modernes

5 a) Complète la légende ci-dessous en nommant les États européens désignés par un numéro sur la carte.

b) Sur la carte :

- inscris le nom des villes qui sont représentées par des points noirs ;
- situe l'océan Atlantique ainsi que les mers Baltique, Méditerranée et du Nord.

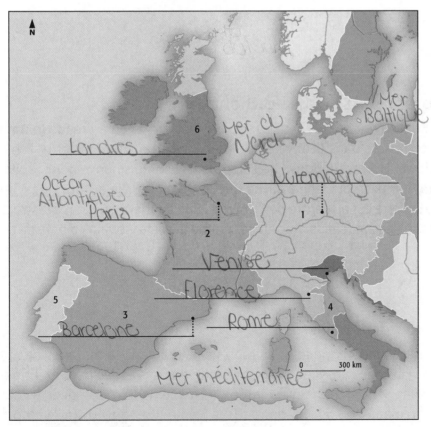

Légende :

1. Nuremberg
   Saint Empire Romain Germanique
2. Paris
   Royaume de France
3. Barcelone
   Royaume d'Espagne.
4. Nome
   États des Églises
5. Royaume de Portugal
6. Londres
   Royaume d'Aglettere

Les grands États européens au 16ᵉ siècle

B L'Église catholique au début de la Renaissance

Vers la fin du Moyen Âge, le christianisme est la religion dominante en Europe. La majorité de la population croit aux enseignements de l'Église chrétienne catholique.

Responsabilité

Fait de prendre en charge l'orientation de sa vie et d'accepter les conséquences, physiques ou morales, de ses actes.

Salut

Le fait d'accéder au paradis à la fin de sa vie.

Saint

Chrétien que l'Église désigne comme un exemple à suivre.

Ange

Messager de Dieu, visible ou invisible, qui peut parler aux êtres humains.

Enfer

Lieu où les âmes des chrétiens condamnés en raison de leur mauvaise vie et celles des non-chrétiens brûlent pour l'éternité.

1.6 Les principales croyances catholiques

Important

L'individu a la **responsabilité** de son **salut**.	Il faut prier la Vierge Marie, la mère de Jésus, ainsi que les **saints**.
Les bons chrétiens vont au ciel, près de Dieu et des **anges**, lorsqu'ils meurent.	La destination de l'âme après la mort dépend de la vie menée sur Terre.
Le message de Dieu ne peut exister que dans une seule langue : le latin.	Un chrétien peut se faire pardonner ses péchés s'il fait un **pèlerinage**.
Les mauvais chrétiens et les non-chrétiens vont en **enfer**, près du diable, lorsqu'ils meurent.	Le prêtre a le pouvoir d'effacer les péchés des croyants qui lui confessent leurs fautes.

Le schisme c'est produit à cause de querelles entre l'Église.

Les croyances de l'Église catholique

L'Homme

L'être humain, autant la femme que l'homme.

Selon l'Église chrétienne du début du Moyen Âge, Dieu a créé **l'Homme** et tout ce qui existe dans l'Univers. Il a placé les êtres humains et la Terre au centre de cet Univers. L'Église ne s'appuie pas sur la science pour expliquer l'Univers. Par exemple, elle affirme que le Soleil tourne autour de la Terre, puisque la Terre est au centre de l'Univers. Elle soutient que les catastrophes naturelles et les épidémies mortelles, comme la peste, sont la volonté de Dieu.

Le pouvoir de l'Église

L'Église catholique impose de nombreuses lois dans la majorité des pays d'Europe. Elle mène aussi des guerres contre des rois et des princes. En 1409, les querelles sont si grandes à l'intérieur même de l'Église que trois papes règnent en même temps : Grégoire XII (à Rome), Benoît XIII (à Avignon) et Alexandre V (à Pise). Chacun d'eux prétend être le vrai pape. C'est ce qu'on appelle le « grand schisme d'Occident ».

Corruption

Utilisation de moyens condamnables pour pousser une personne à agir dans le but de tirer profit de cette action.

Destituer

Relever quelqu'un de ses fonctions.

De nombreux prêtres et évêques consacrent plus de temps à établir leur pouvoir et à obtenir des privilèges qu'à s'occuper du culte. Un grand nombre de moines ou de prêtres connaissent mal les enseignements de l'Église. Des gens peuvent aussi acheter un poste de prêtre. De nombreux prêtres vivent avec des femmes, même si la religion catholique l'interdit.

Mais c'est surtout la **corruption** de hauts dirigeants du clergé et l'étalage de la richesse de l'Église qui choquent le plus les gens. Les critiques se multiplient dans la population.

1.7 Les querelles de l'Église

Schisme: problèmes entre le roi et le pape du moment. (annotation manuscrite)

- Le pape Clément V transporte le siège de l'Église catholique de Rome à Avignon, en France, pour échapper aux destructions de la guerre.

- Une querelle éclate entre les cardinaux d'Italie et ceux de France. Chaque groupe nomme son pape. Le pape Urbain VI s'installe à Rome ; le pape Clément VII s'établit à Avignon. C'est le début du grand schisme d'Occident.

- Le haut clergé destitue le pape Jean XXIII, établi à Pise.

Le pape Grégoire XI ramène le siège de l'Église catholique à Rome.

Début de la Réforme, une nouvelle division s'opère au sein de l'Église catholique.

1309 — 1377 — 1378 — 1409 — 1415 — 1417 — 1517

Les cardinaux ne parviennent pas à **destituer** les deux papes en place. Ils élisent un troisième pape, Alexandre V. Celui-ci établit son siège à Pise, en Italie.

Le haut clergé destitue le pape établi à Avignon et fait démissionner le pape établi à Rome. Il élit Martin V comme unique pape. C'est la fin du schisme d'Occident.

raisons de l'argent. Le clergé avait beaucoup de territoires et le Roi lui a imposé un impôt et le pape a dit non, le pape l'a excomunié et le roi l'a purchasé. (annotation manuscrite)

1 Qui suis-je ? Que suis-je ?

a) Messager de Dieu, visible ou invisible. _Ange_

b) Lieu où va l'âme des mauvais chrétiens et des non-chrétiens après la mort. _Enfer_

c) Religion dominante en Europe à la fin du Moyen Âge. _Christianisme_

2 Dessine la Terre, le Soleil et l'être humain selon les croyances de l'Église catholique au Moyen Âge.

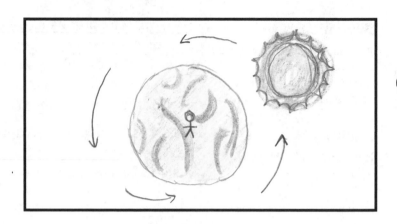

3 Vrai ou faux? Si l'énoncé est faux, corrige-le.

VRAI	FAUX

VRAI ✓ FAUX ○

a) L'Église catholique mène des guerres contre des rois et des princes d'Europe.

_____

_____

VRAI ✓ FAUX ○

b) En 1409, l'Église catholique a trois papes à sa tête: un à Rome, un à Avignon et un à Venise.

_____

_____

VRAI ○ FAUX ✓

c) À l'époque de la Renaissance, les prêtres et les évêques consacrent la majeure partie de leur temps à célébrer le culte.

À l'époque de la Renaissance, les prêtres et les évêques consacrent la majeure partie à établir leur pouvoir et obtenir des privilèges.

VRAI ○ FAUX ✓

d) Le mouvement de la Réforme permet de maintenir l'unité de l'Église catholique.

Le mouvement de la Réforme divise l'unité de l'Église Catholique.

4 Complète les phrases à l'aide des éléments suivants.

- Clément V
- 1409
- Alexandre V
- Avignon
- Rome
- Clément VII
- 1417
- Martin V
- 1378
- 1309
- Urbain VI
- Pise

a) En ___1309___ , ___Clément V___ transporte le siège de

l'Église catholique de ___Rome___ à ___Avignon___ .

b) La querelle entre les cardinaux italiens et ceux de France, en ___1378___ ,

marque le début du grand schisme d'Occident. Chaque groupe élit son pape:

___Urbain VI___ à Rome, ___Clément VII___ à Avignon.

c) En ___1409___ , les cardinaux, qui n'arrivent pas à destituer les deux

papes en place, élisent un troisième pape : ___Alexandre V___ . Celui-ci

établit son siège à ___Pise___ , en Italie.

d) La fin du schisme d'Occident a lieu en ___1417___ , alors que les

cardinaux élisent ___Martin V___ comme seul et unique pape.

C L'humanisme et les Anciens

Au Moyen Âge, les chrétiens ne peuvent pas dire librement ce qu'ils pensent de l'Église. S'ils la critiquent, ils risquent d'être excommuniés, c'est-à-dire d'être exclus de la communauté chrétienne. Cette punition est terrible, car les chrétiens croient que l'âme des excommuniés brûle en enfer pour l'éternité. Les dirigeants non plus ne se laissent pas critiquer ouvertement. La prison ou l'exil est le sort réservé aux personnes qui osent les blâmer.

Des chrétiens qui s'opposent

Dans les années 1400, malgré les risques auxquels ils s'exposent, des penseurs commencent à dénoncer des pratiques de l'Église et des dirigeants. Ils remettent en question les manières de penser imposées par l'Église. Ils se tournent vers les Anciens : les auteurs grecs et romains de l'Antiquité qui font prédominer la raison sur les croyances. Mais, pour lire ces auteurs, il faut apprendre leur langue : le grec ancien et le latin. Même s'ils critiquent parfois sévèrement l'Église, la plupart de ces penseurs restent profondément attachés à la religion chrétienne.

Les humanités *Pousser le gens à se depasser*

On appelle « humanités » l'étude des langues, de la littérature et de la philosophie de l'Antiquité. Celui qui se consacre à cette étude est désigné sous le nom d'« humaniste ». L'examen des textes anciens se répand dans les universités. Les défenseurs de l'**humanisme** redécouvrent des auteurs grecs comme Platon, Aristote, Plutarque et Pindare, et des auteurs latins comme Cicéron, Sénèque, Virgile et Tite-Live. Les écrits de ces auteurs s'appuient sur la raison, l'observation ou l'expérimentation. Les auteurs de l'Antiquité jugent que l'individu doit faire preuve d'un **esprit critique** par rapport au monde qui l'entoure et qu'il a aussi la responsabilité de préserver sa **liberté**.

Humanisme

Courant culturel, scientifique et philosophique qui se répand en Europe pendant la Renaissance et qui s'appuie sur les grands penseurs et artistes de l'Antiquité grecque et romaine.

Esprit critique

Qui accepte une idée seulement après s'être demandé si elle est valable, logique et bien fondée.

Liberté

Faculté de choisir soi-même sa façon de penser et d'agir sans se faire imposer celle des autres.

1.8 La transcription des œuvres anciennes

Des moines se consacrent à la transcription d'œuvres philosophiques et scientifiques de la Grèce et de la Rome antiques.

1 a) Que signifie l'expression *être excommunié*?

L'expression être excommunié signifie être exclus de la communauté chrétienne.

b) Pourquoi les chrétiens craignent-ils l'excommunication?

Les chrétiens craignent de l'excommunication car les chrétiens croient que l'âme des excommuniés brûle en enfer pour l'éternité.

2 Quel sort est réservé aux personnes qui critiquent ouvertement les dirigeants? la prison ou l'exil

3 Indique quel terme correspond à chacune des définitions suivantes.

a) Courant culturel, scientifique et philosophique qui se répand en Europe pendant la Renaissance. Humanisme

b) Étude des langues, de la littérature et de la philosophie de l'Antiquité grecque et romaine. humanités

c) Personnes qui se consacrent à l'étude des langues, de la littérature et de la philosophie de l'Antiquité. humaniste

4 a) Nomme quatre auteurs grecs redécouverts pendant l'Antiquité.

Platon, Aristote, Plutarque et Pindare.

b) Nomme quatre auteurs romains redécouverts pendant l'Antiquité.

Cicéron, Sénèque, Virgile et Titelive.

c) Nomme trois éléments sur lesquels sont fondés les textes des auteurs de l'Antiquité.

la raison, l'observation ou l'expérimentation.

d) Selon les auteurs de l'Antiquité, pour me préserver, l'individu doit faire preuve d'un esprit critique. Que suis-je?

liberté

5 Vrai ou faux? Si l'énoncé est faux, corrige-le.

VRAI ✓   FAUX ✗   a) Les auteurs grecs et latins de l'Antiquité font prédominer les croyances sur la raison.

Ils font prédominer la raison sur les croyances.

VRAI ○   FAUX ✗   b) En remettant en question les façons de penser imposées par l'Église, les humanistes se détachent de la religion chrétienne.

En remettant en question les façons de penser imposées par l'Église, les humanistes restent profondément attachés à la religion chrétienne.

1.9 Quelques humanistes de la Renaissance

FRANCESCO PÉTRARQUE (1304–1374)

On désigne comme premier humaniste cet auteur italien. Il se met à la recherche de textes des Anciens pour poursuivre leur œuvre de réflexion. Ses liens avec les gouvernants de l'Église lui permettent de rencontrer les grands penseurs de son époque dans plusieurs régions d'Europe. Ses lectures des Anciens alimentent ses analyses et ses écrits. Il ose dénoncer la corruption de l'Église.

DIDIER ÉRASME (1469–1536)

Ce prêtre hollandais croit aux enseignements de la Bible. Il veut maintenir l'unité de la chrétienté en Europe. Mais il considère que l'Église trahit le message de Jésus. Il dénonce des idées que l'Église propage, par exemple l'idée qu'un pèlerinage garantit la vie éternelle après la mort. Il souhaite que l'Église remette la charité au centre de la pratique religieuse. Il juge qu'il faut faire confiance à l'esprit critique de l'individu et offrir l'éducation aux enfants et aux femmes.

JEAN PIC DE LA MIRANDOLE (1463–1494)

Ce philosophe de Florence, en Italie, apprend plusieurs langues, dont le grec, l'arabe, l'hébreu et l'araméen. Il analyse et interprète les textes de la Bible. Il tente de montrer les liens entre différentes religions. Un de ses énoncés devient célèbre : « La philosophie cherche la vérité ; la **théologie** la trouve ; la religion la possède. » L'Église le condamne. Pic de la Mirandole rejette cette accusation, et le pape Innocent IV l'excommunie.

Théologie

Étude des questions religieuses à partir des textes sacrés, des croyances et des coutumes.

THOMAS MORE (1478–1535)

Cet homme politique d'Angleterre veut dénoncer les guerres et les inégalités sociales qu'il voit de plus en plus autour de lui. Il rédige une forme de roman pour présenter ses idées. Il s'agit d'un récit de voyage dans un pays imaginaire et idéal nommé « **Utopie** ». Dans ce récit, publié en 1516, il se demande quelle est la meilleure forme de gouvernement et comment un roi devrait se comporter. Son roman montre que la guerre n'est pas la solution aux querelles. Il est condamné à mort par Henri VIII en raison de son opposition à certaines décisions religieuses du roi.

Utopie

Projet en apparence parfait, mais qui ne peut être réalisé, parce qu'il ne tient pas compte de la réalité.

MICHEL DE MONTAIGNE (1533–1592)

Cet homme <u>politique et philosophe français</u> vit dans une période de grande intolérance alors que les chrétiens sont divisés en plusieurs camps. Il dénonce <u>les appels à la violence des gouvernants</u>. Il <u>critique aussi l'Église</u>, qui brûle des centaines de personnes accusées de sorcellerie. Selon lui, l'individu ne doit pas croire ce qu'on lui ordonne de croire, il doit conserver son esprit critique et douter de tout. Montaigne démontre que les valeurs ne sont jamais éternelles, qu'elles changent selon les époques et les pays.

1 Complète le tableau suivant : *✗ Très important ✗*

Humaniste	Occupation	Pays d'origine	Ce qu'il dénonce
Francesco Pétrarque (_1304_ – _1374_)	humaniste✗ _Auteur_	Italie	la corruption de l'Église
Didier Érasme (_1469_ – _1536_)	Prêtre	Hollande	des idées que les superstitions que l'église l'Église propage propage
Thomas More (_1478_ – _1535_)	Politique Homme	Angleterre	guères et les inéga- lités sociales
Michel de Montaigne _1533_ – _1592_	politique et philosophe Homme	France	les appels à la violonce des gouvernants et aussi l'Église

2 À l'aide d'une flèche, associe les énoncés suivants aux humanistes appropriés.

Énoncés   **Humanistes**

a) Il souhaite le retour de la charité au centre de la pratique religieuse.

b) Il a été excommunié.

c) Il rencontre les grands penseurs de son époque dans plusieurs régions d'Europe.

d) Il publie un récit de voyage dans un pays imaginaire.

e) Il soutient que les valeurs humaines changent selon les époques et les pays.

Pétrarque

Érasme

Pic de la Mirandole

Thomas More

Montaigne

3 Indique le nom du personnage ci-contre dans l'espace prévu à cet effet, puis souligne les énoncés qui le caractérisent.

Jean Pic de la Mirandole

- Fait valoir la ruse plutôt que la guerre.
- Essaie de montrer des liens entre des religions.
- Auteur hollandais.
- Prône l'éducation des femmes et des enfants.
- Philosophe florentin.
- Connaît l'arabe, l'hébreu et l'araméen.

D L'invention de l'imprimerie

Avant l'imprimerie, y avait les moines copistes.

Orfèvre

Personne qui fabrique, à l'aide de métaux comme l'or, l'argent, l'étain ou le cuivre, des objets qui servent à ornementer.

Le savoir → lettres correspondance → Livres voyages → éducation

En 1440, l'**orfèvre** allemand Johannes Gutenberg met au point l'imprimerie. Il devient désormais possible de copier un livre des milliers de fois en très peu de temps. Cette invention révolutionne la copie des livres. Jusque-là, les livres ont tous été écrits à la main. Pour avoir 100 copies d'un même livre, il faut récrire le livre 100 fois. Des moines, que l'on désigne sous le nom de « copistes », font ce travail. Mais, par-dessus tout, elle permet la diffusion rapide des idées nouvelles de la Renaissance. Produits beaucoup plus rapidement, les livres se vendent moins cher. Plus de gens en achètent.

Une invention au service des humanistes

Cette révolution technique soutient une révolution philosophique et sociale en marche. En effet, aux quatre coins de l'Europe, l'imprimerie, cet outil révolutionnaire, permet aux humanistes de diffuser davantage leurs idées.

1.10 La Bible de Gutenberg

La Bible est le premier livre imprimé. Comme il est interdit de la traduire, elle est d'abord imprimée en latin. Mais de plus en plus de chrétiens réclament une traduction dans leur langue maternelle. Cette demande sera un facteur important dans l'éclatement de l'Église qui se prépare.

1 a) En 1440, quel outil révolutionnaire permet la diffusion rapide des idées humanistes ?

L'imprimerie

b) Qui est l'inventeur de cet outil ?

Johannes Gutenberg

c) En quoi consiste le métier de copiste ?

copier un livre, des milliers des fois

d) Qui exercent ce métier ?

les copistes

e) Qu'est-ce qui causera la disparition de ce métier ?

l'invention de l'imprimerie

2 Observe l'image suivante. Elle représente un atelier d'imprimerie. Chaque tâche y est désignée par un chiffre. Associe les descriptions de tâche ci-dessous aux bons chiffres.

① Des typographes lisent le texte accroché sous leurs yeux et composent les lignes une à la fois en plaçant un par un des caractères métalliques dans un cadre.

② Un artisan encre les caractères à l'aide de tampons.

③ Un ouvrier presse les caractères sur une feuille de papier.

④ Des copistes corrigent le texte à imprimer.

3 Sur la ligne du temps suivante, place en ordre logique les diverses tâches présentées au numéro 2. Reporte simplement les chiffres correspondants dans les cercles ci-dessous.

4 a) Quel est le premier ouvrage imprimé ?

La Bible

b) En quelle langue ce livre est-il imprimé à cette époque ?

Latin

5 Parmi les énoncés suivants, coche ceux qui correspondent à des conséquences de l'invention de l'imprimerie.

☑ Le métier de copiste connaît un essor important.

☑ Les idées des humanistes sont davantage diffusées.

◯ Les livres coûtent moins cher.

◯ La production des livres est beaucoup plus rapide.

2 La Réforme

Réforme

Au 16e siècle, mouvement de protestation contre les pratiques de l'Église catholique. Il entraîne la formation de plusieurs Églises « protestantes ».

Indulgence

Pardon accordé par l'Église à un croyant ou à une croyante qui a commis un péché ou une faute contre la religion.

Les humanistes sont de plus en plus nombreux à penser que l'Église catholique a dévié de sa mission. Ils affirment qu'elle se préoccupe plus d'afficher sa grandeur, avec ses immenses cathédrales et ses œuvres d'art imposantes, que d'aider les croyants à sauver leur âme. Ils critiquent aussi les interventions du clergé dans les affaires laïques. Lorsque le pape met sur pied le système de la vente d'**indulgences**, c'est la goutte qui fait déborder le vase. Martin Luther, prêtre catholique allemand, exige de l'Église qu'elle réforme ses pratiques, mais une partie du haut clergé refuse. Luther rompt avec l'Église catholique et fonde sa propre Église. C'est le début de ce qu'on appelle la « **Réforme** ».

Le commerce des indulgences

La reconstruction de la basilique Saint-Pierre de Rome, au début des années 1500, ruine l'Église catholique. En 1515, le pape met en place un système pour regarnir ses coffres : la vente d'indulgences. Selon ce système, tout fidèle peut, en achetant des indulgences, effacer ses péchés et ainsi s'assurer, après sa mort, une place au ciel, à côté de Dieu.

1.11 Martin Luther (1483–1546)

La révolte de Martin Luther

Ce commerce des indulgences révolte les humanistes, dont le prêtre catholique allemand Martin Luther. Pendant des années, Luther se soucie du salut de son âme. Il croit que même s'il fait le bien sur terre, Dieu peut le rejeter après sa mort. Un jour, le pape annonce qu'il est possible, grâce à l'achat des indulgences, d'effacer ses péchés et d'obtenir le salut éternel avec une simple somme d'argent.

En 1517, Luther affiche aux portes d'une église de Wittenberg, ville du Saint Empire romain germanique, une liste de propositions visant à mettre fin à la corruption de l'Église. Ces propositions, connues sous le nom des « 95 thèses », se répandent rapidement dans plusieurs pays d'Europe grâce à l'imprimerie. En 1520, le pape excommunie Luther.

Humaniste religieux
personnage historique

A Une première Église protestante

L'Église luthérienne

Luther se lance alors dans la rédaction de textes religieux et philosophiques. Ces textes deviennent le fondement d'une toute nouvelle Église chrétienne : l'Église luthérienne. L'empereur du Saint Empire romain germanique, Charles Quint, condamne Luther à son tour. Certaines principautés et plusieurs villes du Saint Empire protestent contre la condamnation impériale. On qualifie alors ces villes et ces principautés de « protestantes », d'où le nom donné aux confessions religieuses qui se dissocient du catholicisme à cette époque.

Les idées de Luther connaissent une vaste diffusion, dans le Saint Empire d'abord, puis ailleurs en Europe. La création de l'Église luthérienne constitue la première phase de la Réforme. En 1530, l'Église catholique vit une deuxième rupture importante.

1.12 Quatre principes de la doctrine de Luther *Important* ✈

Le salut de l'âme ne s'obtient pas par ses bonnes actions, mais par la seule croyance en Jésus.

Il n'y a plus d'intermédiaire entre l'individu et Dieu : personne n'a le pouvoir de pardonner les péchés d'une autre personne.

QUELQUES FONDEMENTS DE L'ÉGLISE LUTHÉRIENNE

Tous les êtres humains sont faillibles, seule la Bible est infaillible.

On ne prie plus ni Marie, la mère de Jésus, ni les saints.

1.13 Henri VIII (1491–1547)

le roi d'Angleterre est le chef de l'église anglicane.

B Une deuxième Église protestante

L'Église anglicane

Au début des années 1500, le roi d'Angleterre, Henri VIII, veut divorcer. La reine, Catherine d'Aragon, ne lui a pas donné de fils pour lui succéder au trône et il désire épouser une autre femme. Il demande au pape, Clément VII, d'annuler son mariage. Celui-ci refuse.

En 1530, le roi rompt avec Rome. En Angleterre, de nombreux membres du clergé souhaitent depuis longtemps avoir plus d'autonomie par rapport au pape. Ils décident donc d'appuyer le roi Henri VIII et de lui accorder le divorce.

La rupture entre le roi Henri VIII et le pape entraîne la naissance de l'Église d'Angleterre, qu'on appelle aujourd'hui l'« Église anglicane ». Le roi devient le chef de cette nouvelle Église.

C Une troisième Église protestante

1.14 Jean Calvin (1509–1564)

Le calvinisme

L'humaniste français Jean Calvin adhère à l'Église de Luther en 1534. Mais, rapidement, il change sa vision de Dieu. Il ne croit plus que l'individu peut être sauvé en croyant simplement en Jésus. Selon lui, Dieu choisit d'avance qui pourra aller au ciel et qui ira en enfer. Il rompt avec l'Église luthérienne et fonde une nouvelle Église à laquelle il donne son nom : le calvinisme. Cette religion gagne bientôt de nombreux adeptes, d'abord à Genève, en Suisse, puis aux Pays-Bas, en France, en Hongrie, en Pologne et dans le Saint Empire romain germanique.

1 En t'inspirant de la photo ci-contre, qui montre l'intérieur d'une église, formule un reproche adressé à l'Église catholique par les humanistes.

L'église se préoccupe plus d'afficher sa grandeur, avec ses œuvres d'art imposantes, que d'aider les croyants à sauver leur âme.

2 Complète la définition du mot *Réforme*.

La Réforme est un mouvement religieux de la période de la <u>renaissance</u>

qui critique les pratiques de l' <u>Église</u> catholique. Ce mouvement

est à l'origine de la création de plusieurs Églises <u>protestantes</u> : l'Église

anglicane, l'Église luthérienne et l'Église calviniste.

3 a) Quel système l'Église catholique met-elle en place pour amasser les fonds nécessaires à la reconstruction de la basilique Saint-Pierre de Rome?

<u>La vente d'indulgences</u>

b) Explique comment fonctionne ce système.

Tout fidèle peut, en achetant d'indulgences, effacer ses péchés et ainsi s'assurer, après sa mort, une place au ciel, à côté de Dieu.

Martin Luther

4 Associe les personnages ci-contre aux énoncés correspondants. Reporte leur numéro dans les cercles.

(2) a) Son épouse ne lui a pas donné d'héritier et il souhaite se séparer d'elle.

(1) b) Martin Luther, prêtre catholique d'Allemagne.

(3) c) Jean Calvin, humaniste français.

(2) d) Il rompt avec Rome parce que le pape refuse d'annuler son mariage.

3 (2) e) Il prétend que Dieu choisit d'avance qui ira au ciel et qui ira en enfer.

(2) f) Henri VIII, roi d'Angleterre.

(1) g) Il publie ses *95 thèses* pour mettre fin à la corruption de l'Église.

(1) h) Il dénonce la vente d'indulgences.

Henri VIII = 8

Jean Calvin

3 La réaction de l'Église catholique

1.15 La répartition des variantes du christianisme en Europe au milieu du 16e siècle

Légende
- Luthériens
- Calvinistes
- Anglicans
- Catholiques

ROYAUME D'ÉCOSSE
ROYAUME DU DANEMARK
ROYAUME DE SUÈDE
Mer du Nord
Mer Baltique
ROYAUME D'ANGLETERRE
PRUSSE
Londres
OCÉAN ATLANTIQUE
Wittenberg
ROYAUME DE POLOGNE
SAINT EMPIRE ROMAIN GERMANIQUE
Paris
Nuremberg
HONGRIE
ROYAUME DE FRANCE
RÉPUBLIQUE DE VENISE
Genève
Venise
Gênes
ROYAUME DU PORTUGAL
Florence
EMPIRE OTTOMAN
ROYAUME D'ESPAGNE
Barcelone
Rome
ÉTATS DE L'ÉGLISE
ROYAUME DE NAPLES
Mer Méditerranée
0   300 km

Devant les divisions au sein de l'Église catholique qui mènent à la Réforme, l'Église réagit par la Contre-Réforme. En 30 ans environ, les querelles engagées au sein de l'Église catholique provoquent la création de 3 nouvelles Églises chrétiennes : luthérienne, anglicane et calviniste. Ces nouvelles Églises dites « protestantes » veulent réformer le christianisme.

La cohabitation des religions sur un même territoire entraîne de violents conflits.

[annotations manuscrites : Méthode douce — Évangélisation — index → Pression — Tribunal de l'inquisition → Méthode forte]

La Contre-Réforme

[annotation manuscrite : Réaction du Christianisme]

L'Église catholique perd beaucoup d'adeptes à cause de la Réforme. Pour recruter de nouveaux croyants et, surtout, éviter que trop de fidèles adoptent une des religions protestantes, elle utilise plusieurs moyens.

Discipline et formation pour les prêtres

Pour mettre fin aux accusations de corruption contre le clergé, le pape nomme des humanistes hauts dirigeants de l'Église. D'importantes réunions, qui se tiennent dans le cadre du « concile de Trente », ont lieu de 1545 à 1563. Le pape convoque dans la ville de Trente, en Italie, une assemblée de théologiens catholiques pour redéfinir les enseignements catholiques et établir une discipline stricte pour les membres du clergé. Le Concile décide que seule l'Église catholique peut interpréter la Bible et uniformise la formation des prêtres.

Contrôle des livres et de l'information

Index

Liste de livres dont la lecture était interdite par l'Église catholique.

L'Église catholique veut contrôler les idées qui circulent dans la population et dans les universités. En 1559, elle crée l'**Index**, une liste énumérant tous les livres qu'il est interdit de lire. Le chrétien qui lit ces livres interdits commet un **péché mortel**. Parmi les livres à l'Index, on trouve ceux des plus grands penseurs, comme Descartes. L'Index est mis à jour de façon régulière. Il durera 400 ans. Son abolition a été décrétée en 1966.

Péché mortel

Acte qui contrevient aux lois de l'Église et qui condamne celui ou celle qui le commet à brûler éternellement en enfer.

Création d'ordres religieux

Convertir

Amener une personne à adopter une religion.

En 1539, un militaire espagnol, Ignace de Loyola, fonde la Compagnie de Jésus. Il se donne alors pour objectif de **convertir** les « infidèles », soit tous ceux qui ne sont pas catholiques, et recrute des membres. En 1540, le pape confie à ces religieux, appelés « jésuites », la mission de ramener les protestants d'Europe à la foi catholique et de convertir les non-chrétiens ailleurs dans le monde.

Ordre religieux

Regroupement de membres du clergé liés par des obligations. Certains ordres sont voués à la propagation du catholicisme.

L'Église fonde aussi d'autres **ordres religieux** pour propager la foi catholique.

Renforcement de l'Inquisition

Les arrestations, les procès, les tortures et les exécutions de non-catholiques durent pendant tout le Moyen Âge. Les hauts dirigeants du clergé composent ce qu'on nomme le « Tribunal de l'Inquisition ». Ce tribunal dispose d'une police pour arrêter les gens.

L'Inquisition vise au départ des sectes et des catholiques qui mettent en doute certains enseignements du catholicisme. Par la suite, en Espagne, l'Inquisition pourchasse les musulmans, les juifs et ceux qu'elle considère comme des « sorciers ». En 1542, le Tribunal de l'Inquisition commence à s'attaquer aux protestants.

Toutefois, l'Église catholique ne parvient pas à convaincre les protestants de revenir vers elle.

1.16 Le massacre de la Saint-Barthélemy

Le roi de France, Charles IX, ordonne que l'on tue les protestants à Paris, puis dans d'autres régions du pays. Ce massacre fait plus de **30 000** morts.

1 Trouve les mots correspondant aux définitions ci-dessous, puis place-les dans la grille pour découvrir le mot mystère.

a) Des accusations de corruption sont portées contre lui.   _Contre_

b) Au 16ᵉ siècle, il s'en tient un à Trente, en Italie, pour redéfinir les enseignements catholiques et établir des règles de discipline strictes.   _Concile_

c) Liste de livres interdits aux chrétiens.   _Index_

d) Le pape nomme certains d'entre eux à des postes de hauts dirigeants de l'Église.   _humanistes_

e) Penseur humaniste dont la lecture des écrits est interdite.   _Descartes_

f) Seule l'Église catholique peut l'interpréter.   _Bible_

g) Massacre qui commence le 24 août 1572, à Paris.   _Saint-Barthélemy_

h) Membre d'un ordre religieux ayant pour mission de ramener les protestants d'Europe à la foi catholique.   _Jésuite_

i) Comme les musulmans, ils finissent par être pourchassés par l'Inquisition.   _Juifs_

j) Militaire espagnol, il fonde la Compagnie de Jésus.   _Ignace de Loyola_

k) Ces croyants sont majoritaires au Danemark.   _____

l) Mouvement religieux qui a suscité la Contre-Réforme.   _Réforme_

m) Individus contre qui est ordonné le massacre de la Saint-Barthélemy.   _Protestants_

MOT MYSTÈRE :

Contre-Réforme

a) | C | o | n | t | r | e |
b) | C | o | n | c | i | l | e |
c) | I | n | d | e | x |
d) | h | u | m | a | n | i | s | t | e | s |
e) | D | e | s | c | a | r | t | e | s |
f) | B | i | b | l | e |
g) | S | a | i | n | t | - | B | a | r | t | h | é | l | e | m | y |
h) | J | é | s | u | i | t | e |
i) | J | u | i | f | s |
j) | L | O | y | o | l | a |
k) | | | | r | |
l) | R | é | f | o | r | m | e |
m) | P | r | o | t | e | s | t | a | n | t | s |

La fin du Moyen Âge et le début de la Renaissance sont des périodes de l'histoire où la foi et la science s'affrontent. Les regroupements de savants se multiplient. Ils tentent de démontrer divers phénomènes naturels en s'appuyant sur l'observation et l'expérimentation. Leurs démonstrations choquent l'Église catholique, qui a déjà donné une explication religieuse à la plupart de ces phénomènes. Certains humanistes, scientifiques ou philosophes, sont torturés par l'Église.

A L'astronomie

L'Église catholique affirme que la Terre ne bouge pas et qu'elle est au centre de l'Univers. Elle croit que les astres changent de position et de taille dans le ciel parce qu'ils tournent autour de la Terre. Cette vision, qu'on nomme « géocentrisme », est rejetée par l'astronome polonais Nicolas Copernic.

Selon Copernic, *inspiré de l'Antiquité* si les planètes Mars, Jupiter et Saturne semblent changer de grosseur au cours d'une année, c'est parce qu'elles tournent autour du Soleil. C'est la théorie de l'héliocentrisme. La Terre n'est donc pas le centre de l'Univers. Copernic démontre aussi que la Terre bouge de deux façons : elle tourne sur elle-même pendant qu'elle tourne autour du Soleil. *Il était très rusé, à son décès il a écrit dans son testaments que ses recherches soient dispersé autour de l'Europe*

1.17 La vision du monde de Copernic

B La médecine

Dissection

Action de découper les parties d'un corps humain ou animal pour étudier sa composition.

Anatomie

Structure d'un corps.

Jusqu'à la fin du Moyen Âge, les médecins utilisent les méthodes élaborées dans l'Antiquité pour soigner les malades. La connaissance du fonctionnement du corps est limitée, car la **dissection** des cadavres est interdite par la loi et l'Église.

À la Renaissance, la médecine fait un bond important grâce à André Vésale, un médecin des Pays-Bas qui pratique la dissection pour mieux connaître le corps humain. Ainsi, il peut étudier les liens entre les divers systèmes. En 1543, Vésale publie un grand ouvrage sur l'**anatomie**. Les travaux d'André Vésale sur le fonctionnement du corps humain ont été très importants dans l'évolution de la médecine.

C Des scientifiques polyvalents

À la Renaissance, il est courant de rencontrer des savants qui maîtrisent plusieurs disciplines scientifiques. C'est le cas des Français Blaise Pascal et René Descartes.

1.18 Des savants de la Renaissance

BLAISE PASCAL (1623–1662) *Important*

Blaise Pascal est à la fois mathématicien, physicien et philosophe. À peine âgé de 20 ans, il invente un appareil mécanique pour calculer. Il fonde une branche des mathématiques appelée le «calcul des probabilités». En tant que physicien, il étudie le vide et la pesanteur de l'air. Sa contribution à l'étude de la pression des gaz est si grande qu'on a donné son nom à une unité de mesure de la pression, le pascal (Pa).

Même s'il est un esprit scientifique et rationnel, Pascal craint que la société perde foi en Dieu et qu'elle finisse par croire que la raison peut résoudre tous les problèmes. Il incite les non-croyants, notamment les grands intellectuels, à pratiquer les rites religieux. Il maintient que c'est à force de répéter de tels gestes que la foi s'installe. Ainsi, l'individu accède à la vérité et aux certitudes non seulement par l'intelligence, mais aussi par les émotions.

RENÉ DESCARTES (1596–1650) *Important*

René Descartes, mathématicien et philosophe, s'appuie sur la raison pour soutenir ses réflexions. Il affirme que l'individu peut accéder à la vérité s'il utilise le bon sens et sa capacité d'observation, d'analyse et de synthèse. Il défend l'idée du doute méthodique, qui consiste à ne pas croire à une chose sans l'avoir mise en doute au préalable. Ce doute oblige à réfléchir. Descartes énonce un des grands principes de la philosophie : «Je pense, donc je suis.» Par cet énoncé, il établit que si l'être humain pense, c'est la preuve qu'il existe.

En mathématiques, il invente la géométrie analytique, qui devient un instrument précieux en physique. On lui doit aussi le «plan cartésien», système d'axes qui porte son nom. En physique, il découvre la loi de la réfraction de la lumière. Son œuvre servira de base aux physiciens, aux mathématiciens et aux philosophes des siècles qui suivront.

---

1 Laquelle des deux théories suivantes déplaît à l'Église: le géocentrisme ou l'héliocentrisme? Pourquoi?

Le géocentrisme, parce que celle affirme que la Terre n'est pas le centre de l'univers et que les planètes tournent autour du soleil

2 a) À quelle période de l'histoire remontent les connaissances et les techniques utilisées par les médecins du Moyen Âge? *Antiquité*

b) À la Renaissance, la médecine fait un bond important. Qu'est-ce qui explique cette avancée?

À la Renaissance, la médecine fait un bond important. Ce qui explique cette avancée est la dissection du corps humain.

c) Qu'est-ce qui empêchait les scientifiques de faire avancer leurs connaissances en anatomie?

Ce qui empêchait les scientifiques de faire avancer leurs connaissance en anatomie est l'Église Catholique.

3 Associe chacun des énoncés suivants au scientifique approprié. Reporte les chiffres dans les cercles.

> **1** = Blaise Pascal   **2** = René Descartes

② a) Inventeur du plan cartésien.

① b) Inventeur d'un appareil mécanique de calcul.

② c) Il défend l'idée du doute méthodique.

① d) Il prétend que les émotions, comme l'intelligence, peuvent faire accéder à la vérité.

① e) Une unité de mesure de la pression des gaz porte son nom.

② f) Auteur de la célèbre phrase : « Je pense, donc je suis. »

② g) Il découvre la loi de la réfraction de la lumière.

4 Qui suis-je?

a) Je soutiens que la Terre tourne autour du Soleil.

Nicolas Copernic

c) En tant que physicien, j'étudie le vide et la pesanteur de l'air.

Blaise Pascal

b) J'affirme que la Terre ne bouge pas et qu'elle est au centre de l'Univers.

L'Église Catholique

d) J'ai disséqué des cadavres pour comprendre le corps humain.

André Vésale

Art

Dans différents domaines, ensemble des activités de création.

Toutes les formes d'art présentent des innovations à la Renaissance. Que ce soit dans le dessin, la peinture, la sculpture, la musique, l'architecture, les sujets abordés se diversifient. L'art n'est plus uniquement au service de la religion. Les représentations de la nature et du corps humain tiennent une plus grande place. Et des thèmes de l'Antiquité grecque et romaine sont présents.

A La technique de la perspective

Les dessinateurs et les peintres appliquent la technique de la perspective qui révolutionne leur art. Issue des règles de mathématiques et de géométrie, la perspective donne plus de réalisme aux œuvres. Ainsi, les objets en arrière-plan apparaissant sur une toile semblent plus petits que les éléments en avant-plan. On perçoit mieux la différence des plans et les trois dimensions dans les œuvres.

Autodidacte

Personne qui s'instruit elle-même, sans professeur.

Léonard de Vinci et ses œuvres

Léonard de Vinci (1452–1519) est un homme de génie, à la fois chercheur scientifique, anatomiste, botaniste, inventeur, ingénieur militaire, architecte, sculpteur, peintre et dessinateur. De Vinci est un **autodidacte**. Mis à part la peinture et la sculpture, qu'il étudie auprès d'un maître de la Renaissance, il apprend par lui-même toutes les disciplines auxquelles il touche.

De nombreux princes veulent le prendre à leur service, surtout pour son génie militaire et sa capacité d'améliorer des machines de guerre. De Vinci innove en peinture en mettant au point de nouvelles techniques. Ses dissections de corps humains et ses dessins du système musculaire permettent à la médecine de connaître davantage l'anatomie.

1.19 *La Joconde* de Léonard de Vinci

La Joconde, réalisée entre 1503 et 1507, est sans doute la peinture la plus connue de Léonard de Vinci. *La Joconde* se trouve aujourd'hui au musée du Louvre, à Paris.

Michel-Ange et ses œuvres

Le nom de Michel-Ange (1475–1564) est étroitement associé à l'Église catholique. Ce sculpteur, peintre et architecte italien réalise de nombreux travaux pour le pape à Rome. Son œuvre la plus connue est la fresque de la petite chapelle Sixtine, à côté de la basilique

Saint-Pierre de Rome. Pendant quatre ans, de 1508 à 1512, il peint, au plafond de la chapelle, une représentation de la création de l'Homme par Dieu.

Son premier chef-d'œuvre est cependant achevé 10 ans plus tôt. L'artiste n'a alors que 24 ans. Il s'agit d'une sculpture de marbre représentant Jésus mort, reposant sur les genoux de sa mère, Marie. Cette œuvre se nomme *Pietà*.

1.20 La *Pietà* de Michel-Ange

La *Pietà* a été réalisée entre 1498 et 1499. Ce marbre se trouve à la basilique Saint-Pierre, au Vatican, à Rome.

Sandro Botticelli et ses œuvres

Tout comme Michel-Ange, Sandro Botticelli (1445–1510) est invité par le pape à peindre des fresques sur les murs de la chapelle Sixtine. Ce peintre, dessinateur et graveur italien est sous la protection de personnes riches et puissantes de Florence, la famille Médicis. À la cour des Médicis, il côtoie de nombreux artistes et humanistes.

Il ose créer des œuvres qui rappellent des thèmes chers à l'Antiquité. Par exemple, sa peinture *La naissance de Vénus*, réalisée en 1484, montre la déesse de l'amour dans la mythologie romaine.

1.21 *La naissance de Vénus* de Sandro Botticelli

Le tableau de Botticelli est exposé à la Galerie des Offices à Florence, en Italie.

Claudio Monteverdi et ses œuvres

Claudio Monteverdi (1567–1643), humaniste et compositeur italien, est considéré comme l'un des pères de l'**opéra** et de la musique moderne. Il parvient à unifier d'une nouvelle façon la poésie et la musique. Il s'inspire de la mythologie grecque pour composer *Orfeo*, un poème dramatique chanté et accompagné de musique.

Opéra

Pièce de théâtre où les acteurs chantent le texte, accompagnés par un orchestre.

B Un renouveau dans l'architecture

Le mouvement humaniste influence aussi l'architecture. Des artistes s'inspirent des constructions de l'Antiquité pour créer des formes nouvelles. Par exemple, l'architecte italien Andrea Palladio (1508-1580), ancien tailleur de pierre et maître maçon, tire de l'architecture gréco-romaine des idées novatrices pour la construction d'églises, de palais et de théâtres : colonnes, frontons triangulaires, etc. Il publie des livres d'architecture qui seront étudiés par les architectes pendant des décennies.

Un autre architecte italien, Donato d'Angelo (1444-1514), surnommé Bramante, intègre aussi des composantes de l'art architectural antique à plusieurs grands édifices. Il innove notamment dans la construction de dômes.

1 a) L'extrait suivant est tiré d'une lettre de Léonard de Vinci au duc de Milan, Ludovic le More. Il s'agit en quelque sorte d'une demande d'emploi. De Vinci y fait valoir ses nombreux talents d'artiste. Surligne en jaune les trois domaines dans lesquels Léonard de Vinci excelle.

b) À part ceux mentionnés dans l'extrait, nomme trois autres domaines dans lesquels Léonard de Vinci brille par son génie.

La recherche scientifique, l'anatomie, la botanique, le génie militaire et le dessin.

> *En temps de paix, je crois pouvoir vous donner aussi entière satisfaction que quiconque, soit en architecture, pour la construction des édifices publics et privés, soit pour conduire l'eau d'un endroit à l'autre. Item*, je puis exécuter de la sculpture, en marbre, bronze ou terre cuite ; de même en peinture, mon œuvre peut égaler celle de n'importe qui.*
>
> * En temps de paix.

c) Léonard de Vinci est un autodidacte. Qu'est-ce que cela signifie?

Être autodidacte veut dire quelqu'un qui s'instruit lui-même, sans professeur.

2 Parmi les énoncés et les documents ci-dessous, entoure ceux qui ont rapport à des innovations dans l'art à la Renaissance.

Les éléments représentés sont tous sur le même plan.

Les personnages présentent un caractère réaliste.

La technique de la perspective est maîtrisée.

Des règles de mathématiques et de géométrie sont appliquées.

Les thèmes religieux sont la seule source d'inspiration.

œuvres avec anges c'est le moyen-âge et œuvres avec la mythologie c'est la renaissance

3 a) Associe chacune des œuvres ci-dessous à son auteur.

> ✎ Michel-Ange   ✎ Sandro Botticelli   ✎ Andrea Palladio
> ✎ Bramante   ✎ Léonard de Vinci   ✎ Claudio Monteverdi

 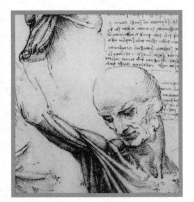

1. _Léonard de Vinci_   2. _Michel-Ange_   3. _Léonard de Vinci_

4. _Sandro Botticelli_   5. _Michel-Ange_   6. _Claudio Monteverdi_ ✗
Andrea Palladio

7. _Claudio Monteverdi_ ✗ 8. _Bramante_
Claudio Monteverdi

b) En a), l'illlustration n° 6 représente la villa Rotonda, un édifice construit au 16ᵉ siècle dans la région de Venise. Nomme deux de ses éléments architecturaux qui sont inspirés des monuments antiques grecs ou romains.

_____

4 Observe cette œuvre intitulée *L'école d'Athènes* de l'artiste peintre Raphaël. Dans sa fresque, l'artiste a mélangé des éléments du passé et des éléments de son époque, la Renaissance.

L'école d'Athènes

a) De quelle période historique la toile est-elle inspirée? Souligne ta réponse.
   1. De la préhistoire.
   2. De l'Antiquité.
   3. Du Moyen Âge.

b) Qui sont les personnages représentés dans cette peinture? Souligne ta réponse.
   1. De grands philosophes de l'Antiquité.
   2. Des dieux grecs.
   3. Des rois et des reines d'Europe.

c) Nomme cinq activités auxquelles participent les personnages de *L'école d'Athènes*.

   La rédaction, la lecture, la réflexion, la discussion
   la démonstration ou l'explication, l'observation.

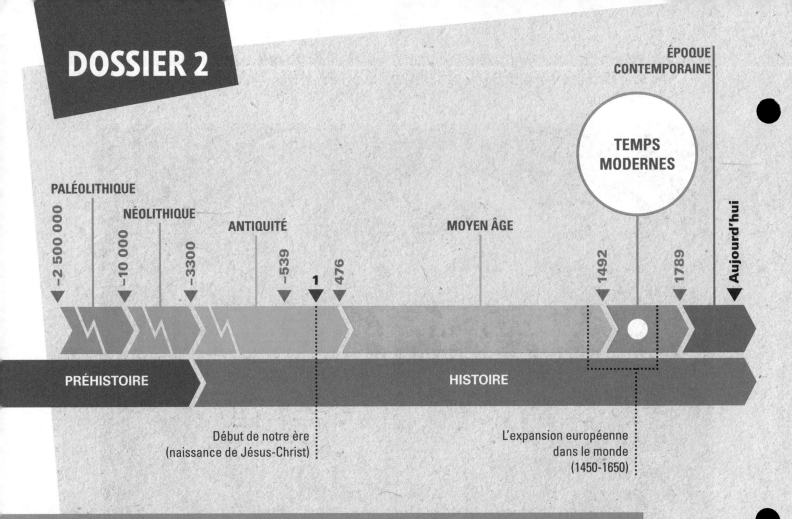

ÉPOQUE CONTEMPORAINE

TEMPS MODERNES

PALÉOLITHIQUE

NÉOLITHIQUE

ANTIQUITÉ

MOYEN ÂGE

−2 500 000

−10 000

−3300

−539

1

476

1492

1789

Aujourd'hui

PRÉHISTOIRE

HISTOIRE

Début de notre ère
(naissance de Jésus-Christ)

L'expansion européenne
dans le monde
(1450-1650)

L'expansion européenne dans le monde

Pendant la Renaissance, les Européens doivent chercher de nouvelles routes commerciales vers l'Asie. Dans cette quête, des explorateurs européens réussissent ce qui est alors impensable : contourner l'Afrique. D'autres navigateurs européens rencontrent une terre dont ils ignoraient l'existence. Ils la nomment « Amérique ».

Qui sont ces aventuriers qui se lancent vers l'inconnu ? Quels peuples rencontrent-ils ? Quelles formes de commerce développent-ils avec eux ? Quels bouleversements culturels leurs explorations entraînent-elles ?

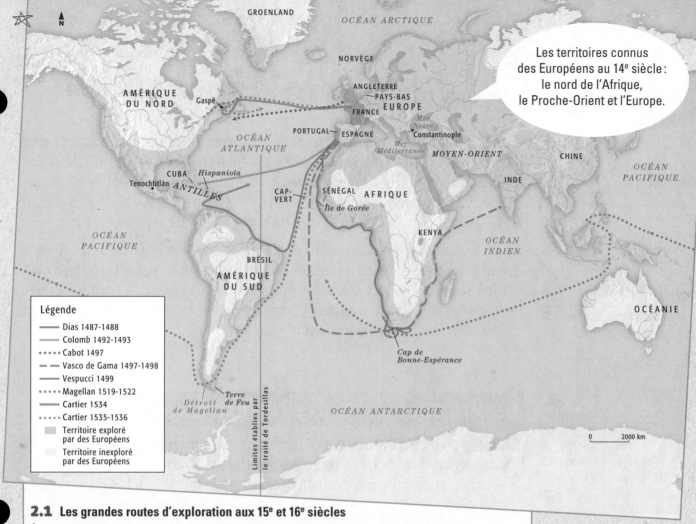

Les territoires connus des Européens au 14e siècle : le nord de l'Afrique, le Proche-Orient et l'Europe.

Légende

—— Dias 1487-1488
—— Colomb 1492-1493
•••• Cabot 1497
– – Vasco de Gama 1497-1498
—— Vespucci 1499
•••• Magellan 1519-1522
—— Cartier 1534
•••• Cartier 1535-1536
▨ Territoire exploré par des Européens
▨ Territoire inexploré par des Européens

2.1 Les grandes routes d'exploration aux 15e et 16e siècles

À la Renaissance, des navigateurs européens et leur équipage s'aventurent sur des océans dont ils ignorent tout.

? Les explorateurs franchissent-ils les océans seulement pour satisfaire leur goût de l'aventure ?

2.2 L'arrivée de Christophe Colomb dans les Antilles en 1492

Financé par Isabelle Iʳᵉ, reine d'Espagne, le navigateur Christophe Colomb se croit en Inde lorsqu'il pose le pied sur une île antillaise, qu'il nomme *Hispaniola*.

sommaire

Les Européens ont avantage à développer leurs connaissances des différentes routes pour atteindre l'Asie et le Moyen-Orient. Lors des **croisades** chrétiennes en **territoires** musulmans, ils découvrent de nouveaux produits. Les tissus de soie fabriqués en Chine, divers métaux du Moyen-Orient et les épices cultivées en Inde sont de plus en plus recherchés en Europe.

Les Européens utilisent certaines épices pour conserver les aliments. À cette époque, les aliments frais ne se conservent pas longtemps, car la réfrigération n'existe pas. On se sert aussi des épices pour fabriquer des parfums et des médicaments. Certaines épices, comme le poivre, valent très cher. Elles font partie d'un commerce très rentable.

Croisades
Expéditions militaires organisées par le pape pour libérer les lieux chrétiens de la présence musulmane.

Territoire
Étendue de terre sur laquelle une autorité gouverne.

Commerce
Ensemble des activités de vente, d'achat ou d'échange de produits, de services et, pendant plusieurs siècles, d'êtres humains.

Importation
Introduction dans un pays d'un produit provenant d'un autre pays pour en faire le commerce.

A Le blocage des routes terrestres vers l'Asie

En 1453, un grand événement bouleverse le **commerce** européen : les Turcs s'emparent de la ville de Constantinople (Istanbul, en Turquie). Cette ville a une importance immense pour l'**importation** de produits en Europe, car elle est située à la jonction de l'Europe, de l'Asie et du Moyen-Orient.

Désormais, les marchands européens ne peuvent plus traverser les territoires contrôlés par les Turcs, de religion musulmane. Depuis les attaques menées par les chrétiens contre les musulmans pendant les croisades, les relations entre ces deux groupes religieux sont très tendues.

Évènement très important :
La chute de
Constantinople.

Il y a eu 8 grandes croisades.

L'empire Ottoman veut devenir plus puissant et il veut s'épancre par l'Europe et il demande une très grande quantité de taxes

2.3 La ville de Constantinople aux mains des Turcs

En 1453, Mehmet II prend d'assaut la ville de Constantinople, qui deviendra le cœur d'un nouvel empire : l'empire Ottoman.

Après la prise de Constantinople par les Turcs, l'importation en Europe de produits en provenance de l'Asie se poursuit malgré tout. Elle se fait par l'entremise des marchands des grandes cités-États italiennes, comme Venise. Cependant, même si les épices, les métaux précieux et la soie demeurent accessibles physiquement, ces produits sont devenus difficilement accessibles financièrement pour certains royaumes d'Europe à cause de nouvelles taxes imposées par les Turcs.

B L'augmentation des taxes commerciales

Après la prise de Constantinople, les Turcs imposent des taxes très élevées sur les produits qui passent par leur territoire ou par les ports du Moyen-Orient qu'ils contrôlent. Certains royaumes d'Europe assez riches pour supporter la hausse des prix continuent d'acheter les produits venus d'Asie.

Des pays comme le Portugal et l'Espagne sont trop pauvres pour subir une telle augmentation. La seule façon pour eux de pouvoir continuer à s'approvisionner en épices et en soie à un prix acceptable est de trouver par eux-mêmes une nouvelle route maritime vers le Moyen-Orient et l'Asie. Ces royaumes choisissent donc d'investir dans la construction de navires et le financement de voyages d'exploration.

C Des guerres européennes très coûteuses

Plusieurs royaumes européens se font la guerre et les coffres des rois se vident. Pendant la Renaissance, les rois ne veulent plus être menacés par les armées des seigneurs. De plus, ils craignent que les grandes villes se rebellent contre leur pouvoir. Ils désarment donc leur population.

Les nouvelles armes, comme les canons, sont plus performantes, mais elles coûtent plus cher. La destruction qu'elles provoquent est aussi plus importante. La reconstruction des châteaux et des remparts de protection nécessite de grandes dépenses. *Pour faire la guerre, on a besoin de l'argent!*

Une armée au service du roi

Les rois doivent défendre leur territoire contre les invasions d'autres rois. Pour ce faire, ils créent une armée de métier, c'est-à-dire une armée composée d'hommes qui reçoivent un salaire pour être soldats. Mais entretenir une grande armée coûte une fortune.

Pour se maintenir au pouvoir, les rois doivent trouver des métaux précieux. Ils encouragent donc la recherche de territoires riches en minerais d'argent et d'or et financent les voyages de navigateurs vers une direction qui n'a jamais été explorée auparavant: l'ouest.

1 Au Moyen Âge, plusieurs produits provenant du Moyen-Orient et de l'Asie sont fortement en demande en Europe. Nommes-en deux.

Les tissus en soie, métaux et épices.

2 Au Moyen Âge, les épices font partie des produits les plus recherchés en Europe. Parmi les énoncés ci-dessous, encercle ceux qui concernent les épices qui viennent d'Asie.

a) Elles sont cultivées en Inde.

b) Elles ne se conservent pas longtemps.

c) Elles valent cher.

d) Elles sont peu recherchées en Europe.

e) Elles servent à la conservation des aliments.

f) Elles servent à la fabrication des médicaments.

3 Sur la carte suivante:

a) indique où se trouvent le nord de l'Afrique, le Moyen-Orient et l'Europe;

b) trace une étoile à l'endroit où se situe la ville de Constantinople (aujourd'hui Istanbul).

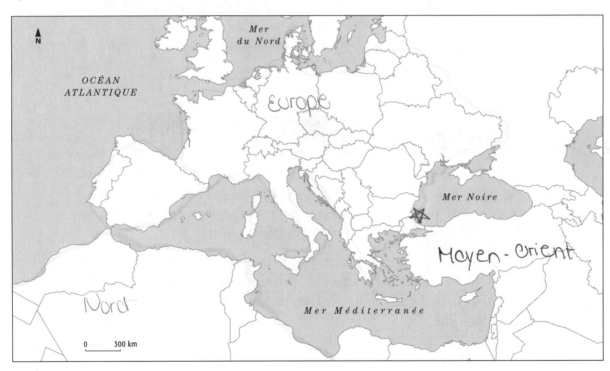

4 a) Quel événement bouleverse le commerce européen en 1453?

Très important

→ L'événement qui bouleverse le commerce en 1453 est les Turcs s'emparent de la ville de Constantinople.

b) Quelle est la principale conséquence de cet événement sur les produits importés?

→ La principale conséquence de cet événement est que les marchands ne peuvent plus traverser les territoires contrôlés par les Turcs.

c) Nomme une cité-État italienne qui, malgré cet événement, poursuit son commerce avec l'Asie et le Moyen-Orient. Constantinople

→ les produits coûtent vraiment chers   Venise

5 Les énoncés suivants sont liés au problème du commerce à la fin du Moyen Âge. Indique, pour chacun, s'il est une cause, une conséquence ou une solution à ce problème.

	Cause	Conséquence	Solution
a) Le Portugal et l'Espagne tentent de trouver une nouvelle route pour atteindre le Moyen-Orient et l'Asie.	○	○	✓ β
b) Les Turcs imposent des taxes très élevées sur les produits qui traversent leur territoire.	✓ β	○	○
c) Le Portugal et l'Espagne sont trop pauvres pour supporter l'augmentation des taxes sur les produits importés.	○	✓ β	○

6 Complète le texte suivant à l'aide des mots de l'encadré.

> • reconstruction • armes • coûteuse • remparts • plus cher • efficaces

Les guerres que se livrent les royaumes européens entre eux leur coûtent cher parce que

les nouvelles __armes β__ plus __efficaces β__ coûtent

__plus cher β__ . La __reconstruction β__ des châteaux et

des __remparts β__ est aussi très __coûteuse. β__ .

7 Complète le schéma en insérant les énoncés suivants au bon endroit.

> • Les rois créent une armée de métier.
> • Les rois prennent le contrôle des armes sur leur territoire.
> • Les royaumes financent des voyages vers l'ouest afin de trouver des territoires riches en minerai.
> • Avoir une grande armée coûte cher.

À la conquête de ressources précieuses

Les rois sont menacés par les armées des seigneurs.
▼
~~Avoir une grande armée coûte cher.~~ Les rois prennent le contrôle des armes sur leur territoire.
▼
Les rois doivent continuer à défendre leur territoire.
▼
~~Les rois prennent le contrôle des armes sur leur territoire.~~ β Les rois créent une armée de métier
▼
Les rois recrutent des soldats et doivent les payer.
▼
Les rois créent une armée de métier. Avoir une grande armée coûte cher.
▼
Pour se maintenir au pouvoir, les rois doivent trouver des métaux précieux.
▼
Les royaumes financent des voyages vers l'ouest afin de trouver des territoires riches en minerai. β

Au début de la Renaissance, les Européens savent que la Terre est ronde et ils croient donc qu'en naviguant vers l'ouest, ils vont forcément atteindre l'Asie. Auparavant, les gens croyaient que la Terre était plate. Souvent, lorsqu'un navire ne revenait pas au port, on expliquait sa disparition par sa chute dans le vide, une fois arrivé au bout de la Terre. On croyait aussi que de terribles monstres marins avalaient les bateaux.

Des découvertes scientifiques

À la fin de la Renaissance, quatre savants expliquent comment la Terre bouge et pourquoi il est impossible que les navires tombent au bout de la Terre.

Nicolas Copernic   Reconnaître leur nom

Nicolas Copernic (astronome polonais, 1473–1543) est le premier à démontrer que la Terre tourne sur elle-même et autour du Soleil. Il expose sa théorie, l'héliocentrisme, dans son traité intitulé *De la révolution des astres*, publié en 1543. L'héliocentrisme situe le Soleil au centre de l'Univers. Cette théorie s'oppose au géocentrisme, qui place plutôt la Terre au centre de l'Univers.

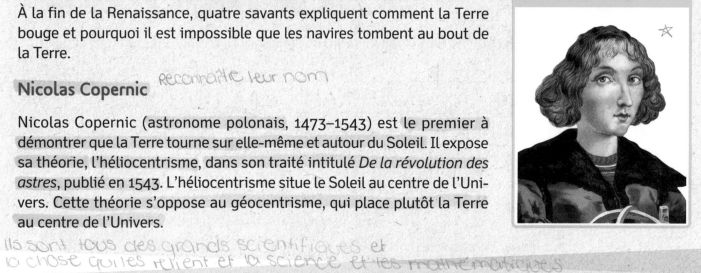

2.4 Nicolas Copernic

Ils sont tous des grands scientifiques et la chose qu'iles relient et la science et les mathématiques

2.5 Une représentation de l'héliocentrisme

Exposée par Copernic, cette théorie place le Soleil au centre de l'Univers.

2.6 Une représentation ancienne de la Terre

La Terre est plate : une croyance révolue, à la Renaissance.

2.7 Galileo Galilei

Hérésie

Pratique religieuse ou opinion contraire aux enseignements de la religion catholique.

Index

Liste de livres dont la lecture était interdite par l'Église catholique.

Galileo Galilei

Galileo Galilei (physicien italien, 1564–1642), surnommé Galilée, invente la première lunette astronomique pour observer le ciel. Ses observations du Soleil, de la Lune et de quelques planètes de notre système solaire lui permettent de confirmer la théorie de Copernic.

Affirmer que la Terre n'est pas le centre de l'Univers et que le Soleil ne tourne pas autour de la Terre constitue néanmoins une **hérésie** selon l'Église catholique. Les ouvrages de Copernic et de Galilée sont donc mis à l'**Index**. Les catholiques n'ont pas le droit de les lire. L'Église fait même un procès à Galilée, l'accusant d'être un hérétique. Pour éviter la prison ou la mort, Galilée accepte de dire que l'Église a raison et qu'il a tort.

mais il a une longue vie et il n'a pas était condamné à cause d'une alliance mais il est resté impressioné dans un palais son Mécen était le roi de France

2.8 La lunette astronomique inventée par Galilée

Johannes Kepler

Peu après Galilée, Johannes Kepler (astronome allemand, 1571–1630) confirme la théorie de Copernic, mais il corrige une de ses affirmations. Copernic croyait que la Terre tournait autour du Soleil en décrivant un cercle parfait, toujours identique. Selon Copernic, la Terre est donc constamment à la même distance du Soleil. Or, Kepler démontre plutôt que la Terre tourne autour du Soleil en décrivant des **ellipses** de différentes formes.

2.9 Johannes Kepler

Ellipse

Forme ovale.

2.10 Isaac Newton

Isaac Newton

Isaac Newton (physicien et mathématicien anglais, 1642–1727) explique enfin pourquoi les navires ne tombent jamais dans le vide, peu importe leur situation sur le globe. Il découvre les lois physiques de la gravitation terrestre : tous les corps, légers ou lourds, qui se trouvent sur la croûte terrestre ou sur les océans sont soumis à une attraction. Sa théorie de la gravitation permet d'expliquer le mouvement des planètes et des astres satellites, comme la Lune. Également astronome, Newton construit le premier télescope en 1668. En fait, il perfectionne la lunette astronomique inventée par Galilée en y ajoutant des miroirs.

1 Durant la période des explorations, les croyances des Européens sont confrontées à la réalité. Pour chacun des énoncés suivants, indique s'il s'agit d'une croyance ou de la réalité.

	Croyance	Réalité
a) La Terre est plate.	✓	○
b) Parfois, des bateaux font naufrage.	○	✓
c) De terribles monstres marins avalent les bateaux.	✓	○
d) La Terre est ronde.		✓
e) Les marins qui s'aventurent loin des côtes risquent de tomber dans le vide.	✓	○
f) Les Européens naviguant vers l'ouest vont forcément atteindre l'Asie.	✓	✗

2 Inscris dans les cercles le ou les chiffres correspondant au scientifique qui aurait pu prononcer les affirmations suivantes. Attention, certains énoncés peuvent être attribués à plus d'un scientifique.

1. Nicolas Copernic   **2.** Galileo Galilei   **3.** Johannes Kepler   **4.** Isaac Newton

○ (4.) a) « J'explique les lois physiques de la gravitation terrestre. »

(2.) (3.) b) « Je confirme la théorie de Copernic. »

(1) (2) c) « Je rédige un ouvrage que l'Église met à l'Index. »

○ (1.) d) « Je suis le premier à démontrer que la Terre tourne sur elle-même et autour du Soleil. »

○ (2) e) « J'invente la première lunette astronomique qui permet d'observer le ciel. »

1 (~~2~~) f) « Je soutiens que la Terre tourne autour du Soleil en décrivant un cercle parfait. »

○ (4.) g) « Je construis le premier télescope. »

3 (~~2~~) h) « Je démontre que la Terre tourne autour du Soleil en décrivant des ellipses de différentes formes. »

4 (~~~~) i) « J'explique le mouvement des planètes et des astres satellites, comme la Lune. »

3 Les grandes découvertes

Les grandes découvertes

Terme qui désigne la période de la Renaissance où les explorateurs européens naviguent sur les mers à la recherche de nouveaux territoires.

Les voyages des explorateurs sont à l'origine d'une période appelée « les grandes découvertes ». Favorisée par les avancées technologiques, cette période permet aux Européens d'explorer de nouveaux territoires. C'est le point de départ de la mise en place d'un réseau d'échanges économiques à l'avantage des pays européens.

A | Le travail des explorateurs

Cartographier

Établir les contours d'un continent, d'une île ou encore le tracé d'un cours d'eau ou d'une route sur une carte.

Les explorateurs **cartographient** les nouvelles routes qu'ils empruntent. Ainsi, d'autres personnes peuvent emprunter les mêmes chemins sur la terre et sur l'eau en suivant leurs cartes.

Les routes maritimes

Au début de la Renaissance, les Européens connaissent bien les contours de la mer Méditerranée, de la mer de Marmara et de la mer Noire. Ils connaissent aussi les côtes du nord et de l'ouest de l'Europe, de même que celles d'une partie de l'ouest de l'Afrique.

Ils savent également que les eaux situées à la pointe sud du continent africain sont très dangereuses. Plusieurs croient qu'on ne peut franchir cette pointe en raison des puissantes tempêtes qui surviennent dans cette zone, où les courants de deux océans se rencontrent.

Les routes terrestres

Les Européens connaissent les routes terrestres qui mènent en Chine et dans différentes régions du Moyen-Orient, mais ils ne les empruntent plus depuis qu'elles sont contrôlées par les Turcs.

B | La recherche des routes vers l'Asie

Au début du 15e siècle, les mers et les terres à l'ouest de l'Europe ne sont pas encore cartographiées. Les navigateurs européens sont toutefois convaincus qu'ils peuvent atteindre l'Asie s'ils naviguent vers l'ouest, car ils savent que la Terre est ronde.

Selon eux, l'Asie est accessible par deux voies : les routes maritimes connues mais dangereuses de la pointe sud-africaine ou les eaux inconnues à l'ouest. Des navigateurs de plusieurs pays d'Europe choisissent l'une ou l'autre de ces routes pour atteindre l'Asie ou pour chercher des territoires inconnus.

Les techniques de navigation

Cabotage

Navigation près des côtes.

Avant la Renaissance, les bateaux naviguent toujours près des côtes. Ils font du **cabotage**, car ils ne sont pas conçus pour affronter les grandes tempêtes du large. Pour naviguer sur les eaux déchaînées du sud de l'Afrique ou s'aventurer dans les eaux inconnues de l'ouest, les bateaux existants sont alors inadéquats.

Un bateau idéal : la caravelle

Caravelle

Navire à trois ou quatre mâts utilisé aux 15e et 16e siècles lors des grands voyages d'exploration.

- Un bateau d'expédition doit transporter une vingtaine de marins et plusieurs tonnes de nourriture. Il doit donc être assez grand. Mais il doit aussi être suffisamment petit pour être facile à manœuvrer pendant les tempêtes. Sa coque ne doit pas être trop profonde afin de permettre la navigation sur des fleuves. Pendant la première moitié du 15e siècle, les Portugais inventent un navire idéal pour l'exploration, qui réunit toutes ces caractéristiques : la **caravelle**.

C — Les instruments de navigation

Technologie

Outil ou instrument développé à partir de l'étude scientifique dans le but d'améliorer la production ou les performances dans un domaine.

La **technologie** dans le domaine maritime évolue, mais lentement. Les navigateurs disposent cependant de certains instruments de navigation pour se diriger sur l'océan et les mers. Ils peuvent déterminer leur **latitude**, mais seulement le jour en observant la position du Soleil. Ils savent dans quelle direction ils naviguent, mais ils ne connaissent pas leur **longitude**.

Latitude

Endroit où l'on se situe sur la Terre, du nord au sud, par rapport à l'équateur. La latitude se mesure en degrés.

Longitude

Endroit où l'on se situe sur la Terre, d'est en ouest, par rapport à un méridien d'origine. La longitude se mesure en degrés.

L'observation des étoiles

L'étoile Polaire, aussi appelée «étoile du Nord», aide les navigateurs à se diriger la nuit. Même si la Terre tourne, cette étoile reste fixe dans le ciel. Si l'étoile paraît très haute dans le ciel, on navigue vers le nord. Si elle se situe près de la ligne d'horizon, on va vers le sud.

Équateur

Ligne qui sépare la Terre en deux hémisphères, Nord et Sud.

L'astrolabe

L'astrolabe mesure la hauteur des astres par rapport à la ligne d'horizon. Il permet de déterminer approximativement le nombre de degrés Nord ou Sud qui séparent un bateau de l'**équateur**.

2.11 Un astrolabe du 16e siècle

Se débrouiller avec les moyens du bord pour...

... mesurer la vitesse d'un bateau

Les marins mesurent la vitesse de leur bateau à l'aide d'une planche attachée à l'extrémité d'une corde. Ils font d'abord un nœud dans la corde tous les 12,8 m. Ils attachent ensuite une extrémité de la corde au bateau et jettent la planche à l'eau à l'arrière du navire. La planche tire de plus en plus de corde à mesure que le bateau avance. Après une période donnée, par exemple une minute, on compte les nœuds passés par-dessus bord. Le nombre de nœuds indique la vitesse du navire.

... éviter de s'échouer

Les bateaux qui approchent des côtes inconnues ou qui s'engagent pour la première fois sur un fleuve risquent de s'échouer si l'eau n'est pas assez profonde. Les marins doivent donc mesurer la profondeur de l'eau. Pour ce faire, ils lancent par-dessus bord un poids attaché à une corde, qui a un nœud tous les 1,6 m. La distance entre deux nœuds se nomme une « brasse ». Le nombre de nœuds passés par-dessus bord correspond au nombre de brasses de profondeur.

Le mot *nœud* n'a jamais cessé d'être utilisé pour calculer la vitesse d'un bateau. Un nœud équivaut à une vitesse de un mille marin à l'heure (soit 1,852 km/h).

Nord magnétique

Point vers lequel pointe l'aiguille aimantée d'une boussole. Ce point, qui ne correspond pas exactement au nord géographique, se déplace de quelques kilomètres par an. Il se situe actuellement dans l'Arctique canadien.

Le compas

Le compas est l'ancêtre de la boussole. Il est composé d'une aiguille aimantée qui indique le **nord magnétique**. Il permet donc au navigateur de savoir, tant la nuit que le jour, s'il va vers le nord, le sud, l'est ou l'ouest.

2.12 Un compas de navigateur du 16e siècle

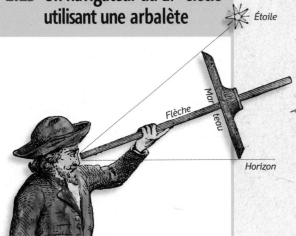

2.13 Un navigateur du 17e siècle utilisant une arbalète

Étoile

Flèche

Marteau

Horizon

L'arbalète

L'arbalète, aussi appelée « bâton de Jacob », mesure la latitude. Elle est composée d'une règle graduée en degrés. On fait glisser sur cette règle un morceau de bois jusqu'à ce que le haut de celui-ci s'aligne sur le Soleil et que le bas s'aligne sur la ligne d'horizon. Pour obtenir notre latitude, lorsque l'alignement est établi, il suffit de lire sur la règle le chiffre qui correspond à l'endroit où le morceau de bois s'est arrêté.

1 Sur la carte ci-contre qui présente les routes maritimes pour atteindre l'Asie:

a) colorie en bleu la mer Méditerranée, la mer de Marmara et la mer Noire;

b) colorie en vert les contours maritimes du nord et de l'ouest de l'Europe ainsi que la côte ouest de l'Afrique;

c) fais un «X» sur la pointe sud du continent africain;

d) indique par des flèches les deux possibilités qu'ont les Européens d'atteindre l'Asie en empruntant des routes maritimes.

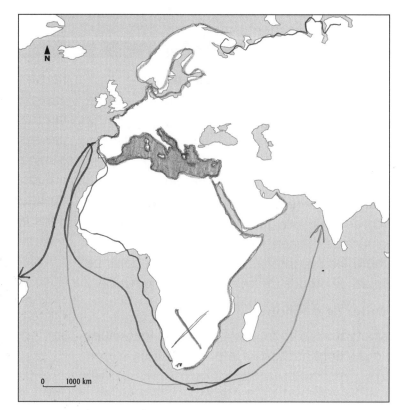

0   1000 km

2 Pourquoi les explorateurs craignent-ils de naviguer au sud de l'Afrique? Encercle la bonne réponse.

a) Ils ne connaissent pas le chemin à prendre pour contourner la pointe du continent.

b) Ils craignent les habitants de la côte sud-africaine.

β c) Ils savent que les eaux à la pointe sud de ce continent sont très dangereuses.

3 L'illustration ci-dessous représente une caravelle. Remplis la fiche descriptive de ce type de bateau.

La caravelle   Pays d'origine: _Portugal β_

Trois caractéristiques principales permettent à ce bateau de s'aventurer dans les eaux inconnues situées à l'ouest de l'Europe:

- Il doit transporter une vingtaine de marins et plusieurs tonnes de nourriture. β
- Il doit être assez grand mais assez petit pour manoeuvrer pendant les tempêtes. β
- Sa coque ne doit pa être très profonde, pour permettre naviguer sur des fleuves. β

4 Trouve les mots manquants à l'aide des définitions suivantes. Reporte ensuite les lettres numérotées à l'endroit approprié pour découvrir le mot mystère.

a) Le nœud sert à la mesurer.

v	i	t	e	s	s	e

13

d	e

8

n	a	x	i	r	e

3   6

b) Mesure qui détermine la profondeur de l'eau.

b	r	a	s	s	e

2   18

c) Position par rapport à l'équateur.

L	a	t	i	t	u	d	e

16   12

d) Instrument qui mesure la hauteur des astres par rapport à la ligne d'horizon.

a	s	t	r	o	l	a	b	e

7   14

e) Bateau qui convient parfaitement à l'exploration.

c	a	r	a	v	e	l	l	e

10

f) Astre qui aide les navigateurs à se diriger la nuit.

É	t	o	i	l	e

9

P	o	l	a	i	r	e

11   15

g) L'aiguille aimantée du compas indique sa position.

n	o	r	d

4   5

m	a	g	n	é	t	i	q	u	e

1   17

MOT MYSTÈRE :

g	r	a	n	d	e	s
1	2	3	4	5	6	7

d	é	c	o	u	v	e	r	t	e	s
8	9	10	11	12	13	14	15	16	17	18

D Les grandes expéditions

Les expéditions de nombreux bateaux vers les mers inconnues à l'ouest ou pour affronter les eaux déchaînées de la pointe sud de l'Afrique nécessitent beaucoup d'argent. Les navires, leur équipage et la nourriture à bord coûtent très cher. Seuls les rois ou les princes peuvent financer ce genre d'expédition. Rapidement, la course à l'exploration débute entre les royaumes d'Europe. Chacun veut être le premier à s'approprier les trésors des terres inconnues et, surtout, à découvrir la meilleure route maritime vers l'Asie.

Le Portugal et Bartolomeu Dias

Le Portugal est le premier royaume à se lancer dans les explorations. À la fin du 15ᵉ siècle, le Portugal fait face à plusieurs difficultés :

- la surpopulation et l'impossibilité d'étendre son territoire par des invasions (le pays voisin, l'Espagne, est trop puissant);
- le manque d'or pour le commerce;
- le manque de ressources alimentaires, comme le blé.

2.14 Bartolomeu Dias

Les objectifs du Portugal

À cette époque, les Portugais ont cartographié une bonne partie de la côte ouest de l'Afrique. Le roi Jean II croit qu'il est possible de joindre l'Asie en contournant le continent africain. En 1487, il confie donc au navigateur portugais Bartolomeu Dias la mission de poursuivre l'exploration vers le sud et de trouver un passage vers l'Asie. Il lui fournit deux caravelles ainsi qu'un navire de ravitaillement.

2.15 Une illustration du *Livre des merveilles du monde* de Marco Polo

Marco Polo vit en Chine, en Inde et en Perse. En 1299, il écrit un texte qui fait rêver des dirigeants et des navigateurs, car il décrit les richesses des civilisations de l'Extrême-Orient.

Le voyage de Bartolomeu Dias

Dias quitte Lisbonne en 1487 et devient, en 1488, le premier navigateur européen à franchir la pointe sud de l'Afrique. La navigation est si difficile dans cette région que Dias la surnomme le « Cap des Tempêtes ». De retour à Lisbonne, il annonce au roi que ce cap redoutable permettant d'accéder aux richesses de l'Asie peut être franchi. Le roi décide de donner un nom plus positif à ce cap qui représente une promesse de richesse : le *Cap de Bonne-Espérance*. L'espoir du roi se réalise. Dans les années 1500, les navires portugais acheminent vers l'Europe, à eux seuls, presque la moitié des épices d'Orient.

L'Espagne et les objectifs de Christophe Colomb

Originaire de la ville italienne de Gênes, Christophe Colomb croit pouvoir atteindre l'Asie en naviguant vers l'ouest. Il tente de convaincre plusieurs rois d'Europe de financer son expédition en leur affirmant que la mer à franchir pour joindre l'Asie est moins grande qu'on le pense. C'est finalement la reine d'Espagne, Isabelle Iʳᵉ, qui accepte. Elle nomme Christophe Colomb vice-roi des terres qu'il découvrira.

Colonie

Territoire conquis par un pays étranger, habituellement déjà habité. Le pays conquérant y envoie une partie de ses habitants, qu'on appelle « colons ».

Esclavage

Situation dans laquelle une personne est forcée de travailler sans salaire, car elle est la « propriété » d'une autre personne.

Homme de peine

Personne forcée d'exécuter des travaux exigeant de pénibles efforts.

Le premier voyage de Christophe Colomb

En août 1492, Colomb se lance sur l'océan Atlantique à la tête de trois navires : deux caravelles, la *Pinta* et la *Niña*, ainsi qu'un grand vaisseau, la *Santa Maria*. Colomb finit par toucher terre le 12 octobre 1492. Il est convaincu d'être arrivé en Inde. C'est cependant sur des îles des Antilles, à l'est du Mexique, qu'il a accosté. Il nomme une de ces îles « Hispaniola » (Haïti et République dominicaine).

Le deuxième voyage de Christophe Colomb

En 1493, il retourne en Espagne annoncer à la reine Isabelle qu'il a réussi à débarquer en Inde et à rencontrer des Indiens. La reine accepte de financer un deuxième voyage. Cette fois, entre 1493 et 1496, Colomb met le pied sur d'autres îles antillaises, comme Porto Rico et la Jamaïque. En 1494, il fonde une **colonie** sur Hispaniola, où il a trouvé de l'or. Il nomme cette colonie *La Isabela*, en l'honneur de la reine. En 1498, il descend encore plus au sud. Après la rencontre des îles Trinité et Tobago, il entre dans le delta du fleuve Orénoque (au Venezuela). C'est son premier contact avec le continent, qui prendra le nom d'*Amérique*.

2.16 Colomb retourne en Espagne enchaîné

L'enquêteur de la reine Isabelle renvoie Colomb en Espagne. L'explorateur est accusé d'avoir utilisé l'**esclavage** de façon démesurée et d'avoir fait de fausses déclarations concernant les richesses des territoires conquis.

2.17 Le journal de bord de Colomb

Christophe Colomb prend des notes au cours de ses voyages. Après la rencontre d'autochtones sur l'île de San Salvador, aux Bahamas, il écrit dans son journal de bord : On doit pouvoir en faire des **hommes de peine** excellents.

Lorsqu'il débarque à Cuba, il note : Cette île est la plus belle que les yeux de l'homme aient jamais contemplée.

Plusieurs extraits des journaux de bord de Colomb nous sont parvenus par le moine dominicain Bartolomé de Las Casas. Au 16e siècle, ce moine a copié des segments des journaux de bord de Colomb dans son livre intitulé *Histoire des Indes*.

Source des extraits des journaux de bord : *Encyclopédie Larousse*, série Les grandes découvertes [en ligne]. (Consulté le 27 octobre 2014.)

Le partage du Nouveau Monde

Le Portugal et l'Espagne sont bien lancés dans l'appropriation de nouveaux territoires conquis. Le pape craint une montée de tension entre ces deux royaumes catholiques. Il décide donc de partager en deux les territoires du Nouveau Monde.

Le traité de Tordesillas   *savoir la cause et la conséquence*

Le traité de Tordesillas précise le partage des territoires. Ce document porte le nom de la ville espagnole où il est signé en juin 1494. Il établit une sorte de frontière à l'ouest de l'Afrique. Il attribue à l'Espagne les territoires à l'ouest de cette frontière, c'est-à-dire les territoires d'une grande partie du continent américain. Il donne au Portugal le contrôle des territoires en Afrique et en Asie.

Quatre ans après la signature du traité, le navigateur portugais Pedro Álvares Cabral fait route vers l'Amérique du Sud avec 13 navires. Il débarque sur la pointe est du Brésil en avril 1500. Au nom du roi du Portugal, il prend possession de ce territoire habité.

2.18 Le partage du monde après le traité de Tordesillas

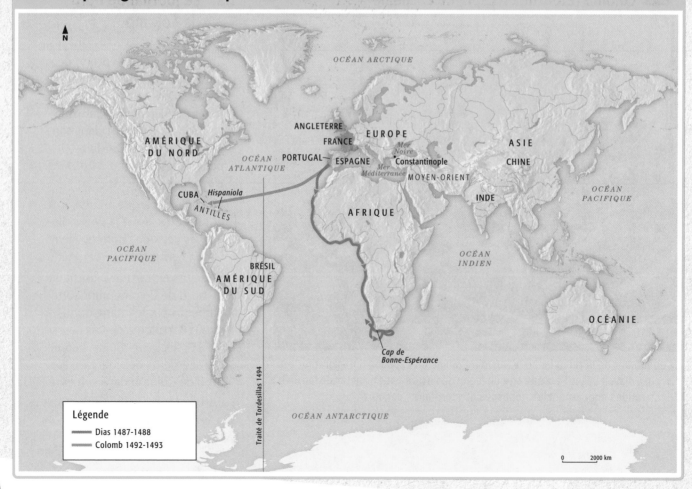

L'Angleterre s'aventure en Amérique

Jean Cabot (aussi connu sous le nom de Giovanni Caboto ou John Cabot) est un navigateur italien financé par l'Angleterre. Il part aussi à la recherche de l'Asie par l'ouest. En 1497, il atteint Terre-Neuve, les côtes du Labrador et l'île du Cap-Breton (Nouvelle-Écosse). Mais Cabot ignore où il se trouve réellement. À son retour en Europe, il déclare au roi qu'il a atteint la Chine et le Japon. Il ne rapporte ni épices ni soie en Angleterre, mais il dit avoir repéré d'immenses bancs de morues. De nombreux pêcheurs européens s'intéressent aussitôt à cette ressource alimentaire.

2.19 Amerigo Vespucci et l'Amérique

Financé par l'Espagne, le navigateur italien Amerigo Vespucci mène des expéditions d'exploration vers l'ouest dès 1499. C'est d'ailleurs d'après son prénom qu'on a formé le nom *Amérique*.

2.20 Les explorateurs européens

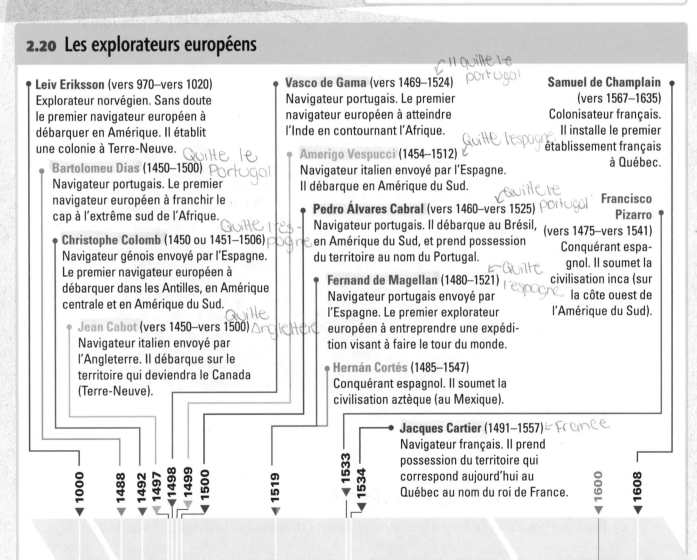

- **Leiv Eriksson** (vers 970–vers 1020)
Explorateur norvégien. Sans doute le premier navigateur européen à débarquer en Amérique. Il établit une colonie à Terre-Neuve.

- **Bartolomeu Dias** (1450–1500) *Quitte le Portugal*
Navigateur portugais. Le premier navigateur européen à franchir le cap à l'extrême sud de l'Afrique.

- **Christophe Colomb** (1450 ou 1451–1506) *Quitte l'Espagne*
Navigateur génois envoyé par l'Espagne. Le premier navigateur européen à débarquer dans les Antilles, en Amérique centrale et en Amérique du Sud.

- **Jean Cabot** (vers 1450–vers 1500) *Quitte l'Angleterre*
Navigateur italien envoyé par l'Angleterre. Il débarque sur le territoire qui deviendra le Canada (Terre-Neuve).

- **Vasco de Gama** (vers 1469–1524) *Il quitte le portugal*
Navigateur portugais. Le premier navigateur européen à atteindre l'Inde en contournant l'Afrique.

- **Amerigo Vespucci** (1454–1512) *Quitte l'espagne*
Navigateur italien envoyé par l'Espagne. Il débarque en Amérique du Sud.

- **Pedro Álvares Cabral** (vers 1460–vers 1525) *Quitte le portugal*
Navigateur portugais. Il débarque au Brésil, en Amérique du Sud, et prend possession du territoire au nom du Portugal.

- **Fernand de Magellan** (1480–1521) *Quitte l'espagne*
Navigateur portugais envoyé par l'Espagne. Le premier explorateur européen à entreprendre une expédition visant à faire le tour du monde.

- **Hernán Cortés** (1485–1547)
Conquérant espagnol. Il soumet la civilisation aztèque (au Mexique).

- **Jacques Cartier** (1491–1557) *France*
Navigateur français. Il prend possession du territoire qui correspond aujourd'hui au Québec au nom du roi de France.

- **Samuel de Champlain** (vers 1567–1635)
Colonisateur français. Il installe le premier établissement français à Québec.

- **Francisco Pizarro** (vers 1475–vers 1541)
Conquérant espagnol. Il soumet la civilisation inca (sur la côte ouest de l'Amérique du Sud).

1000 1488 1492 1497 1498 1499 1500 1519 1533 1534 1600 1608

1 Complète le texte suivant à l'aide des mots de l'encadré.

> • Afrique • Asie • inconnues • expéditions • argent
> • tempêtes • rois • royaumes • construction • Portugal • ouest

Le grand départ vers l' _Asie_ ✓

Les voyages sur les mers _inconnues_ ✓ de l' _ouest_ ✓

ou ceux dont l'objectif est de contourner la pointe sud de l' _Afrique_ ✓

exigent beaucoup d' _argent_ ✓ . Les gens riches, comme les

rois ✓ , financent la _construction_ ✓ de grands navires

capables d'affronter les _tempêtes_ ✓ qui peuvent survenir au cours des

expéditions ✓ . Les _royaumes_ ✓ d'Europe sont prêts

à tout pour atteindre l'Asie. Le _Portugal_ ✓ sera le premier royaume

à se lancer dans l'aventure.

2 Observe l'illustration ci-dessous tirée d'un manuscrit du *Livre des merveilles du monde* rédigé au Moyen Âge par un voyageur italien.

a) Comment se nomme le voyageur dont les récits sont transcrits dans ce livre?

Marco Polo β

b) Où ce voyageur a-t-il vécu?

En Chine, en Inde et en Perse.

c) Explique pourquoi ce livre a fait rêver plusieurs dirigeants et navigateurs au Moyen Âge.

Car il décrit les richesses des civilations de l'Extrême-
Orient.

3 Remets les événements suivants en ordre chronologique en reportant la lettre appropriée dans la ligne du temps ci-dessous.

a) Bartolomeu Dias devient le premier navigateur européen à franchir la pointe sud de l'Afrique.

b) Le Portugal confie au navigateur Bartolomeu Dias la mission de trouver un passage vers l'Asie en contournant l'Afrique.

c) Le roi du Portugal renomme la pointe sud de l'Afrique le « Cap de Bonne-Espérance ».

d) Bartolomeu Dias surnomme la pointe sud de l'Afrique le « Cap des Tempêtes ».

e) Bartolomeu Dias obtient deux caravelles et un navire de ravitaillement pour faire son expédition.

f) Le Portugal devient le principal fournisseur d'épices venues d'Orient en Europe.

g) Le Portugal manque d'or pour commercer.

4 L'extrait suivant est tiré d'une lettre que Christophe Colomb adressait en 1493 à Luis de Santangel, un personnage très apprécié à la cour d'Espagne.

> Je vous écris, Seigneur, sachant le grand plaisir que vous aurez en apprenant que Notre-Seigneur a donné une issue triomphale à mon voyage. Apprenez donc qu'en trente-trois jours je suis arrivé aux Indes avec l'armada [ensemble de navires] que me donnèrent mes illustres seigneurs, le roi et la reine. J'y ai trouvé de nombreuses îles dont j'ai pris possession au nom de Leurs Altesses par proclamation et en faisant déployer l'étendard royal, et je n'ai rencontré aucune opposition [...]. Ces îles sont très belles, de contours variés, très pénétrables, recouvertes de mille sortes d'arbres majestueux qui paraissent toucher le ciel. Certains sont couverts de fleurs, d'autres portent des fruits, chacun selon leur espèce. Les terres renferment des mines de métal et sont habitées par des gens innombrables.

a) Dans cet extrait, Christophe Colomb croit qu'il a atteint l'Inde. Est-ce vrai? Justifie ta réponse.

Ce n'est pas vrai, il atteint l'Amérique les Antilles

b) Christophe Colomb parle de l'armada, c'est-à-dire l'ensemble de ses navires. Nomme-les.

- _Nostres seigneurs_   • _la Niña_   • _la nôme_   ← _ce sont les bateau_

c) Qui est la reine mentionnée dans l'extrait? _La reine Isabelle_

d) Christophe Colomb dit avoir découvert de nombreuses îles. Nomme l'une d'entre elles et indique à quels pays elle correspond aujourd'hui.

l'île Hispaniola, aujourd'hui Haïti et République dominicaine

e) Dans l'extrait, souligne le passage qui laisse croire que les îles pourraient contenir de l'or.

f) Christophe Colomb rencontre des gens sur les îles qu'il découvre. Selon lui, qui sont ces « gens innombrables » ? Des Amérindiens

5 Qui suis-je ?

a) « Je suis un explorateur italien et le nom *Amérique* provient de mon prénom. »

Cristoph Colomb

b) « Je découvre d'immenses bancs de morue au large de Terre-Neuve. »

Jean Cabot

c) « En avril 1500, je prends possession de la pointe est du Brésil. »

Portugal

d) « Le 12 octobre 1492, j'accoste sur des îles des Antilles. »

6 a) Comment se nomme le traité signé en 1494 par l'Espagne et le Portugal ?

b) Que précise ce traité ? Encercle la bonne réponse.

- Le partage des territoires du Nouveau Monde.

- La manière de se comporter avec les habitants du Nouveau Monde.

- Les règles à suivre en mer lors de la conquête des nouveaux territoires.

4 La domination des territoires conquis

Colonisation

Exploitation, par un pays, d'un territoire qu'il s'est approprié. Le pays y envoie une partie de sa population afin d'en exploiter les richesses. Ce territoire se nomme une « colonie ».

Les navigateurs européens traversent le grand océan avec l'objectif principal de s'emparer des richesses et de les rapporter à leur roi. Mais les terres qui sont inconnues des Européens ne sont pas inhabitées. Des centaines de peuples sont établis sur ces territoires. Pour s'approprier les métaux précieux de ces terres, les Européens utilisent des armes. Ils anéantissent des peuples entiers et en soumettent d'autres à leur pouvoir, puis s'installent sur les territoires qu'ils occupent: c'est la **colonisation**.

A La colonisation

Pendant des siècles, les royaumes d'Europe se sont fait la guerre pour agrandir leur territoire. Désormais, ils font la guerre sur d'autres continents. Peu à peu, plusieurs royaumes européens se partagent le monde. L'Afrique, l'Amérique, les Antilles, les îles du Pacifique et une partie de l'Asie deviennent portugaises, anglaises, françaises et espagnoles. C'est le début d'une nouvelle forme d'**empire** qui va transformer le monde entier : l'empire colonial.

Empire

Gouvernement qui soumet plusieurs villes ou territoires étrangers à son autorité.

Le Portugal s'installe en Afrique

Le navigateur portugais Vasco de Gama est le premier Européen à atteindre l'Inde en contournant la pointe sud de l'Afrique. Il réussit cet exploit en mai 1498 grâce à un navigateur arabe qui conduit ses quatre navires dans la dernière portion du trajet, soit entre le Kenya (est de l'Afrique) et l'Inde. Au retour, une grande partie de son équipage meurt du **scorbut**. Vasco de Gama retourne de nouveau en Asie. En chemin, il se bat contre des musulmans pour prendre le contrôle d'une partie des côtes africaines, notamment au Mozambique. Il sème la terreur et s'en prend même à des navires qui transportent des civils musulmans.

Scorbut

Maladie causée par un manque de vitamine C, qui peut entraîner la mort.

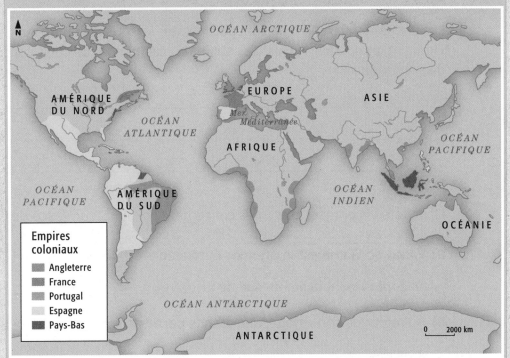

2.21 Les principaux empires coloniaux au début du 17e siècle

Empires coloniaux
- Angleterre
- France
- Portugal
- Espagne
- Pays-Bas

Le Portugal, l'Espagne, les Pays-Bas, l'Angleterre et la France se bâtissent un empire colonial. Ces cinq royaumes d'Europe s'approprient, chacun, une partie de l'Afrique, des Amériques et de l'Asie.

L'Espagne conquiert trois civilisations d'Amérique

Au cours de ses explorations, l'Espagne fait la conquête de trois civilisations en Amérique : les Aztèques, les Incas et les Mayas. L'Espagnol Hernán Cortés est responsable de la fin de la civilisation aztèque, qui occupe une grande partie du Mexique actuel. En 1519, le conquérant Cortés entre dans la capitale de l'Empire aztèque, Tenochtitlán (Mexico). En moins de deux ans, cet empire disparaît et Cortés gouverne ce territoire.

En 1532, un autre conquérant espagnol, Francisco Pizarro, s'attaque à une grande civilisation de la côte ouest de l'Amérique du Sud : les Incas. À l'arrivée de Pizarro, l'Empire inca est aux prises avec une guerre civile, ce qui facilite la prise de pouvoir par les Espagnols.

En 1542, les Espagnols parviennent à vaincre une autre civilisation, en Amérique centrale cette fois : celle des Mayas.

2.22 La conquête de Tenochtitlán

Entre 1519 et 1521, la ville de Tenochtitlán (Mexico) subit les assauts du conquérant espagnol Hernán Cortés.

---

1 Les territoires en Amérique sont déjà habités lorsque les Européens, en quête de richesses, viennent les conquérir. Quelles sont les conséquences de cette conquête pour les peuples de l'Amérique ?

Les conséquences de cette conquête pour les peuples de l'Amérique, sont que les Européens anéantissent des peuples entiers et les soumettent d'autres à leur pouvoir et les utilisent comme esclaves et occupent le territoire.

2 Complète les phrases suivantes concernant l'explorateur Vasco de Gama.

a) Vasco de Gama est le premier Européen à atteindre l' _Inde_

en contournant la pointe sud de l' _Afrique_ .

b) Au retour de son voyage, une grande partie de son équipage meurt

du _scorbut_ .

c) Il se bat contre des _musulmans_ pour prendre le contrôle d'une

partie des côtes _africaines_ .

3 En t'appuyant sur la carte 2.21 de la page 73, indique à l'aide d'un « X » quel pays européen a colonisé chacune des régions nommées dans la colonne de gauche.

Régions colonisées	Portugal	Angleterre	France	Espagne
Brésil				
Québec				
Mexique				
Côte ouest de l'Inde				
Côte est des États-Unis				
Côtes africaines				
Floride				

4 Résume ce qui arrive à chacune des civilisations suivantes lors de la colonisation.

Aztèques

_____
_____
_____
_____
_____

Incas

_____
_____
_____
_____
_____

Mayas

_____
_____
_____
_____
_____

2.23 Jacques Cartier à Gaspé en 1534

L'explorateur Cartier prend possession d'un territoire habité par des autochtones au nom du roi de France.

La France et l'Amérique du Nord

Pendant que l'Espagne et le Portugal gouvernent le sud des Amériques, la France commence à chercher elle aussi un passage vers l'Asie.

Un premier voyage

En 1534, le navigateur français Jacques Cartier croit avoir trouvé le fameux passage pour atteindre l'Asie. Il réalise quelques jours plus tard qu'il fait erreur. Lorsqu'il atteint la pointe de la Gaspésie, il découvre un territoire déjà habité par des autochtones. Il prend tout de même possession du territoire au nom du roi de France.

Un deuxième voyage

De retour en France, il convainc le roi de financer une deuxième expédition. À la tête de 3 navires et de 110 hommes, Cartier fait un autre voyage en Amérique l'année suivante, en 1535. Cette fois, il entre dans les terres en naviguant sur le Saint-Laurent. Après un troisième voyage, en 1541, la preuve est faite : la nouvelle possession de la France n'est pas remplie d'or, mais elle offre de grandes richesses comme les animaux à fourrure, les poissons et les arbres. De plus, le sol de ce qui s'appelle désormais la *Nouvelle-France* est cultivable. La colonisation de ce territoire est donc possible.

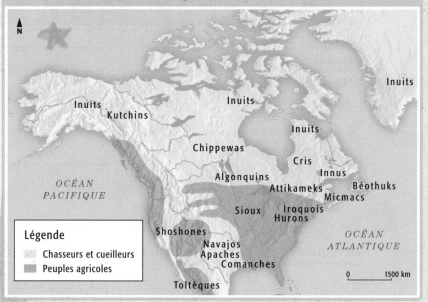

2.24 Quelques peuples autochtones d'Amérique du Nord avant les grandes découvertes

Les débuts de la colonisation en Nouvelle-France

Environ 70 ans plus tard, en 1608, le colonisateur français Samuel de Champlain fonde Québec. C'est le début de la colonisation de la Nouvelle-France. Dès lors, la vie des Hurons-Wendats, des Iroquois, des Innus, des Micmacs, des Algonquins, des Attikameks, des Cris et celle de tous les autres peuples autochtones de cette partie de l'Amérique du Nord va rapidement prendre une orientation dramatique. Pour certains peuples, comme les Béothuks, installés à Terre-Neuve, l'extermination est proche.

L'Angleterre et sa première colonie d'Amérique

L'Angleterre aussi commence à chercher de nouveaux territoires à exploiter. Ce n'est qu'en 1607 que les Anglais parviennent à établir en permanence une première colonie sur la côte est de l'Amérique du Nord. Ils la nomment « Virginie », en l'honneur de la reine d'Angleterre Elizabeth Iʳᵉ, surnommée « the Virgin Queen » (la reine vierge). Sur cette côte, 12 autres colonies naissent l'une après l'autre jusqu'en 1729. La création de cette « nouvelle » Angleterre marque le début de l'extermination de millions d'autochtones d'Amérique du Nord, dont les Cheyennes, les Sioux, les Omahas et les Apaches.

2.25 Un Iroquois

Les Iroquois vivent d'agriculture, des produits de la chasse et de la pêche.

B La christianisation des territoires conquis

les roi et les reines ont imposé au navigateurs

L'Église catholique a elle aussi des objectifs de conquête. Elle souhaite christianiser toute la planète. Avec l'aide des explorateurs et des colonisateurs, elle s'implante en Asie, en Afrique et dans les Amériques. Au nom de l'Église, les commandants des expéditions convertissent des dirigeants de peuples étrangers. Plus tard, les rois et l'Église envoient des prêtres, des moines et des religieuses afin de convertir les populations à la foi chrétienne.

Le recrutement de nouveaux fidèles

Fernand de Magellan, navigateur portugais financé par l'Espagne, est le premier Européen à entreprendre le tour du monde. Un de ses objectifs est de recruter de nouveaux fidèles pour l'Église en convertissant à la foi catholique les peuples qu'il croise.

2.26 Fernand de Magellan, navigateur portugais

Naviguant vers l'océan Pacifique, Magellan emprunte un détroit qui porte aujourd'hui son nom.

---

1 Indique si les énoncés suivants sont vrais ou faux.

VRAI ☐ FAUX ☑
a) En 1534, le navigateur français Jacques Cartier trouve enfin le passage pour atteindre l'Asie.

VRAI ☑ FAUX ☐
b) La Nouvelle-France est le territoire dont Jacques Cartier prend possession au nom du roi de France.

VRAI ☐ FAUX ☑
c) Environ vingt ans après les explorations de Jacques Cartier en Nouvelle-France, Samuel de Champlain fonde Québec.

VRAI ☑ FAUX ☐
d) La première colonie anglaise en Amérique du Nord se nomme la « Virginie » en l'honneur de la reine d'Angleterre Elizabeth Ire.

VRAI ☐ FAUX ☑
e) Tous les autochtones d'Amérique du Nord sont exterminés à l'arrivée des Français et des Anglais sur le territoire.

2 Complète le texte suivant en encerclant les mots appropriés.

Fernand de Magellan est un navigateur (portugais) / français   financé par

l'Espagne / l'Angleterre . Un de ses objectifs est d'aller convertir les peuples étrangers

à la religion   musulmane / (catholique) .

5 Le commerce avec les territoires conquis

Les territoires conquis, avec leurs nombreuses richesses, assurent la prospérité pour les royaumes d'Europe. Ils permettent à plusieurs royaumes de se bâtir un empire et de résoudre le problème de surpeuplement des grandes villes.

Dans leurs nouvelles possessions, les rois installent une grande compagnie commerciale, des colons et des soldats. Ils mettent en place une nouvelle forme d'échanges commerciaux. Le commerce ne se fait plus d'égal à égal comme entre deux royaumes. C'est désormais un commerce entre une **métropole**, qui décide de tout, et ses colonies, forcées de lui obéir. Les colonies ne peuvent pas choisir avec qui elles veulent commercer. Elles acheminent plutôt leurs ressources là où la métropole le décide.

Métropole

État qui possède des colonies.

Économie-monde

Ensemble des échanges commerciaux entre tous les continents de la planète.

Le commerce entre les métropoles d'Europe et leurs colonies réparties dans plusieurs régions du monde transforme totalement l'économie. On peut dire qu'il s'agit d'une **économie-monde**. En fait, le commerce colonial établit pour la première fois des ponts entre tous les continents.

Les colonies existent seulement pour un but, enrichir la métropole.

A Le commerce colonial triangulaire

2.27 Le commerce entre les métropoles et les colonies à la fin du 16ᵉ siècle

Des richesses commandées par la reine Elizabeth Iʳᵉ sont rapportées en Angleterre par la Compagnie britannique des Indes orientales.

Les empires coloniaux d'Europe mettent en place le commerce triangulaire. Les colonies fournissent principalement trois éléments à leur métropole : des matières premières, de la main-d'œuvre bon marché et des esclaves.

Toutes les colonies doivent acheminer des ressources vers la métropole. De nouveaux produits sont découverts par les habitants des métropoles, tels les bananes, le tabac, le coton, le café, le maïs, de nouvelles espèces de poissons et certaines essences de bois. Parfois, les colonies ont l'autorisation de commercer entre elles. La liste des biens qu'elles peuvent échanger est toutefois établie par la métropole.

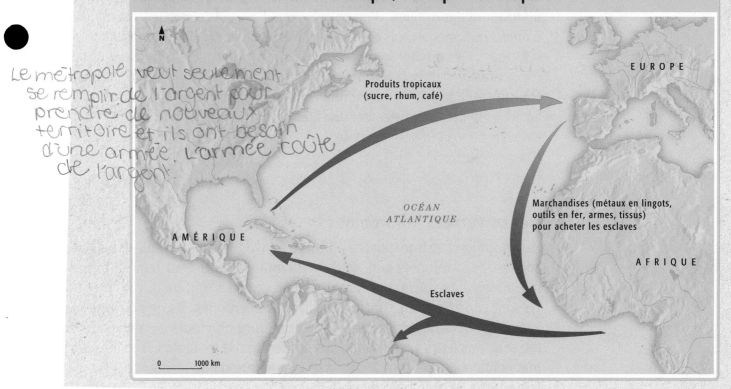

Le métropole veut seulement se remplir de l'argent pour prendre de nouveaux territoire et ils ont besoin d'une armée. L'armée coûte de l'argent!

L'interdiction de faire concurrence à la métropole

Les métropoles n'ont pas pour objectif le développement de leurs colonies. Elles souhaitent seulement que leurs colonies soient capables de les fournir en métaux précieux, en minerais, en végétaux, en poisson, en fourrures, en sucre et en café, par exemple.

Les colonies n'ont pas le droit de faire concurrence à la métropole. Elles ne peuvent pas produire les mêmes biens. La métropole s'assure ainsi de pouvoir vendre dans ses colonies les biens qu'elle produit. De plus, les colons sont obligés d'acheter les produits manufacturés de la métropole.

Par exemple, un Français habitant en France peut acheter des tissus d'un marchand des Pays-Bas. Mais un Français établi en Nouvelle-France peut acheter des tissus uniquement des commerçants français. Aucun autre royaume que la France n'a le droit de commercer avec ses colonies.

B Le commerce des êtres humains

Pendant la Renaissance, tous les royaumes d'Europe qui se bâtissent un empire colonial font la traite des esclaves africains. Des hommes, des femmes, des adolescents sont faits prisonniers par des marchands d'esclaves. Ils sont ensuite entreposés comme des marchandises dans des « centres d'exportation » situés sur les côtes est et ouest de l'Afrique. Là, ils attendent d'être déportés sur un autre continent où ils deviendront esclaves.

Le commerce des esclaves est au cœur du commerce triangulaire. Par exemple, la métropole française établit un commerce triangulaire avec ses colonies d'Afrique et des Antilles. Des commerçants français débarquent une cargaison d'objets au Sénégal, puis embarquent des Africains capturés dans les colonies d'Afrique. Ces prisonniers sont conduits vers l'un des principaux « centres d'exportation » d'esclaves : l'île de Gorée, au large du Sénégal. Des navires transportent ensuite les prisonniers vers une colonie française des Antilles. Là, ils sont forcés de travailler dans les plantations de canne à sucre. Le sucre est acheminé vers la métropole, qui s'enrichit, car elle n'a eu aucune main-d'œuvre à payer.

Des traversées inhumaines

Les conditions de transport des futurs esclaves vers l'Amérique et les Antilles sont si épouvantables que, souvent, la moitié d'entre eux meurent pendant la traversée. Les Africains sont couchés dans le fond de la cale du navire. Ils sont serrés les uns contre les autres et enchaînés. Ils ne peuvent pas se lever debout pendant tout le voyage, qui dure plusieurs semaines. Ils sont laissés dans leurs excréments. Les épidémies de maladies sont fréquentes, mais plusieurs meurent à cause d'un manque d'eau et de nourriture. Une fois à terre, ils n'ont aucun droit, ils sont mal nourris, mal logés et très souvent battus.

L'esclavage : le grand enjeu de la prospérité

Enjeu

Préoccupation importante concernant une chose que l'on peut perdre ou gagner, ou qui peut avoir des conséquences positives ou négatives.

L'arrivée massive d'esclaves dans les champs et les plantations des colonies rapporte beaucoup d'argent aux métropoles. La production de coton, de sucre et de tabac ne coûte presque rien. Si un royaume d'Europe choisit de ne pas utiliser d'esclaves dans ses colonies, sa prospérité sera moins grande que celle des royaumes voisins. Le caractère inhumain de l'esclavage a peu d'importance pour les royaumes européens. Leur principal **enjeu** est de s'enrichir le plus possible et le plus vite possible. La demande en esclaves augmente donc rapidement. Parallèlement, la désorganisation de nombreuses sociétés africaines s'accélère.

2.29 Le croquis d'un bateau transportant des esclaves africains

Pendant tout le voyage qui les amène en Amérique, les esclaves sont entassés dans la cale des navires.

2.30 *Le Prince* de Nicolas Machiavel

Humaniste ↑ *Représente l'image.*

La nouvelle prospérité de l'Europe blanche repose sur le racisme envers les Noirs. Les dirigeants européens ne se soucient pas de l'immoralité de l'esclavage.

L'esclavage au service du pouvoir

Peu après le début de ce commerce d'êtres humains, Nicolas Machiavel (1469–1527), un homme politique et philosophe italien, écrit *Le Prince*. Dans ce livre, il établit qu'un roi peut se permettre de faire tout ce qu'il veut pour atteindre un objectif politique ou économique, même si cela est immoral. Selon Machiavel, le roi ne doit pas chercher à assurer de bonnes conditions de vie à sa population. Ses énergies doivent être consacrées à assurer son pouvoir.

1 Écris les mots *métropole* ou *colonie* au bon endroit. Accorde-les s'il y a lieu.

a) Une _____ est un pays qui possède des _____ .

b) Les _____ sont situées en Amérique, en Afrique, en Asie et dans les îles du Pacifique.

c) Une _____ est dirigée par une _____ .

d) La _____ est forcée d'obéir à la _____ .

e) La _____ fournit ses richesses à la _____ .

f) La _____ s'enrichit grâce à ses _____ .

g) Le commerce se fait entre les _____ européennes et leurs _____ .

2 Définis dans tes mots ce qu'est l'*économie-monde*.

_____

_____

3 Trace un « X » devant les énoncés qui décrivent les rôles de la colonie.

○ Exporter des produits non transformés.

○ Importer des produits non transformés.

○ Acheter de la métropole les produits manufacturés.

○ Vendre à la métropole des produits manufacturés.

○ Envoyer des colons vivre dans les grandes villes européennes.

○ Accueillir des colons provenant de grande villes européennes.

4 Voici une liste de produits. Encercle ceux qui proviennent des colonies et qui sont nouveaux pour les Européens à la Renaissance.

ananas	sucre de canne	pétrole	cacao	pommes	café

carottes	laine	maïs	rhum	plastique	bananes	coton

5 La traite des esclaves permet aux royaumes européens de s'enrichir.

a) D'où viennent principalement les esclaves ? _____

b) Arrivés à destination, quel genre de vie attend les esclaves ? Explique ta réponse à l'aide d'exemples tirés du texte.

_____

_____

6 La vie et la culture des premiers Américains

Culture

Ensemble des connaissances, des traditions, des coutumes, des croyances, des formes d'art, du droit et des comportements que les membres d'une société partagent.

L'arrivée des Européens transforme à jamais la vie des peuples qui sont déjà installés dans les territoires conquis. En effet, les Européens imposent aux premiers Américains, installés depuis des milliers d'années, des lois sévères. Ils les obligent à adopter leur mode de vie, leur morale, leur **culture**, leur code vestimentaire, leurs croyances, leur Dieu, leur religion, leurs rites, leurs institutions et leur langue. La plupart du temps, la culture européenne est imposée par la force.

2.31 Détail d'une murale de Diego Rivera (1886–1957)

Ce détail d'une peinture du célèbre artiste mexicain montre bien la richesse et la diversité des civilisations précolombiennes. La civilisation aztèque est ici représentée dans la grande cité de Tenochtitlán (Mexico).

La disparition de nombreux peuples

L'époque des grandes découvertes est suivie de celle de la disparition de nombreux peuples. Plus la population d'origine européenne augmente dans les colonies, plus elle veut s'approprier des territoires. Dans ce qui est aujourd'hui les États-Unis, des peuples entiers sont exterminés. Les peuples qui survivent vont devoir, peu à peu, abandonner leur culture. Sur les territoires actuels du Mexique, de l'Amérique centrale et de la côte ouest de l'Amérique du Sud, trois civilisations disparaissent : les Aztèques, les Mayas et les Incas. Elles sont victimes des conquérants espagnols.

À compter de 1519, et en moins de 25 ans, ces 3 civilisations passent sous la domination de l'Espagne, qui pille leurs richesses.

Ces « Indiens », comme les Espagnols les appellent, sont considérés comme des esclaves. Ils sont soumis au travail forcé, notamment dans les mines. Ils sont peu nourris. Ils ne peuvent plus pratiquer l'élevage, chasser ou pêcher. Comme leur alimentation ne contient plus toutes les vitamines nécessaires, ils attrapent facilement les virus venus d'Europe, comme celui de la **variole**. Plusieurs d'entre eux meurent de maladie ou d'épuisement.

Variole

Maladie contagieuse caractérisée par l'apparition sur le corps de plaies remplies de pus. Le virus de la variole a tué 300 millions de personnes de 1900 à 1977.

La dénonciation des abus

Un religieux espagnol dénonce le sort réservé aux « Indiens » d'Amérique du Sud. Bartolomé de Las Casas (1474–1566) dirige une exploitation coloniale en Haïti pendant une dizaine d'années. Il devient prêtre et, peu après, il réalise les souffrances dont sont victimes les autochtones. Il se rend en Espagne demander au roi d'ordonner la fin des mauvais traitements contre les peuples autochtones conquis. Le roi acquiesce à sa demande, mais les dirigeants des colonies refusent d'obéir.

De Las Casas finit par obtenir une nouvelle ordonnance royale 30 ans plus tard. En 1542, il publie un ouvrage intitulé *Très brève relation de la destruction des Indes*, dans lequel il dénonce l'avidité des conquérants espagnols et la barbarie à laquelle ils se livrent envers les autochtones.

2.32 Des marchands aztèques

Des marchands aztèques longent les rivières pour offrir leurs produits

L'Empire aztèque

Les Aztèques représentent l'une des nombreuses ethnies qui peuplent la région du Mexique actuel et de l'Amérique centrale. Dès 1325, ils s'établissent autour de Tenochtitlán, une région marécageuse. Au fil des conquêtes, les Aztèques agrandissent leur territoire. Chaque nouvelle cité soumise doit offrir des richesses au chef de l'Empire. Vers 1400, Tenochtitlán est une très grande ville. À l'arrivée des Espagnols, elle compte de 500 000 à 1 million d'habitants.

Une société agricole prospère

La prospérité de la ville se fonde sur une société agricole très inventive. Pour réussir à cultiver dans les marécages, les Aztèques prennent de la boue au fond de l'eau et la déposent sur des radeaux légers. Après quelques années, les radeaux finissent par se fixer au sol, les marécages s'assèchent puis disparaissent. Les paysans cultivent le maïs, les légumineuses, les courges, les tomates et le fameux cacao, qui se répand rapidement dans toute l'Europe après la conquête des Espagnols. Une autre substance végétale inconnue des Européens fait partie de la vie des Aztèques : le tabac.

Une culture bien développée

L'architecture, la peinture murale et la sculpture sont très développées. Les artisans tissent le coton et fabriquent des outils en cuivre. Leur écriture est constituée d'idéogrammes. Chaque élément tracé a une signification. Leur calendrier, très complexe, est établi sur un cycle de trois ans. Chaque année n'a pas la même durée.

Les Aztèques croient en plusieurs dieux. Leur dieu principal est celui du Soleil et de la guerre, qui, selon leurs croyances, exige des sacrifices humains. Lors de cérémonies, les Aztèques tuent des prisonniers de guerre. Leur religion les amène donc à faire souvent la guerre pour capturer des prisonniers en vue des sacrifices.

Le pouvoir chez les Aztèques

Comme dans les sociétés d'Europe, le pouvoir est détenu par un petit groupe de personnes. Les agriculteurs et les artisans doivent servir dans l'armée et participer à des corvées, comme la construction de temples.

2.33 Des marécages en transformation

Ce tableau du peintre mexicain Jose Muro Pico représente des Aztèques en train de pratiquer l'agriculture sur des radeaux en roseau, appelés « chinampas ».

L'Empire inca

Le territoire des Incas, avant l'arrivée des Espagnols en 1532, s'étend de l'Équateur au Chili actuels. Les Incas agrandissent leur territoire en faisant la guerre aux peuples voisins. Ils unifient les différentes populations sous un même gouvernement et imposent une langue unique.

Une société bien structurée

L'Empire inca est divisé en quatre régions. Chaque région se subdivise en groupes de 10 000 familles, divisés en groupes de 1000, de 100, puis de 10 familles. Pour chaque niveau hiérarchique, il y a un chef. Cependant, un seul grand chef règne à la tête de l'Empire. Il gouverne à partir de la capitale, Cuzco (au Pérou), en s'appuyant sur quatre conseillers.

Une société agricole prospère

Le territoire compte de nombreux petits villages, souvent situés sur les hauts plateaux de la cordillère des Andes. Les villageois pratiquent la culture des céréales, comme le quinoa, et des pommes de terre. Des terrasses agricoles sont aménagées sur le flanc des montagnes. Des canaux et des barrages facilitent l'irrigation de certaines terres. Les agriculteurs élèvent aussi des lamas et des alpagas. Ces animaux, indispensables à leur survie, leur fournissent la viande, mais également la laine pour les vêtements, le cuir pour les chaussures, les os pour les outils. Les lamas servent aussi au transport des marchandises.

2.34 Une danse rituelle inca

Les Incas se rencontrent sur la place centrale de leurs cités afin d'exécuter des sacrifices ou des danses rituelles en l'honneur de leurs dieux.

2.35 Le Machu Picchu, au Pérou

À 100 km de Cuzco, ce site inca est situé à 2430 m d'altitude.

Ce site archéologique est une ancienne cité royale fortifiée et un sanctuaire religieux inca.

Il n'y a ni monnaie ni impôt dans l'Empire inca. Les habitants doivent cependant participer à des corvées pour le gouvernement ou la collectivité. Par exemple, les jeunes hommes servent dans l'armée, extraient des métaux précieux, entretiennent les grands édifices, pavent les routes avec des pierres et construisent des ponts. Les habitants se relaient aussi pour cultiver les terres réservées aux dirigeants et aux prêtres de façon à leur fournir de la nourriture.

La connaissance de l'astronomie est avancée chez les Incas. Ils ont un calendrier de 12 mois, basé sur les cycles de la Lune. Les Incas n'avaient pas de système d'écriture.

Un empire affaibli

On croit que la dynastie des Incas a commencé vers 1200. La rivalité entre les deux fils du chef de l'Empire inca au début du 16e siècle a provoqué une guerre civile entre différents groupes de la société. Lorsque les conquérants espagnols débarquent, l'Empire inca est déjà très affaibli.

L'Empire maya

Au début du 16e siècle, le territoire maya couvre une partie du Mexique, du Guatemala, du Belize et du Honduras actuels. L'existence de ce peuple remonte à environ 1500 ans avant notre ère.

La civilisation maya est constituée de plusieurs cités-États dirigées chacune par un roi. Les rois sont assistés par des prêtres. Les Mayas construisent leurs villes autour de temples, de pyramides et de palais. Les temples et les palais sont édifiés au sommet des pyramides et n'ont pas de fenêtres. Lorsque les sites d'enterrement des morts deviennent trop étendus, les habitants quittent la ville et en construisent une autre ailleurs. Tikal (au Guatemala), puis Chichen Itza (au Mexique), sont les plus grandes cités mayas connues.

Une culture forte

Le système d'écriture des Mayas est le plus avancé du continent avant l'arrivée des Européens. Jusqu'à présent, les scientifiques ont réussi à décrypter uniquement les textes concernant l'astronomie et le calcul du temps. Les inscriptions faites sur des stèles prouvent que les Mayas maîtrisaient l'écriture des nombres. Ils ont aussi développé un calendrier précis.

L'art maya se compose de sculptures, de peintures murales et de décorations de vases en terre cuite. Sur plusieurs pyramides, de chaque côté des longs escaliers, on trouve des masques gigantesques qui représentent des chefs mayas, des dieux ou des créatures imaginaires.

2.36 Le Mur des Crânes à Chichen Itza, au Mexique

Les Mayas disposaient les crânes de leurs victimes sacrifiées sur cette plateforme sculptée de têtes de morts.

Les connaissances avancées des Mayas en astronomie leur ont permis de dresser des calendriers de prévision des éclipses solaires. Les Mayas vénèrent plusieurs dieux, dont un représenté sous la forme d'un serpent au long nez. Les Mayas pratiquent eux aussi les sacrifices humains afin de s'assurer les faveurs des dieux.

L'économie chez les Mayas

L'économie maya repose sur l'agriculture. Les Mayas cultivent le maïs, mais le produit principal de leur commerce est le cacao. Ils n'ont domestiqué que deux animaux : le chien et le dindon.

Un empire en déclin

La rivalité entre les cités-États mayas et les conflits avec des peuples voisins contribuent au déclin de cette civilisation. Lorsque les conquérants européens débarquent sur leur territoire en 1524, l'Empire maya commence à décliner.

2.37 Une sculpture ornant le temple maya de Chichen Itza

2.38 La hiérarchie sociale dans l'Empire maya

Au sommet de la hiérarchie sociale trône le roi. C'est lui qui dirige la cité-État.

Les nobles, les prêtres et les guerriers occupent des fonctions importantes au sein de la société maya.

Les artistes, les artisans et les commerçants ont un meilleur statut social que le reste de la population.

Les paysans et les esclaves forment la majorité de la population.

1 Complète le texte suivant à l'aide des mots de l'encadré.

> • Aztèques • mode de vie • Amérique • épuisement
> • Européens • variole • maladie • religion

Le mode de vie des populations habitant l' _Amérique_ est boule-

versé par l'arrivée des _Européens_ . Ceux-ci s'imposent en obli-

geant ces populations à adopter un _mode de vie_ , une culture et une

religion différents. Les conquérants espagnols sont sans pitié

envers les Incas, les Mayas et les _Aztèques_ . Beaucoup d'autoch-

tones meurent d' _épuisement_ , de malnutrition ou d'une

maladie provenant d'Europe : la _variole_ .

2 L'extrait suivant est tiré du livre de Bartolomé de Las Casas, intitulé *Très brève relation de la destruction des Indes* (1542).

> De 1518 à aujourd'hui [1542] toute l'iniquité, toute l'injustice, toute la violence et la tyrannie exercées par les chrétiens aux Indes ont débordé et ont atteint leur comble.

a) Qui est Bartolomé de Las Casas ? _C'est un religieux_

b) Que dénonce-t-il dans cet extrait ? _l'iniquité, l'injustice et la violen-_

_ce_

3 Reconstruis la hiérarchie sociale chez les Mayas dans l'illustration ci-dessous.

• _le roi_

• _Nobles, prêtres, guerriers_

• _Artistes, artisans, commerçants_

• _Paysans, esclaves_

4 Trois grandes civilisations disparaissent à la suite des grandes découvertes. Complète le tableau suivant en te référant aux descriptions de ces civilisations.

	Aztèques	Incas	Mayas
Nom de la capitale ou de la ville principale	Tenochtitlán	Cuzco.	Tikal
Pays actuel de la capitale ou de la ville principale	Mexique et Amérique centrale	Équateur et chili	Guatemala et Mexique.
Type d'écriture			
Caractéristiques du calendrier			Fait la prévision des éclipses solaires.

5 À l'aide d'un trait, associe chaque image ou énoncé à la civilisation correspondante. Attention, un élément peut correspondre à plus d'une civilisation.

a) Ils cultivent le tabac.

b) Leurs dieux exigent parfois des sacrifices humains.

c)

Des élevages de lamas

d) Sur des pyramides, ils créent des masques gigantesques.

e) Ils ont un dieu qui a la forme d'un serpent au long nez.

f)

Le Machu Picchu

- Aztèques

- Mayas

- Incas

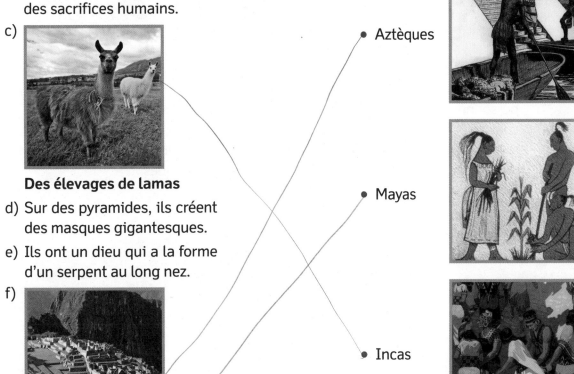

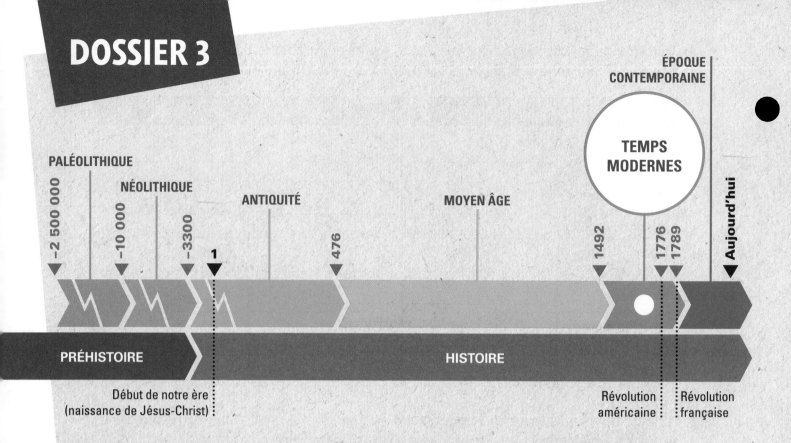

ÉPOQUE
CONTEMPORAINE

TEMPS
MODERNES

PALÉOLITHIQUE

NÉOLITHIQUE

ANTIQUITÉ

MOYEN ÂGE

Aujourd'hui

– 2 500 000

– 10 000

– 3300

1

476

1492

1776
1789

PRÉHISTOIRE

HISTOIRE

Début de notre ère
(naissance de Jésus-Christ)

Révolution
américaine

Révolution
française

Les révolutions américaine et française

À la fin du 18ᵉ siècle, en Amérique du Nord et en Europe, deux événements bouleversent la vie politique, économique, juridique et sociale de millions de personnes: la révolution américaine et la Révolution française. Le pouvoir colonial britannique, qui contrôle les Treize colonies américaines, et le pouvoir royal, en France, sont fortement contestés. La France et les Treize colonies se tourneront vers des systèmes politiques plus démocratiques.

Pourquoi ces révolutions-ci surviennent-elles l'une à la suite de l'autre? Qu'est-ce qui pousse les Américains et les Français à se donner une nouvelle forme de gouvernement?

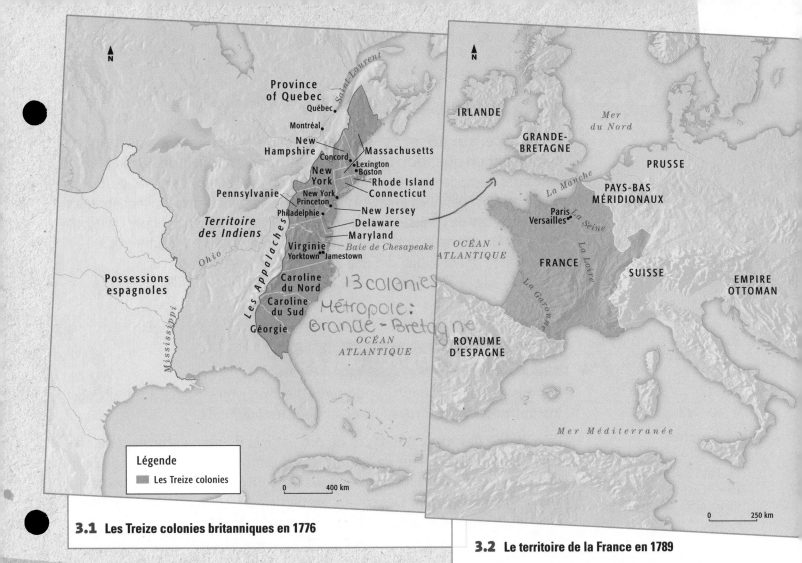

3.1 **Les Treize colonies britanniques en 1776**

Légende

▮ Les Treize colonies

0   400 km

Province of Quebec
Québec
Montréal
New Hampshire
Concord
Lexington
Boston
Massachusetts
New York
Rhode Island
Connecticut
Pennsylvanie
New York
Princeton
Philadelphie
New Jersey
Delaware
Maryland
Baie de Chesapeake
Virginie
Yorktown Jamestown
Territoire des Indiens
Ohio
Possessions espagnoles
Mississippi
Les Appalaches
Caroline du Nord
Caroline du Sud
Géorgie
13 colonies
Métropole: Grande-Bretagne
OCÉAN ATLANTIQUE
Saint-Laurent

3.2 **Le territoire de la France en 1789**

0   250 km

IRLANDE
GRANDE-BRETAGNE
Mer du Nord
PRUSSE
PAYS-BAS MÉRIDIONAUX
La Manche
OCÉAN ATLANTIQUE
Paris
Versailles
La Seine
La Loire
FRANCE
SUISSE
La Garonne
ROYAUME D'ESPAGNE
EMPIRE OTTOMAN
Mer Méditerranée

3.3 **Sur la voie de l'indépendance**

En 1776, les Treize colonies se déclarent indépendantes de la Grande-Bretagne. Une longue guerre commence alors. Jusqu'en 1781, les soldats britanniques vont affronter les rebelles américains.

? Selon toi, est-il possible de faire une révolution sans utiliser les armes ?

sommaire

1 Des idées nouvelles

En Europe, aux 16ᵉ et 17ᵉ siècles, des idées nouvelles émergent et remettent en question le pouvoir religieux et politique. De nombreux penseurs européens remettent en question la manière dont les autorités religieuses et politiques exercent leur pouvoir. Des philosophes osent ébranler des certitudes de l'Église. Ils affirment que chacun doit développer un esprit critique. On donne le nom de «**Siècle des lumières**» ou «Lumières» à ce mouvement philosophique d'une durée d'un siècle environ.

Siècle des lumières

Mouvement philosophique et scientifique qui débute à la fin du 17ᵉ siècle, en Europe, et qui fait la promotion des connaissances.

A Le pouvoir absolu des rois

Les rois européens sont très puissants. Leur pouvoir s'exerce sur toutes les institutions dans leur royaume et sur tous les habitants.

La majorité des rois catholiques ou protestants d'Europe affirment détenir leur pouvoir directement de Dieu. Il s'agit donc d'une **monarchie** de droit divin. Cette croyance leur accorde tous les pouvoirs et ils ne sont soumis à aucun contrôle extérieur. Des conseillers participent à la gestion des royaumes, mais les rois peuvent annuler leurs décisions en tout temps.

Monarchie

Forme de gouvernement où le chef de l'État est un roi héréditaire, c'est-à-dire que le futur roi est le fils ou un autre parent du roi.

3.4 Les trois formes de pouvoirs des rois

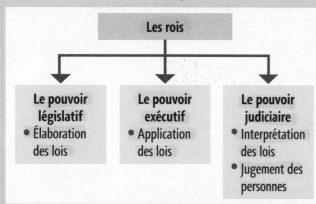

Régime politique

Mode d'organisation politique, juridique, sociale et économique d'un pays.

Les trois formes de pouvoirs

Les rois détiennent les trois formes de pouvoirs: le pouvoir législatif, le pouvoir exécutif et le pouvoir judiciaire. Cela signifie qu'ils élaborent les lois, qu'ils n'ont pas à les justifier et qu'ils ne se demandent pas si elles sont justes ou non. Ils peuvent les annuler, les modifier et les faire appliquer à leur manière.

Les rois interprètent les lois qu'ils adoptent. Ils ont droit de vie et de mort sur tout habitant de leur royaume. Ils peuvent faire arrêter ceux qui les critiquent. Les rois ne sont pas obligés de dire aux prisonniers de quoi ils sont accusés ni de les conduire devant un juge, où ils pourraient défendre leur cause.

Ce type de **régime politique** est une *monarchie absolue*, dans laquelle il n'y a aucune restriction au pouvoir du monarque. Son pouvoir est absolu.

B Le pouvoir d'un roi contesté

De nombreux penseurs dénoncent la monarchie absolue et proposent des manières de gouverner qui respectent davantage les individus. Selon ces personnes, la Grande-Bretagne est la preuve qu'il est possible de modifier une monarchie, de limiter le pouvoir d'un roi et de faire en sorte que les individus bénéficient de certains **droits**.

Droits

Garanties pour toutes les personnes, quel que soit leur rang social ou leur fortune.

Le cas de la Grande-Bretagne

Les Britanniques vivent aussi sous une monarchie, mais celle-ci n'est pas absolue. Dès le Moyen Âge, ils créent un **parlement**, mais son pouvoir est restreint. Par exemple, le roi peut décider de ne jamais réunir les députés élus.

Parlement

La ou les chambres de représentants du peuple qui détiennent le pouvoir législatif.

La loi de l'*Habeas corpus*

Le roi Charles II abuse de son pouvoir judiciaire. Il emprisonne de nombreuses personnes qui osent le critiquer. En 1679, le Parlement adopte une loi qui empêche le roi de laisser une personne en prison pendant des mois ou des années sans qu'on lui fasse un procès. La loi de l'*Habeas corpus* (*Habeas Corpus Act*) oblige les autorités à amener tout accusé devant un juge peu après son arrestation. Le juge doit préciser à l'individu les accusations qui sont portées contre lui.

3.5 Charles II, roi d'Angleterre (1630–1685)

La Déclaration des droits

En 1689, le Parlement anglais réussit de nouveau à limiter le pouvoir royal. La reine Marie II et le roi Guillaume d'Orange signent la Déclaration des droits (*Bill of Rights*). Cela assure que le Parlement siègera régulièrement et non selon les désirs du roi. Ce dernier n'a plus le droit d'imposer des lois ni d'annuler celles qui sont en vigueur. Il doit régner en respectant les lois du Parlement. La Déclaration des droits amène une nouvelle forme de monarchie: la *monarchie parlementaire*. Le *Bill of Rights* et l'*Habeas corpus* sont un premier pas vers la **démocratie**. Désormais, il y a **séparation des pouvoirs** et un plus grand respect des droits des individus.

Démocratie

Régime politique dans lequel le peuple exerce le pouvoir directement ou par l'entremise de représentants qu'il choisit.

Séparation des pouvoirs

Répartition en trois groupes des pouvoirs gouvernementaux: le pouvoir législatif, le pouvoir exécutif et le pouvoir judiciaire.

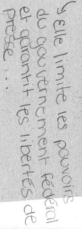

Elle limite les pouvoirs du gouvernement fédéral et garantit les libertés de presse...

1 a) Complète les phrases suivantes sur le pouvoir des rois au début du 18ᵉ siècle.

Les rois affirment qu'ils détiennent leurs pouvoirs directement de _Dieu_ .

Les rois exercent les trois formes de pouvoirs : le pouvoir _législatif_ ,

le pouvoir _exécutif_ et le pouvoir _judiciaire_ .

Les rois interprètent et appliquent les _lois_ à leur guise.

b) Nomme le régime politique décrit en a) et explique-le brièvement.

Régime politique dans lequel le pouvoir est détenu par une
seule personne, spécialement un roi héréditaire.

2 Pour chacune des définitions suivantes, indique de quelle loi il s'agit, puis précise l'année de son adoption.

a) Document qui détermine le partage des pouvoirs entre le roi et les membres du Parlement.

La Déclaration des droits (Bill of rights) de 1689

b) Loi votée sous le règne de Charles II qui énonce et précise les droits des accusés et des prisonniers.

La loi de l'Habeas corpus (1679).

3 Associe chacun des types de pouvoir au rôle qu'il remplit.

Les trois pouvoirs	Leurs rôles
a) Pouvoir législatif	S'assurer de l'exécution des lois.
b) Pouvoir exécutif	Rédiger les lois.
c) Pouvoir judiciaire	Interpréter les lois et juger les gens qui ne les respectent pas.

4 Qu'a permis la limitation des pouvoirs du roi en Grande-Bretagne au 17ᵉ siècle ?

X _Ceux qui on permis la limitation des pouvoirs du roi son la_
reine II et le roi Guillaume d'Orange. La séparation des pouvoirs et un
plus grand respect des droits des individus.

C Les penseurs du Siècle des lumières

Dans les années 1700, l'idée des droits des individus s'installe peu à peu chez les philosophes et les scientifiques. Aussi, se propagent de nouvelles idées sur le rôle des gouvernants et sur l'amélioration des conditions de vie de la population. Désormais, des philosophes affirment que tous les êtres humains ont des droits dès leur naissance. Ces droits fondamentaux sont le droit au bonheur, à la liberté, à la sécurité et à la propriété de biens.

Les nouvelles idées dérangent les gouvernements et l'Église. Certains philosophes sont emprisonnés pour leurs idées et de nombreux ouvrages sont mis à l'**Index**.

Index

Liste de livres dont la lecture était interdite par l'Église catholique.

→ John Locke

Les droits naturels des individus

Connaître très bien les humanistes de la lumière vont s'opposer à l'absolutisme des rois.

Les idées du philosophe anglais John Locke sont en grande partie à l'origine des nouveaux droits accordés aux Anglais. Locke défend l'idée que l'individu, dès sa naissance, a des droits naturels, comme le droit au bonheur. Il affirme qu'un roi ne peut avoir un contrôle absolu sur la population. Sans être contre la monarchie, il estime toutefois que le pouvoir des rois doit être limité.

Locke croit que le peuple a le droit de se rebeller contre l'oppression des rois. À son avis, une loi est légitime uniquement si elle respecte la liberté des individus. Il soutient qu'une société a le droit de choisir ses propres lois. Ses ouvrages intitulés *Lettre sur la tolérance* (1689) et *Traité sur le gouvernement civil* (1690) connaissent une large diffusion. Pendant tout le 18e siècle, des penseurs français et américains citeront les idées de ce philosophe.

↳ Demander si on doit apprendre ses ouvrages

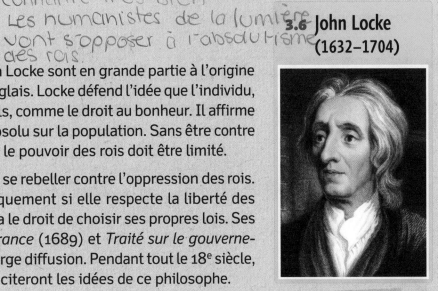

3.6 John Locke (1632–1704)

→ Charles de Secondat, baron de Montesquieu

La séparation des pouvoirs

Le baron de Montesquieu est un philosophe et un écrivain français qui s'intéresse vivement à l'organisation politique de la Grande-Bretagne.

Montesquieu affirme que la séparation des pouvoirs évite les abus et garantit la liberté des individus et le respect de leurs droits. Montesquieu présente ses réflexions dans un ouvrage intitulé *De l'esprit des lois* (1748). Considéré comme un chef-d'œuvre par plusieurs philosophes de l'époque, ce livre connaît un rayonnement exceptionnel. Les idées de Montesquieu seront reprises par les colons américains et les Français dans leur lutte contre la monarchie, à la fin du 18e siècle.

3.7 Montesquieu (1689–1755)

→ François Marie Arouet, dit Voltaire

La lutte contre l'intolérance et la superstition

Au Siècle des lumières, l'Église affirme encore que la première mission de l'être humain est de travailler au salut de son âme après la mort. L'écrivain français François Marie Arouet, surnommé Voltaire, critique cet enseignement. Il propage l'idée que l'humain a le droit de chercher le bonheur pendant qu'il est sur terre. Il estime que cette recherche du bonheur est impossible si les valeurs dominantes de la société ne changent pas.

Après un séjour en Grande-Bretagne, Voltaire remarque que la société britannique a su se libérer des contraintes des vieilles traditions. Il constate également que la tolérance religieuse est possible dans une société où plusieurs religions se côtoient. En fait, il considère que l'intolérance repose sur des préjugés et la superstition. Selon lui, les sociétés sont toujours aux prises avec un conflit entre la raison et la superstition, c'est-à-dire entre les connaissances rationnelles et les croyances.

3.8 Voltaire (1694–1778)

→ Jean-Jacques Rousseau

3.9 Jean-Jacques Rousseau (1712–1778)

Les mêmes droits pour tous

Le philosophe et écrivain suisse Jean-Jacques Rousseau critique la monarchie absolue et dénonce les inégalités sociales. Il croit que les individus d'une même société, même s'ils ne sont pas égaux en intelligence ou en force, devraient au moins être égaux en droits.

Dans son ouvrage *Du contrat social* (1762), il décrit un nouveau type d'organisation sociale capable d'assurer cette égalité des droits. Selon lui, des gens regroupés sur un même territoire partagent un «contrat social», c'est-à-dire qu'ils s'entendent pour établir des règles précisant les droits et les devoirs de chacun. Ces règles doivent être établies non pas par le roi, mais par les personnes mêmes qui doivent y obéir: le peuple.

→ Thomas Paine

L'idée d'une assemblée qui gouverne

Le penseur britannique Thomas Paine affirme que tous les individus ont des droits naturels égaux, dont celui d'assurer leur confort et leur bonheur. Selon lui, le meilleur gouvernement est constitué d'une assemblée législative représentant le peuple. Les idées de Paine orientent la lutte des colons des Treize colonies qui veulent se libérer du pouvoir de la Grande-Bretagne.

3.10 Thomas Paine (1737–1809)

3.11 L'*Encyclopédie* : publiée en 17 volumes, une œuvre marquante des Lumières

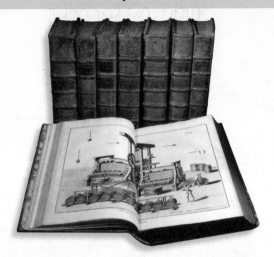

Rédigée de 1751 à 1772, l'*Encyclopédie* est dirigée par le mathématicien, physicien et philosophe Jean Le Rond D'Alembert et le philosophe Denis Diderot. Elle regroupe plus de 71 000 textes.

Les femmes et la transmission des idées

Au Siècle des lumières, plusieurs femmes de la noblesse ou de la bourgeoisie tiennent salon, c'est-à-dire qu'elles invitent dans leur résidence des écrivains, des philosophes, des scientifiques et des musiciens. Plusieurs d'entre elles sont écrivaines. Certaines deviennent les protectrices de penseurs. Ceux qui fréquentent les salons les plus réputés bénéficient d'une meilleure diffusion de leurs idées.

Des idées vers l'action

Les idées propagées par les penseurs des Lumières finissent par se concrétiser dans la vie de plusieurs peuples. Ce sera le cas pour les Français et les colons des Treize colonies britanniques établies en Amérique.

Révolution

Changement brusque dans une société qui survient lorsqu'une partie de sa population se rebelle contre les autorités et prend le pouvoir pour instituer un nouveau régime politique.

Ainsi, à la fin du 18e siècle, de chaque côté de l'océan Atlantique, des individus jugent avoir droit à la liberté et au bonheur. Avant d'y avoir accès, ils doivent acquérir deux droits particuliers : faire leurs propres lois et choisir leurs dirigeants. Les colons américains et les Français vont faire la **révolution** pour obtenir ces droits. La société en sera complètement transformée. Ce changement touche autant le régime politique que les systèmes économique et judiciaire.

3.12 Un salon privé de Paris

En 1755, Marie-Thérèse Geoffrin reçoit dans son salon de nombreux intellectuels. Parmi eux figurent Jean-Jacques Rousseau, Jean D'Alembert et Denis Diderot.

1 Remplis le schéma suivant sur les quatre droits fondamentaux défendus par les philosophes des Lumières.

droit à la sécurité
Les droits naturels des individus

droit à la propriété de biens
La séparation des pouvoirs

Droits fondamentaux selon les philosophes des Lumières

droit au bonheur
Intolérance et la superstition

droit à la liberté
L'idée d'une assemblée qui gouverne

2 Le texte suivant résume la philosophie des Lumières. Complète-le en utilisant la liste de mots ci-dessous. Attention! Trois mots de cette liste sont des intrus.

- droits
- monarchie
- 17e siècle
- philosophes
- Amérique
- Église
- Locke
- idées
- Europe
- volonté

La philosophie des Lumières est née au _Europe_ ,

en _17e siècle_ . Elle conteste la _monarchie_

absolue des rois de l'époque. La philosophie des Lumières défend, entre autres,

les idées de liberté, de justice et d'égalité des _droits_

des personnes et s'oppose au pouvoir de l' _Église_ .

Les _philosophes_ sont des gens qui, la plupart du temps, transmettent

leurs idées par écrit. À l'époque, les philosophes sont parfois emprisonnés pour leurs

idées . C'est le cas notamment de Diderot et de Voltaire.

3 Observe l'illustration ci-contre, puis réponds aux questions.

savoir pourquoi l'encyclopedie est révolutionnaire (écrit en français et d'autres langues mais pas le latin)

a) De quel ouvrage s'agit-il? _L'Encyclopédie_

b) Grâce à qui cet ouvrage a-t-il pu voir le jour?

important
Grâce à Jean la Rond D'Alembert et _(mathé, phys et philo)_

Denis Derot (Philosophe)

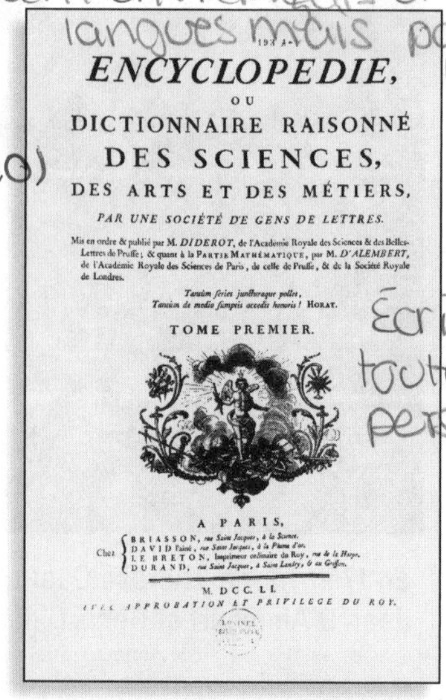

ENCYCLOPEDIE,
OU
DICTIONNAIRE RAISONNÉ
DES SCIENCES,
DES ARTS ET DES MÉTIERS,
PAR UNE SOCIÉTÉ DE GENS DE LETTRES.

Écrit pour toutes les personnes

TOME PREMIER.

A PARIS,

M. DCC. LI.

c) Qui sont les gens qui participent à sa rédaction?
150 spécialistes de toutes les disciplines

d) Quand l'ouvrage a-t-il été rédigé précisément?
De 1751 à 1772

4 Remplis les fiches biographiques des philosophes des Lumières.

NOM : John Locke (1632–1704)

Pays d'origine : _Angleterre_

Trois principales idées défendues par le philosophe :

Défend l'idée que l'individu, dès sa naissance, a des droits naturels, comme le droit au bonheur. Le roi n'a pas le contrôle absolu sur la population. Le peuple a le droit de se rebeller contre l'oppression des rois.

NOM : Baron de Montesquieu (1689–1755)

Pays d'origine : _France_

Principale idée défendue :

Afirme que la séparation des pouvoirs évite les abus et garantit la liberté des individus et le respect de leurs droits.

Titre d'une des œuvres majeures du philosophe et année de publication :

De l'esprit des lois, paru en 1748

NOM : François Marie Arouet, dit Voltaire (1694–1778)

Pays d'origine : _France_

Principale idée défendue : _Il propage l'idée que l'humain a le droit de chercher le bonheur pendant qu'il est sur terre._

NOM : Jean-Jacques Rousseau (1712–1778)

Pays d'origine : _Suisse_

Principale idée défendue : _Critique la monarchie absolue, dénonce les inégalités sociales. Les individus d'une même société devraient tous être égaux en droit._

2 La révolution américaine

À la veille de la révolution américaine, la population des Treize colonies n'est pas d'accord avec les mesures économiques et politiques imposées par la Grande-Bretagne. En 1775, les Treize colonies de l'Amérique du Nord prennent les armes contre la puissance coloniale britannique qui les gouverne. Au départ, elles n'ont pas l'intention de se séparer de la Grande-Bretagne et de devenir autonomes. Elles souhaitent seulement que le roi George III leur accorde certains droits et retire les nouvelles taxes qu'il vient d'imposer. Ces revendications vont toutefois entraîner une révolution.

Après leur victoire contre l'armée britannique, les révolutionnaires américains doivent décider s'ils uniront ou non les Treize colonies en un seul et même État. Il leur faut ensuite choisir une forme de gouvernement et décider qui en fera partie. Finalement, il leur faut élaborer leurs lois et élire leurs dirigeants.

A Un portrait des Treize colonies

Comme la France et l'Espagne, l'Angleterre veut s'approprier des territoires sur le continent américain. À partir des années 1600, elle fonde des colonies le long de la côte est de l'Amérique du Nord. En 1607, des marchands anglais fondent un premier établissement en Virginie, qu'ils nomment *Jamestown*. Cette colonie devient vite prospère grâce à ses plantations de coton et de tabac, où travaillent des esclaves.

En 1733, la Grande-Bretagne compte 13 colonies sur le continent. Ces colonies ne peuvent commercer librement entre elles. Elles sont soumises à un commerce triangulaire : elles envoient leurs matières premières vers la métropole et celle-ci leur envoie des produits manufacturés.

3.13 Le port de Salem, au Massachusetts, en 1770

La population des colonies

[note manuscrite : l'effet]

[note manuscrite : On retrouve les esclaves dans le sud.]

Les Européens qui s'établissent dans ces colonies le font pour faire fortune, en investissant dans une plantation, ou pour fuir la misère ou les persécutions religieuses.

[note manuscrite : dans le nord les gens sont inspirés par les lumières]

Pour se rendre sur le continent américain, des Anglais très pauvres signent un « contrat d'engagé » avec les capitaines de navire. Leur traversée ne leur coûte rien, mais, en échange, ils doivent travailler pour un propriétaire terrien ou une entreprise pendant 10 ans. Au sud, le travail ouvrier et agricole est effectué par des esclaves. Vers les années 1750, les esclaves africains représentent environ 60 % de la population de la Caroline du Sud, et 40 % de celle de la Virginie.

La population des Treize colonies augmente rapidement. Elle passe d'environ 1,6 million d'habitants en 1760 à 5 millions 40 ans plus tard. Les colonies ne connaissent pas toutes le même développement économique.

La hiérarchie sociale dans les colonies

Hiérarchie sociale

Position d'une personne ou d'un groupe de personnes dans la société, selon sa richesse ou son influence.

Dans les Treize colonies, la **hiérarchie sociale** repose presque exclusivement sur des critères de fortune tels que les revenus et la propriété. Les distinctions de classes n'y sont pas héréditaires. Un pauvre peut s'élever dans la hiérarchie sociale. Par exemple, Benjamin Franklin, un des pères fondateurs des États-Unis, est né dans une famille pauvre. Il obtient un poste d'ambassadeur en France grâce à son intelligence et non à sa richesse ou à un titre de noblesse. De même, un noble peut être contraint de travailler si sa fortune n'est pas assez grande pour payer des ouvriers ou acheter des esclaves.

3.14 La répartition des classes sociales dans les Treize colonies

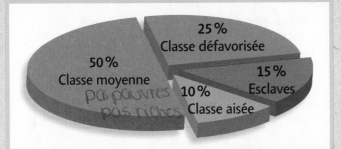

50 % Classe moyenne *[note manuscrite : pas pauvres pas riches]*
25 % Classe défavorisée
15 % Esclaves
10 % Classe aisée

3.15 Benjamin Franklin (1706–1790)

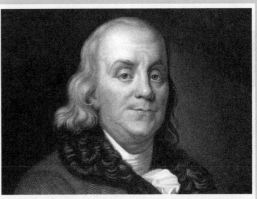

D'origine modeste, Benjamin Franklin s'instruit par lui-même. En 1752, il invente le paratonnerre. Plus tard, il tient un rôle important dans l'histoire politique américaine.

L'organisation politique des colonies

Chaque colonie est dirigée par un gouverneur, nommé par la métropole, et un haut conseil, désigné par le gouverneur. Elle a aussi une assemblée populaire dont les membres sont désignés par la population. Ces assemblées ont le pouvoir, notamment, d'établir les salaires du gouverneur, des juges et des hauts fonctionnaires. Comme les colonies n'ont pas de représentants au Parlement britannique, elles ne peuvent donc pas présenter leurs revendications aux députés de la métropole.

[note manuscrite : Reproduire le modèle britannique → systèmes de seigneurs assemblée choisi par le peuple.]

Les Actes de navigation

Dès 1651, l'Angleterre impose les Actes de navigation (*Navigation Acts*) pour retirer plus de profits des colonies. Les Actes de navigation sont une série de lois obligeant les colonies à produire uniquement les biens dont la métropole a besoin pour son commerce et son armée. Ces Actes obligent les colonies à exporter et à importer leurs marchandises en utilisant des navires britanniques seulement. Cela entraîne des pertes d'emploi pour les colonies, par exemple pour les marins, les constructeurs de bateaux et les fabricants de cordes.

3.16 La flotte commerciale britannique

À partir du 17ᵉ siècle, l'Angleterre dispose d'une grande puissance navale. Le commerce avec les colonies est très lucratif.

1 a) Explique brièvement ce qui pousse les Treize colonies de la côte est de l'Amérique du Nord à se révolter contre la puissance coloniale britannique qui les gouverne en 1775.

The diary of a young girl

Romeo and Juliet

Divergente

_____

_____

_____

b) Quelles conséquences cette révolution entraîne-t-elle pour les Treize colonies ?

_____

_____

_____

2 a) Nomme trois raisons pour lesquelles des Européens viennent s'établir dans l'une ou l'autre des Treize colonies américaines.

Les Européens viennent s'établir dans l'une ou l'autre des Treize colonies américaines parce que ils le font pour faire fortune, investissant dans une plantation ou pour fuir les percecutions religieuse et la misere

b) Quelle est la conséquence démographique (qui concerne la population) de l'arrivée d'autres Européens dans les Treize colonies ? Explique ta réponse en utilisant des données chiffrées.

La conséquence démographique est la quantité d'esclaves africains 60% il y a dans les colonies

3 Sur quel critère principal la hiérarchie sociale dans les Treize colonies se base-t-elle ?

_____

→ **4** De qui ou de quoi s'agit-il ?

a) Type de commerce mis en place entre la métropole et ses colonies.

C o m m e r c e   t r i a n g u l a i r e

b) Deux types de plantations qui rendent prospère la colonie de la Virginie.

C o t o n ,   t a b a c

c) Lois qui obligent les colonies à produire seulement les biens dont la métropole a besoin.

A _ _ _ _ _   _ _   n _ _ _ _ _ _ _ _ _ _ _

d) Vers 1750, ils représentent environ 60 % de la population de la Caroline du Sud et 41 % de celle de la Virginie.

E s c l a v e s   a f r i c a i n s

e) Il est nommé par la métropole pour diriger la colonie.

G _ _ _ _ _ _ _ _ _ _

5 Complète le schéma suivant en utilisant les énoncés présentés dans l'encadré.

┌─────────────────────┐
│ _____ │
└─────────────────────┘

impose
↓

┌─────────────────────┐
│ _____ │
│ (lois s'appliquant │
│ aux Treize colonies)│
└─────────────────────┘

- Actes de navigation
- Production de certains biens
- Perte d'emplois liés à la navigation
- Grande-Bretagne

interdit   **oblige**

┌─────────────────────────┐   ┌─────────────────────────────┐
│ _____ │   │ Exportation et importation │
│   │   │ de marchandises avec des   │
│   │   │ navires britanniques seulement│
└─────────────────────────┘   └─────────────────────────────┘

Exemples de conséquences dans les colonies

┌─────────────────────────────┐   ┌─────────────────────────────┐
│ Interdiction de fabriquer   │   │ _____ │
│ des objets en fer   │   │   │
└─────────────────────────────┘   └─────────────────────────────┘

6 Chaque colonie possède une assemblée populaire. Nomme une limite de pouvoir des colonies américaines par rapport à la métropole.

_____

_____

_____

Les décisions de la Grande-Bretagne pour répondre à ses besoins sans tenir compte des besoins des colonies engendre la colère des populations.

Une guerre coûteuse

En 1763, la Grande-Bretagne gagne la **guerre de Sept Ans** contre la France. Elle devient alors maître de nouveaux territoires, comme la Nouvelle-France. Cette guerre ayant vidé ses coffres, il lui faut trouver de l'argent.

De nouvelles taxes pour les colonies

Comme elle prélève déjà des impôts très élevés sur les terres, la Grande-Bretagne décide d'imposer de nouvelles taxes dans ses colonies américaines.

très important car le sucre conserve les aliments

Le *Sugar Act* et le *Currency Act*

Par exemple, en 1764, elle instaure le *Sugar Act*. Il s'agit d'une taxe supplémentaire sur le sucre importé des Antilles françaises et hollandaises. La même année, avec le *Currency Act*, les colonies ne peuvent plus utiliser leur propre monnaie, car la métropole juge que cela nuit à son enrichissement.

Le *Stamp Act*

En 1765, le Parlement britannique impose le *Stamp Act*, la Loi du timbre. Cette loi oblige de nombreux commerçants à acheter un timbre et à l'apposer sur leurs marchandises. Les produits visés par cette taxe sont les journaux, les livres, les cartes à jouer, l'alcool, les permis ainsi que les actes juridiques, comme les testaments. Les colons doivent donc payer ces produits et ces documents plus cher.

3.17 La bataille des plaines d'Abraham, à Québec, en 1759

Cette bataille est l'un des nombreux affrontements qui se sont déroulés pendant la guerre de Sept Ans (1756–1763).

Les *Townshend Acts*

Comme la Grande-Bretagne a encore besoin d'argent, elle adopte une autre taxe. En 1767, elle instaure les *Townshend Acts*, des taxes sur l'importation dans les colonies de marchandises comme le verre, le papier et le thé.

Perdre la ressource (fourrure)

La Grande-Bretagne a peur ~~~~~~ que les 13 colonies s'ouvrent car elle a peur que les colonies demandent leur autonomie

Une expansion territoriale interdite

Les grands propriétaires terriens des colonies du Sud souhaitent étendre leurs plantations. Ils ont besoin des terres à l'ouest. Les colonies du Nord veulent aussi les terres fertiles plus à l'ouest, dans la vallée de l'Ohio. La Grande-Bretagne refuse d'agrandir le territoire des colonies. Elle estime que cela lui coûterait trop cher, notamment parce qu'elle devrait déployer davantage de soldats pour protéger les nouveaux établissements.

C La réplique des colonies

Les colons commencent à exprimer leur colère en 1765, après l'adoption du *Stamp Act*. Des commerçants, journalistes, avocats et chefs religieux dénoncent fortement cette nouvelle taxe. Leur révolte prend diverses formes. Des gens envahissent la maison des vendeurs de timbres et les forcent à renoncer à leur salaire, par exemple.

Pas de taxes sans représentation

À l'assemblée populaire de la Virginie, on prononce une phrase qui devient la grande revendication des colonies : « Pas de taxes sans représentation. » Cela signifie que les colons n'acceptent pas de payer des taxes à un gouvernement dans lequel ils n'ont aucun représentant.

3.18 Une manifestation des colons contre la Loi du timbre de 1765

La révolte des colons

Dans toutes les colonies, des comités composés d'artisans et de petits marchands organisent une révolte contre la Loi du timbre. Sous l'appellation de *Sons of Liberty* (Fils de la liberté), ces comités de patriotes encouragent les commerçants à poursuivre la vente de leurs produits sans utiliser de timbres. La protestation des colons est telle qu'en mars 1766, le gouvernement britannique abolit la Loi du timbre.

En 1767, les comités de patriotes organisent de nouveau la résistance en encourageant les commerçants à ne pas importer les produits taxés par les *Townshend Acts*. La contestation fonctionne. En 1770, le gouvernement britannique abolit les *Townshend Acts*, à l'exception de la taxe sur le thé. Celle-ci sera d'ailleurs à l'origine d'un événement marquant de la révolution américaine.

Les colons refusent de payer la taxe sur le thé. Les patriotes américains organisent une nouvelle protestation. À Philadelphie, les colons parviennent à empêcher un navire de décharger sa cargaison. À New York, les protestataires mettent le thé dans un local qu'ils font surveiller. À Boston, la contestation est plus spectaculaire. Des colons font subir au capitaine d'un navire le **supplice du goudron et des plumes**. Puis, le 16 décembre 1773, dans le port de Boston, une centaine de colons, déguisés en autochtones pour masquer leur identité, grimpent à bord de navires, puis jettent à la mer toutes les cargaisons de thé. Cet acte symbolique de révolte des colons est connu sous le nom de *Boston Tea Party*.

Supplice du goudron et des plumes

Supplice qui consiste à verser du goudron chaud sur une personne, puis à la rouler dans les plumes. On faisait ensuite circuler la victime dans les rues de la ville de façon à l'humilier publiquement.

La punition du roi _crétin_

Le roi George III réplique sévèrement à cette révolte. En 1773, la Grande-Bretagne adopte ce que les colons appellent les «Lois intolérables», des lois qui prévoient des punitions politiques et économiques sévères contre le Massachusetts. L'une d'entre elles est la fermeture du port de Boston.

Très important

Cette mesure prive la population de toute importation et exportation de produits. Puisque le port est le centre économique de la ville, des milliers de personnes se retrouvent sans emploi et sans revenu: débardeurs, marins, commerçants, fabricants de cordes de navires, pêcheurs, etc.

3.19 Le *Boston Tea Party*

Dans le port de Boston, au Massachusetts, des patriotes en colère contre les nouvelles taxes imposées par le gouvernement britannique jettent à la mer les cargaisons de thé importé.

1 a) Pourquoi la Grande-Bretagne a-t-elle besoin d'argent en 1763 ?

La guerre de sept ans vide les coffres de la Grande-Bretagne.

b) Quelle solution la Grande-Bretagne envisage-t-elle pour renflouer ses coffres ?

La Grande-Bretagne décide d'imposer des nouvelles taxes.

2 Que signifie la phrase : « Pas de taxes sans représentation » ?

_____

_____

_____

3 Parmi les taxes imposées par la Grande-Bretagne, quelle est celle qui correspond à chacune des caractéristiques suivantes ?

• Est imposée sur le sucre importé des Antilles françaises et hollandaises :

_____

• Est boycottée par les colons et finalement abolie par la Grande-Bretagne :

_____

• Est abolie par le gouvernement, à l'exception d'un seul produit, soit le thé importé :

_____

4 Pourquoi la Grande-Bretagne refuse-t-elle de donner aux colonies les terres à l'ouest ?

_____

_____

5 Résume trois actions des colons pour protester contre les décisions de la Grande-Bretagne dans chacune des villes suivantes.

• Philadelphie : _____

• New York : _____

• Boston : _____

_____

6 Pour répliquer au *Boston Tea Party*, le roi George III fait appliquer une loi qui oblige la fermeture du port de Boston. Nomme deux conséquences économiques d'une telle loi.

• _____

• _____

_____

D La solidarité entre les Treize colonies

Les mesures prises par la Grande-Bretagne contre le Massachusetts inquiètent d'autres colonies. En 1774, Benjamin Franklin convoque les représentants de toutes les colonies à une réunion à Philadelphie. Il s'agit du premier Congrès continental. Les délégués à ce congrès ont des visions différentes de la crise. Certains croient qu'il faut négocier avec le roi George III, d'autres veulent l'indépendance. Un délégué originaire de la Virginie, Thomas Jefferson, se démarque. Pour lui, les habitants des colonies sont des gens libres qui ont le droit naturel de mettre en place une nouvelle société.

Les colonies vont se réunir

Le boycott des produits britanniques

Boycotter

Refuser collectivement d'entretenir un lien social et économique avec un gouvernement, une entreprise ou un groupe dans le but de contester ses décisions ou ses actions.

Les délégués du premier Congrès continental adoptent un moyen de pression pour forcer la Grande-Bretagne à négocier : ils **boycottent** les importations britanniques. Ce moyen de pression est si efficace que les importations britanniques chutent de 97 % en 1775 par rapport à l'année précédente. Le roi George III y voit une trahison. Il demande aux colons qui lui sont demeurés fidèles de dénoncer ceux qui ont des idées d'indépendance.

3.20 George Washington (1732-1799)

Le colonel George Washington à la tête des troupes américaines pendant la bataille de Princeton, au New Jersey, en 1777.

Les premiers combats armés

À la suite du premier Congrès continental, des comités d'action dans quelques colonies constituent des dépôts d'armes, de munitions et de poudre à canon. Le 19 avril 1775, l'armée britannique tente de s'emparer d'un de ces dépôts à Concord, à environ 40 kilomètres de Boston. Les milices américaines contre-attaquent. Des batailles ont lieu dans quatre autres villes. La bataille de Lexington, entre Concord et Boston, fait près de 200 morts. Les colons manquent d'armes, mais le mois suivant, ils s'emparent de canons britanniques en prenant le fort Ticonderoga (État de New York).

Une offre de négociation et un blocus

En mai 1775, un deuxième Congrès continental commence à Philadelphie. Plusieurs délégués craignent que l'indépendance entraîne des difficultés économiques ou mène à une guerre civile.

Le deuxième Congrès demande au roi de négocier, mais, en même temps, il se dote d'une véritable armée, commandée par George Washington.

Blocus naval

Déploiement de la marine de guerre autour de ports pour interdire l'entrée et la sortie de tout navire, commercial ou de pêche.

Le roi George III refuse de négocier. Il considère que ses colonies sont officiellement en rébellion. En octobre 1775, le Parlement britannique adopte un **blocus naval** et permet à son armée de saisir tout navire américain. Le commerce devient impossible pour les colons et leurs conditions de vie se détériorent.

République

Forme de gouvernement où le pouvoir est détenu par des représentants élus.

La progression de l'idée d'indépendance

En janvier 1776, le journaliste britannique Thomas Paine, récemment émigré en Pennsylvanie, souhaite la création d'une **république** américaine. Dans son pamphlet intitulé *Common Sense*, il dit aux colons qu'ils n'ont pas besoin de la Grande-Bretagne pour prospérer. Il critique aussi la hiérarchie des classes sociales dans une monarchie. Selon lui, une telle hiérarchie empêche des personnes talentueuses mais sans moyens financiers de contribuer à l'évolution de la société. Son idée d'indépendance politique totale gagne de plus en plus de partisans dans les colonies.

3.21 La bannière étoilée

Le 14 juin 1777, les délégués du Congrès continental adoptent un drapeau, la *bannière étoilée*.

3.22 La déclaration d'Indépendance

Une page de la déclaration d'Indépendance, de la main de Thomas Jefferson.

Justice

Principe moral qui oblige les autorités à respecter les droits des individus et à être équitables dans la façon de les traiter.

La déclaration d'Indépendance

Le 7 juin 1776, le deuxième Congrès continental se déclare en faveur de l'indépendance. Il charge cinq délégués, dont Thomas Jefferson, John Adams et Benjamin Franklin, de rédiger une déclaration officielle. Du 1er au 4 juillet, le Congrès débat pour parvenir à une version définitive du texte. La déclaration d'Indépendance des États-Unis d'Amérique est adoptée le 4 juillet 1776. Pour la première fois dans l'histoire de l'humanité, un groupe de personnes proclame la liberté d'un peuple au nom des droits naturels d'égalité, de sécurité et de **justice**. Pour la première fois aussi, des représentants d'un peuple proclament le droit au bonheur pour tous.

1 Relie chacun des énoncés suivants au Congrès correspondant.

Énoncés

Congrès

a) George Washington est nommé commandant
   en chef pour diriger les combattants américains. •

b) Les délégués décident de boycotter les
   importations britanniques afin de forcer
   la Grande-Bretagne à négocier. •

    • Premier Congrès
      continental de 1774

    • Deuxième Congrès

c) La déclaration d'Indépendance des États-Unis
   est adoptée. •

      continental (réunion
      de 1775)

d) Les délégués décident de donner une nouvelle
   chance à la Grande-Bretagne de négocier. •

    • Deuxième Congrès
      continental (réunion
      de 1776)

e) Benjamin Franklin convoque les colonies
   à une réunion à Philadelphie. •

2 Observe l'illustration ci-dessous, puis réponds aux questions.

Le texte final de la déclaration d'Indépendance présenté au président du Congrès

a) Nomme trois des cinq délégués chargés de rédiger la déclaration d'Indépendance.

   • _____

   • _____

   • _____

b) À quelle date précise la déclaration d'Indépendance est-elle officiellement adoptée ?

_____

c) Pour quelles raisons cet événement constitue-t-il une première dans l'histoire de
   l'humanité ?

_____

_____

_____

E Cinq ans de guerre

Déclarer son indépendance ne signifie pas devenir indépendant. Le 4 juillet 1776, les Américains expriment seulement ce qu'ils veulent devenir. Pour concrétiser leur souhait, ils doivent gagner la guerre. Les combattants américains sont mal équipés, sans formation militaire et ils sont moins nombreux que les soldats britanniques. Le Congrès continental demande donc l'aide de plusieurs pays, dont la France. L'aide tarde à venir. La guerre va durer encore cinq ans.

L'aide de la France

Benjamin Franklin, un délégué de la Virginie, et John Adams, un délégué du Massachusetts, sont mandatés pour demander l'aide de la France. Le roi Louis XVI finit par accepter. Il envoie des soldats et l'équipement militaire le plus moderne de l'époque. Les premières troupes quittent l'Europe en avril 1778.

3.23 Le marquis de La Fayette (1757–1834)

À la tête des premières troupes françaises parties soutenir la révolution américaine, le marquis de La Fayette joue un rôle important dans la future victoire des colons.

3.24 Le défilé des soldats vaincus

Après la capitulation des troupes britanniques à Yorktown, les soldats vaincus défilent avec leur général, au centre d'une double haie de soldats alliés.

Les troupes britanniques piégées

Une des batailles décisives de la révolution a lieu trois ans plus tard, en 1781. Après un dur combat en mer, la flotte française devient maître de la baie de Chesapeake, le 5 septembre. Les troupes britanniques qui tiennent Yorktown sont piégées. Elles ne peuvent plus obtenir de renforts ni de ravitaillement en nourriture et en armes par la voie maritime. Les troupes sont épuisées.

De leur côté, les troupes terrestres alliées se préparent à attaquer Yorktown. Des renforts arrivent d'autres colonies, des Antilles et même du peuple autochtone cherokee. Le 26 septembre, la ville est encerclée. Les combats commencent peu après. Le 17 octobre, le général Cornwallis, à la tête des troupes britanniques, rend les armes.

Capitulation

Document légal par lequel un groupe armé reconnaît qu'il a été vaincu par son opposant.

La **capitulation** de l'armée britannique est signée le 19 octobre 1781. La guerre ne prend fin officiellement qu'en septembre 1783, avec la signature du traité de Versailles. En même temps que leur indépendance, les Américains obtiennent les territoires britanniques à l'est du Mississippi.

F La formation d'un nouveau pays

Après l'adoption de la déclaration d'Indépendance et la victoire militaire contre la Grande-Bretagne, les Américains n'ont pas encore un pays. De longues négociations débutent afin d'établir s'il y aura ou non unification des anciennes colonies ou si chacune sera indépendante.

Les délégués s'entendent pour former une fédération d'États. Chaque État a un gouvernement et des pouvoirs, mais les 13 États ont aussi un gouvernement commun doté de pouvoirs dans certains domaines.

La rédaction de la Constitution américaine

Constitution

Loi fondamentale d'un État. Cette loi détermine notamment le régime politique de l'État, le fonctionnement du gouvernement, la limite des pouvoirs des gouvernants et leurs obligations envers la population.

L'étape la plus importante dans la formation d'un pays est la rédaction d'une **constitution**, car c'est elle qui détermine le régime politique, le fonctionnement du gouvernement ainsi que les principaux droits de la population.

Les délégués du Congrès américain doivent donc choisir une forme de gouvernement (une république ou une monarchie). Ils doivent déterminer le fonctionnement des élections (le nombre d'élus, leurs responsabilités), la durée d'un mandat (trois, quatre ou cinq ans, par exemple), les personnes ayant le droit de voter et d'être élues, le fonctionnement des tribunaux, les règles pour choisir les juges, etc.

La Constitution américaine approuvée

Après de longues négociations entre les 13 États, le Congrès adopte finalement la Constitution en 1787. Il faudra plusieurs mois encore avant que les 13 États ratifient la Constitution, c'est-à-dire qu'ils l'approuvent officiellement.

La Constitution américaine établit que le régime politique des États-Unis sera une république. Elle établit aussi que le gouvernement fédéral, commun aux 13 États, sera dirigé par un président et deux groupes d'élus : les représentants du Congrès et les sénateurs du Sénat. Il est aussi établi que la durée de mandat des élus sera de quatre ans.

Les idées des Lumières

Plusieurs idées défendues par les philosophes du Siècle des lumières font partie de la Constitution, comme le droit de propriété, la séparation des pouvoirs et l'*Habeas corpus*. Des règles de la Constitution empêchent le président d'avoir un pouvoir absolu. La division de la société entre nobles et non-nobles est interdite : le gouvernement américain s'engage à ne jamais accorder un titre de noblesse à quiconque. Tous ne sont cependant pas égaux devant la loi : les esclaves noirs et les femmes n'ont aucun droit.

3.25 Trois figures marquantes de la révolution américaine

George Washington
Premier président élu : commandant en chef de l'armée des colonies, de la Virginie.

John Adams
Deuxième président élu : homme politique originaire du Massachusetts, opposé à l'esclavage.

Thomas Jefferson
Troisième président élu : politicien de la Virginie considéré comme l'auteur principal de la déclaration d'Indépendance.

L'adoption de nouveaux droits

La loi de base d'un pays est sa constitution. Elle peut être modifiée pour tenir compte de changements sociaux et technologiques ou de revendications particulières. Une modification à une loi se nomme un « amendement ». Après l'adoption de la Constitution américaine par le Congrès, certains États refusent de la signer. Ils veulent des garanties supplémentaires.

Le Congrès accepte d'amender la Constitution pour ajouter ces garanties. En 1789, il adopte 10 amendements rédigés par un représentant de la Virginie (qui deviendra le quatrième président des États-Unis), James Madison. Ces 10 premiers amendements de la Constitution américaine forment la Déclaration des droits (*Bill of Rights*). Ils établissent la liberté religieuse, la liberté d'expression et de rassemblement ainsi que le droit de posséder une arme. En 2015, la Constitution des États-Unis compte 27 amendements. Le dernier a été adopté en 1992.

1 Vrai ou faux ? Si l'énoncé est faux, récris-le brièvement pour qu'il soit vrai.

VRAI FAUX
○   ○
a) En déclarant leur indépendance, les Américains sont devenus immédiatement indépendants.

_____

_____

VRAI FAUX
○   ○
b) La guerre de l'Indépendance américaine prend fin officiellement avec la signature du traité de Versailles.

_____

_____

2 Le texte suivant résume la création de la Constitution américaine. Complète-le à l'aide des énoncés de l'encadré ci-dessous. Attention! Il y a deux intrus dans la liste.

> • délégués • Indépendance • constitution • fonctionnement
> • assemblée • 1787 • droits • loi fondamentale • 1776

Après la victoire de la guerre de l'_____ américaine, les Américains

doivent se doter d'une _____ . Une constitution est

la _____ d'un État. C'est cette loi qui détermine le régime

politique, le _____ du gouvernement et les principaux

_____ de la population. La forme que prendra le gouvernement

est déterminée par les _____ du Congrès américain.

La Constitution américaine est adoptée en _____ après

de longues négociations.

3 Parmi les énoncés suivants, encercle ceux qui sont en lien avec la Constitution américaine de 1787.

- Monarchie.
- République.
- *Habeas corpus.*
- Le président a un pouvoir absolu.
- Les esclaves sont des citoyens ordinaires.
- Des titres de noblesse sont parfois accordés.
- La Déclaration des droits (*Bill of Rights*).
- Aucun amendement à la Constitution n'est possible.

4 Sur la ligne du temps suivante, place en ordre chronologique les principaux événements qui ont permis aux Américains d'obtenir leur indépendance. Reporte sur la ligne du temps la lettre correspondant à chaque événement.

a) Le traité de Versailles officialise la création des États-Unis d'Amérique.

b) Le *Boston Tea Party.*

c) Le début du deuxième Congrès continental.

d) L'adoption de la déclaration d'Indépendance américaine.

e) La France apporte une aide militaire aux Américains.

f) L'adoption de la Constitution américaine.

g) Le premier Congrès continental.

h) La bataille de Yorktown, en Virginie.

i) L'adoption des 10 premiers amendements à la Constitution.

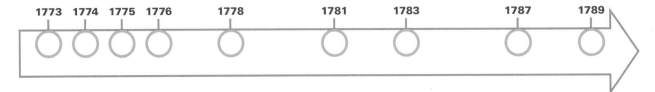

1773　1774　1775　1776　　1778　　　1781　　1783　　　　1787　　　1789

3 La Révolution française

3.26 Louis XVI, roi de France jusqu'en 1792

En 1792, des Français chassent le roi du pouvoir; ils abolissent la monarchie absolue et ils réclament des droits politiques, économiques et juridiques pour toute la population. Ils veulent créer une société basée sur les principes d'égalité entre les gens, de justice et de liberté. Comme les Américains, ces révolutionnaires parviennent à instaurer un nouveau régime politique: une république. Les rois d'Europe craignent la propagation de la Révolution et s'allient pour faire la guerre à la France.

Le gouvernement accorde des droits et des libertés au peuple, mais trois dérapages surviennent. Le gouvernement ne réussit pas à soulager la misère des pauvres, il persécute ceux qui le critiquent et, surtout, il ne respecte plus la séparation des pouvoirs entre trois autorités distinctes. Les mises à mort de ceux qui osent protester sont si nombreuses que le peuple se révolte à nouveau. Les gouvernants sont exécutés à leur tour. Dans l'instabilité politique qui règne, un général prend le pouvoir par la force en 1799. Il abolit la République, se proclame empereur en 1804 et réinstaure l'absolutisme. La première République française ne dure que 12 ans, de 1792 à 1804.

A La France d'avant la Révolution

Depuis 1682, la monarchie française est une monarchie absolue de droit divin. En 1774, à l'âge de 20 ans, Louis XVI devient roi de France. Il détient tous les pouvoirs. Il peut faire emprisonner les personnes qu'il veut aussi longtemps qu'il le veut. Plusieurs penseurs des Lumières sont d'ailleurs jetés en prison pour avoir critiqué l'absolutisme royal ou remis en question l'idée que le pouvoir du roi vient de Dieu.

3.27 Le château de Versailles

Situé près de Paris, le château de Versailles est le lieu de résidence de la famille royale. Le roi y vit entouré de sa cour, composée de nobles: marquis, ducs et comtes.

La hiérarchie sociale

La France d'avant la Révolution est une société très hiérarchisée qui se base sur le principe juridique de l'inégalité des droits. Le roi considère comme convenable que des individus aient des droits et des privilèges en raison de leur naissance. Le roi de France divise la population en trois groupes, appelés « ordres » : la noblesse, le clergé et le **tiers état**. Il lui arrive de consulter les représentants de chacun de ces ordres.

Le royaume compte un « parlement », mais il ne s'agit pas d'une institution politique comme c'est le cas en Angleterre. En France, le Parlement est uniquement responsable de la justice royale. Le roi est également entouré de gens qui gèrent les finances du royaume. Il dispose aussi d'une police pour maintenir la paix publique et réprimer les contestations.

Tiers état

Un des trois groupes que le roi de France pouvait consulter. Il est composé de tous ceux qui ne sont ni nobles ni membres du clergé.

Des conditions de vie difficiles

À la veille de la Révolution, en 1789, la France compte 26,3 millions d'habitants. À Paris seulement, la population atteint 600 000 personnes. À la campagne comme à la ville, la vie est difficile pour la majorité des gens. Une succession de mauvaises récoltes et une gestion inadéquate du prix des grains empêchent des milliers de personnes de manger à leur faim. Les salaires diminuent et le prix des produits augmente. Les sans-emploi et les mendiants sont de plus en plus nombreux dans les villes.

Important

3.28 La hiérarchie sociale en France avant la Révolution

LE ROI

Il détient tous les pouvoirs.

LA NOBLESSE

Les princes, les princesses, les ducs, les duchesses, les comtes, les comtesses, les vicomtes, les vicomtesses, les barons et les baronnes, dont certains vivent à la cour. Les juristes et les experts en finances issus de la bourgeoisie, à qui le roi accorde un titre de noblesse.

LE CLERGÉ

Le haut clergé, composé des évêques et des archevêques, issus de la noblesse ; et le bas clergé, constitué des prêtres et des curés.

LE TIERS ÉTAT

Tout le reste de la population, pauvres comme riches : les petits et les grands commerçants, les artisans, les membres des professions libérales (les médecins, les notaires, les juges), les ouvriers, les domestiques, les paysans, les pêcheurs, les marins, les mendiants, etc.

Plusieurs bourgeois sont aussi frappés par la crise économique. Pour survivre, certains d'entre eux tentent d'obtenir des postes d'officiers dans l'armée. Les tensions augmentent entre les membres du tiers état et les nobles. Les administrateurs du roi mettent en place diverses mesures pour régler la crise économique, mais sans succès.

Une guerre coûteuse pour la France

En 1763, après la guerre de Sept Ans, la France perd d'importants revenus lorsqu'elle doit céder au gouvernement britannique plusieurs colonies de son empire, comme la Nouvelle-France et des îles antillaises. Entre 1778 et 1781, les navires et les soldats qu'elle envoie pour aider les colons américains à combattre la Grande-Bretagne lui coûtent aussi très cher.

La tenue des États généraux

Depuis 1302, le roi peut aussi convoquer, pour leur demander conseil, des représentants de chacun des trois ordres de son État : noblesse, clergé et tiers état. On dit alors qu'il convoque les ordres à des « États généraux ». Cette convocation survient habituellement lors des périodes de crise. Le roi n'est toutefois pas obligé de suivre les recommandations qui sont faites pendant cette rencontre.

En janvier 1789, pour sortir de la crise, le roi convoque les États généraux. En février et mars, chacun des trois ordres élit des délégués et rédige une liste de recommandations, de revendications et de plaintes qui seront regroupées dans un *cahier de doléances*. Parmi les nobles figure le général La Fayette, qui a joué un rôle dans la guerre de l'Indépendance américaine. Parmi le tiers état, il y a un homme qui va bientôt donner des droits au peuple et exécuter ceux qui pensent différemment de lui : Maximilien de Robespierre.

Le 27 avril, environ deux semaines avant l'ouverture des États généraux, une émeute dans un quartier de Paris est violemment réprimée. Le climat social et politique est de plus en plus tendu. Les États généraux débutent le 5 mai. Étonnamment, le roi ne regroupe pas les délégués. Il installe les représentants des trois ordres dans trois salles différentes.

Doléances

Plaintes ou réclamations formulées contre une personne ou un gouvernement.

3.29 Les États généraux de 1789, à Versailles

1 a) Explique ce qui, en 1792, incite les Français à chasser le roi du pouvoir et à abolir la monarchie.

_____

_____

b) Quel type de régime politique les révolutionnaires réussissent-ils à instaurer ? _____

c) Pendant combien de temps ce régime politique durera-t-il ? _____

d) Explique brièvement ce qui a mis fin à ce régime. _____

_____

_____

2 Complète les phrases suivantes en ajoutant les mots manquants.

a) Avant la _____, le roi possède tous les pouvoirs.

b) La _____ est composée de princes et de princesses, de comtes et de comtesses, de vicomte et de vicomtesses, de barons et de baronnes.

c) Le _____ est composé du _____ (évêques et archevêques) et du _____ (prêtres et curés).

d) Le _____ est composé du reste de la population (petits et grands commerçants, artisans, juges, notaires, médecins, paysans, marins, ouvriers, domestiques, mendiants.

3 a) Quel est le nom du roi représenté ci-contre ?

_____

b) Sur quel pays règne-t-il ?

_____

c) Quel régime politique y a-t-il sous son règne ?

_____

_____

d) Quel rang occupe ce roi dans la hiérarchie sociale ?

_____

C'est une révolte ?

Non, Sire, c'est une révolution !

B Les débuts de la Révolution

Pendant les États généraux, le tiers état dénonce la tactique du roi de faire siéger les ordres dans des salles séparées. Le 6 mai 1789, le tiers état invite les autres ordres à joindre l'assemblée. Le 17 juin, les trois ordres réorientent le but de la rencontre. Ils ne cherchent plus à résoudre la crise économique, mais à changer la société. Pour cela, ils créent une **assemblée constituante**. Les députés jurent de ne pas sortir de la salle tant qu'ils n'auront pas élaboré une constitution. Il doivent décider de la répartition des pouvoirs, choisir les institutions et rédiger les principales lois.

Assemblée constituante

Assemblée de représentants du peuple ayant pour mandat de rédiger une constitution.

Comme cela s'est produit au début de la révolution américaine, la majorité des députés veulent rester fidèles à la monarchie. D'autres croient qu'il est possible de concrétiser, comme cela s'est fait aux États-Unis, les idées de liberté et d'égalité des droits défendues par les Lumières.

Droits inaliénables

Droits qui ne peuvent être enlevés ou cédés.

Citoyen

Personne habitant un pays à qui la loi accorde des droits juridiques, politiques ou économiques, et qui en retour a certains devoirs.

Les droits des citoyens

Les représentants élus pour les États généraux affirment que l'individu a des droits naturels, et que ces droits sont **inaliénables**. Le 26 août 1789, l'Assemblée constituante adopte la *Déclaration des droits de l'homme et du citoyen*. Le droit de vote est accordé à tous les hommes. Les **citoyens** deviennent tous égaux devant la loi, peu importe s'ils sont riches ou pauvres. La liberté d'expression et de rassemblement est établie.

La prise de la Bastille

Pendant que les délégués rédigent une constitution, le roi congédie son intendant des finances, très apprécié du peuple, puis il envoie des troupes de soldats à Paris. Des Parisiens croient alors que le roi veut mettre fin par la force à l'Assemblée constituante. Des accrochages avec les soldats surviennent. Un comité de défense s'installe à l'Hôtel de Ville et une milice de volontaires est créée pour défendre l'Assemblée. C'est très important car le roi envoyait tout ce qu'il n'aimait pas.

3.30 La prise de la Bastille, à Paris, le 14 juillet 1789

Prison

Le 14 juillet 1789, les miliciens demandent des armes au gouverneur de la Bastille, une prison royale. Celui-ci refuse et fait ouvrir le feu sur la foule rassemblée près de la prison. Une centaine de personnes sont tuées. Les miliciens approchent des canons de la Bastille. Le gouverneur rend les armes, puis est exécuté.

Une nouvelle constitution

Garde nationale

Milice composée de simples citoyens armés.

Monarchie constitutionnelle

Régime politique dans lequel un roi ou un monarque gouverne tout en se conformant à une constitution qui limite ses pouvoirs.

Après l'émeute de la Bastille, l'Assemblée constituante se donne une force de l'ordre en confiant le commandement de la **garde nationale** au général La Fayette. Le 4 août 1789, elle abolit les privilèges de la noblesse. Elle supprime aussi les ordres religieux.

La Constitution est adoptée le 3 septembre 1791. Les Français ne sont plus soumis à une monarchie absolue, car l'Assemblée constituante a retiré des pouvoirs au roi. Un nouveau type de monarchie est instauré : la **monarchie constitutionnelle**. Désormais, le roi doit gouverner selon les lois établies dans la Constitution.

3.31 Le général de La Fayette, commandant de la garde nationale

Avant la Révolution française, il joue un rôle important dans la guerre d'Indépendance des États-Unis.

Plus d'équité et d'égalité

La Constitution établit un système d'impôt plus équitable, qui tient compte des revenus. Un travail doit être attribué selon le talent et non selon la richesse. La Constitution garantit aussi le droit de propriété aux citoyens. Les biens de l'Église appartiennent désormais à l'État et ce sont les citoyens qui nomment les curés. Le gouvernement a maintenant le devoir de créer une institution de secours publics pour recueillir les enfants abandonnés ou orphelins, trouver du travail aux pauvres et aider les personnes handicapées. L'éducation de base est gratuite pour tous.

La séparation des pouvoirs

La Constitution prévoit la séparation des pouvoirs. Le pouvoir judiciaire est détenu par des juges élus par les citoyens. Le pouvoir de faire des lois revient à une nouvelle institution, l'*Assemblée législative*. Créée le 3 septembre 1791, celle-ci comprend des députés élus par l'ensemble des citoyens de sexe masculin. Le roi conserve le pouvoir exécutif. Il peut annuler les lois de l'Assemblée, mais il ne peut abolir l'Assemblée.

1 Place en ordre chronologique les événements suivants sur la ligne du temps. Inscris la lettre correspondant à chaque événement à la date précise où il s'est déroulé.

a) L'Assemblée constituante adopte la Déclaration des droits de l'homme et du citoyen.

b) Le tiers état invite les autres ordres à se joindre à lui pendant les États généraux.

c) La Constitution est adoptée et l'Assemblée constituante a retiré des pouvoirs au roi.

d) Les trois ordres créent une Assemblée constituante qui a pour but de rédiger une constitution.

e) L'Assemblée constituante abolit les privilèges de la noblesse.

f) Des miliciens ouvrent le feu à la Bastille.

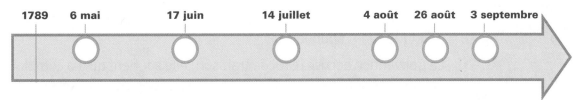

2 a) Une bataille décisive de la Révolution française a lieu à la Bastille. Nomme les deux groupes qui s'affrontent à cet endroit.

_____

_____

b) À quelle date et dans quelle ville cet événement se déroule-t-il ?

_____

3 Indique, pour chacun des énoncés présentés dans le tableau, s'il décrit une monarchie absolue ou une monarchie constitutionnelle.

	Monarchie absolue	Monarchie constitutionnelle
Il y a séparation des pouvoirs entre l'Assemblée législative et le roi.		
Le roi gouverne d'après les lois en vigueur dans la Constitution.		
L'Assemblée législative a le pouvoir de faire les lois.		
Le roi détient tous les pouvoirs.		
Le roi peut annuler les lois votées par l'Assemblée législative.		
Le pouvoir du roi vient de Dieu.		

4 Nomme trois droits que les citoyens français obtiennent avec la nouvelle Constitution.

_____   _____   _____

C La naissance de la République

Le 14 septembre 1791, le roi Louis XVI jure fidélité à la nouvelle Constitution. Le lien de confiance entre l'Assemblée législative et le roi est cependant affaibli, car le roi a tenté de fuir la France, trois mois plus tôt, pendant la rédaction de la Constitution. La situation économique ne s'améliore pas et la révolte contre le roi grandit. Le 20 juin 1792, les Parisiens déclenchent une émeute. Le 10 août, l'Assemblée législative emprisonne le roi et sa famille.

L'abolition de la monarchie et la mise à mort du roi

Le 21 septembre 1792, le pouvoir est détenu par une assemblée de députés, la *Convention*. Celle-ci abolit la monarchie et amène un nouveau régime politique : une république.

3.32 Le roi Louis XVI en route vers la guillotine

La Convention accuse le roi de trahison ; elle soutient qu'il a comploté pour reprendre ses pouvoirs. À ce moment, la séparation des pouvoirs n'existe plus au gouvernement. Les personnes qui font les lois, les députés, sont les mêmes qui rendent la justice. Un des députés veut que le roi soit tué sur-le-champ, mais la Convention décide de lui faire un procès, qui débute le 3 décembre 1792. Le 17 janvier 1793, le roi est déclaré coupable. Le 21 janvier, Louis XVI est guillotiné sur la place publique.

Le Comité de salut public

En avril 1793, Robespierre et d'autres députés de l'Assemblée législative créent le Tribunal révolutionnaire et le Comité de salut public dans le but de renforcer l'autorité du gouvernement révolutionnaire. C'est le Comité de salut public qui prend désormais les décisions, mais il doit en rendre compte à la Convention.

D'abord composé de 6 membres, puis de 12, le Comité est surtout mené par 3 personnes qui agissent en **tyrans** : Maximilien de Robespierre, Louis Antoine de Saint-Just et Georges Couthon.

Tyran

Personne qui exerce son pouvoir de façon absolue, en utilisant la force.

D La Grande Terreur

Le 26 mai 1793, Robespierre appelle la population à prendre d'assaut la Convention pour chasser les députés qu'il qualifie de « corrompus » et les faire exécuter. Le 2 juin 1793, 80 000 Parisiens, la plupart armés, entrent dans la salle où siègent les députés de la Convention. Parmi eux se trouvent de nombreux **sans-culottes**, les défenseurs les plus agressifs de la Révolution.

Sans-culottes

Révolutionnaires qui refusent de porter la culotte (qui couvre de la ceinture aux genoux), la considérant comme un symbole du régime monarchique. Leur participation à la Révolution pendant la période de la Grande Terreur est importante.

Sous la menace des armes, la Convention est forcée de porter des accusations contre 29 députés présumés corrompus. La plupart d'entre eux seront guillotinés. Cette mise à mort marque le début de la période de la *Grande Terreur*. Au cours des 13 mois qui suivent, le Comité de salut public multiplie les arrestations et les exécutions. Il vise surtout les nobles, les prêtres et les officiers de l'armée soupçonnés de comploter pour restaurer la monarchie. Environ 17 000 personnes sont exécutées après avoir subi un procès du Tribunal révolutionnaire ; 25 000 autres le sont sans procès.

E La fin de la République

La Révolution française a amené le début d'un premier élément de démocratie : le droit de vote pour tous les hommes, peu importe leur richesse. Mais le gouvernement de la République fait régner la terreur et dirige le pays de façon tyrannique. Le Comité de salut public perd l'appui du peuple, car il n'a pas de politique économique pour soulager la pauvreté.

Un gouvernement guillotiné

Les citoyens n'appuient plus le gouvernement de Robespierre. Ils dénoncent son incapacité à redresser l'économie. Le 27 juillet 1794, Robespierre et ses partisans sont arrêtés dans la salle où siège la Convention. Le lendemain, Robespierre, Saint-Just, Couthon et 19 autres partisans de la Terreur sont guillotinés. La Convention fera place au Directoire, composé majoritairement de bourgeois. La République survivra encore 10 ans.

La fin de la Première République

Après l'exécution des partisans de la Terreur, l'instabilité politique règne. Le Directoire ne parvient pas à rétablir la situation économique, ce qui pave la voie au coup d'État mené par le général français Napoléon Bonaparte. Ce dernier, vainqueur de nombreuses batailles dans les guerres opposant l'armée de la France républicaine à plusieurs royaumes d'Europe, s'approprie le pouvoir par la force le 9 septembre 1799. Il prend, en 1804, le titre d'empereur et se lance dans la conquête de l'Europe. Il règne en dictateur et réintroduit les titres de noblesse.

3.33 La fin de la Grande Terreur

À l'été 1794, Maximilien de Robespierre, Louis Antoine de Saint-Just et Georges Couthon sont amenés vers la guillotine avec d'autres partisans de la Grande Terreur.

---

1 Replace dans l'ordre les événements suivants en inscrivant dans les cercles les chiffres 1 à 6. (1 correspond à l'événement le plus ancien et 6, au plus récent.)

◯ Le roi Louis XVI est guillotiné.

◯ L'Assemblée législative emprisonne le roi et sa famille.

◯ Le roi jure fidélité à la nouvelle Constitution.

◯ La Convention abolit la monarchie.

◯ Le roi est accusé de trahison ; il subit un procès et est déclaré coupable.

◯ La création du Tribunal révolutionnaire et du Comité de salut public.

2 Qui suis-je ?

a) Je crains le retour de la monarchie et veux éliminer ceux qui ne partagent pas ma vision de la Révolution. Je serai guillotiné pour avoir fait régner la terreur.

_____

b) Je profite de l'instabilité politique de la France pour prendre le pouvoir par la force. Je suis un héros de guerre. Je me donnerai le titre d'empereur.

_____

Film Oliver Twist :
- Les enfants ont les mêmes conséquences des adultes
- Ils y avaient pas de status, le parent peut faire tout ce qu'il veut avec l'enfant. Pas de status juridique.
- La classe moyenne existe seulement après la révolution industrielle.

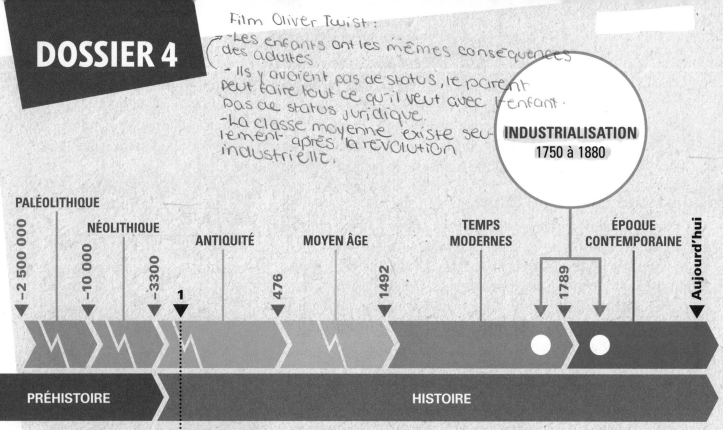

INDUSTRIALISATION
1750 à 1880

PALÉOLITHIQUE

NÉOLITHIQUE

ANTIQUITÉ

MOYEN ÂGE

TEMPS MODERNES

ÉPOQUE CONTEMPORAINE

Aujourd'hui

− 2 500 000 − 10 000 − 3300 1 476 1492 1789

PRÉHISTOIRE

HISTOIRE

Début de notre ère
(naissance de Jésus-Christ)

L'industrialisation

Vers la fin des années 1700, une série d'inventions liées à la production d'énergie transforme pour toujours la vie des êtres humains. Comme l'avaient fait l'invention de l'agriculture puis celle de l'écriture, les « machines à produire de l'énergie » changent le cours de l'histoire. Elles entraînent une véritable « révolution » industrielle. Les méthodes de production sont totalement transformées. De nouveaux moyens de transport apparaissent.

Pourquoi cette révolution commence-t-elle en Grande-Bretagne ? Pour quelles raisons donne-t-elle naissance à un nouveau système économique ? Quels changements provoque-t-elle entre les groupes sociaux ? Pourquoi les ouvriers réclament-ils de nouvelles lois ?

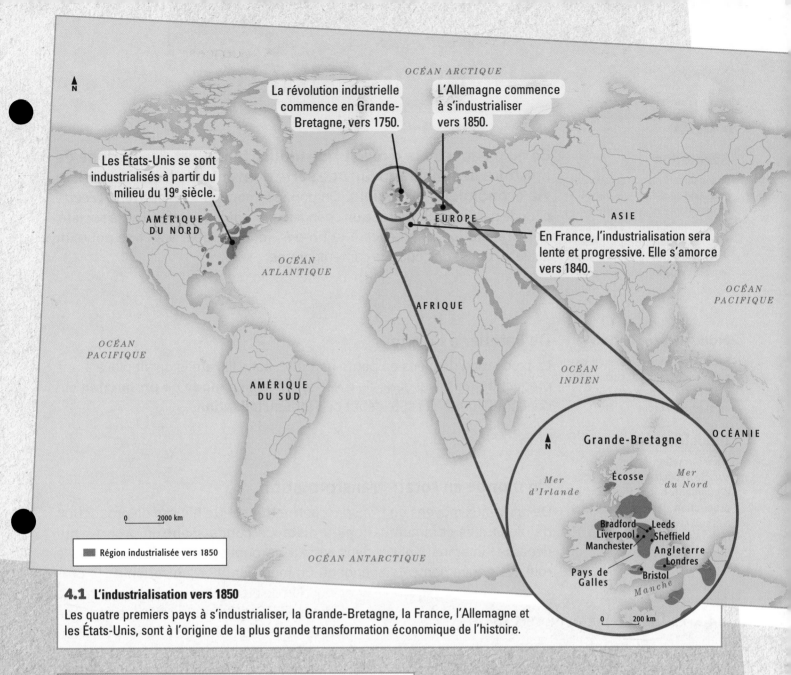

La révolution industrielle commence en Grande-Bretagne, vers 1750.

L'Allemagne commence à s'industrialiser vers 1850.

Les États-Unis se sont industrialisés à partir du milieu du 19ᵉ siècle.

En France, l'industrialisation sera lente et progressive. Elle s'amorce vers 1840.

OCÉAN ARCTIQUE

AMÉRIQUE DU NORD

OCÉAN ATLANTIQUE

EUROPE

ASIE

AFRIQUE

OCÉAN PACIFIQUE

OCÉAN PACIFIQUE

AMÉRIQUE DU SUD

OCÉAN INDIEN

OCÉANIE

OCÉAN ANTARCTIQUE

0 — 2000 km

▪ Région industrialisée vers 1850

Grande-Bretagne

Mer d'Irlande

Écosse

Mer du Nord

Bradford — Leeds
Liverpool — Sheffield
Manchester
Angleterre
Londres
Pays de Galles
Bristol

Manche

0 — 200 km

4.1 L'industrialisation vers 1850

Les quatre premiers pays à s'industrialiser, la Grande-Bretagne, la France, l'Allemagne et les États-Unis, sont à l'origine de la plus grande transformation économique de l'histoire.

4.2 La machine à vapeur, une source d'énergie puissante

Pour la première fois dans l'histoire, une source d'énergie autre que la force musculaire des êtres humains ou des animaux, ou que la puissance du vent et de l'eau, permet la production de biens.

? Selon toi, quels éléments de cette image indiquent que la scène se passe pendant la révolution industrielle ?

sommaire

chapitre 1:
- Les innovations et les inventions
- le contexte socio-économique de la Grande-Bretagne

1 La révolution industrielle

Révolution

Changement brusque qui survient dans une société lorsqu'un nouveau régime est institué à la suite d'une révolte. Dans l'expression « révolution industrielle », *révolution* signifie que la société subit une profonde transformation.

Ce qu'on appelle la « **révolution industrielle** » **est une période de l'histoire pendant laquelle une série d'inventions transforment la vie économique et sociale.** On donne le nom de « **révolution** » à cette période parce qu'elle marque un changement rapide et profond de la société. Cette révolution commence à la fin des Temps modernes et se poursuit jusqu'au début de l'Époque contemporaine.

Mode de production

Façon dont une société s'organise pour produire des biens, les répartir entre ses membres, tout en assurant l'ordre social.

Industrialisation

Transformation économique et sociale découlant de la capacité d'augmenter massivement la production des biens grâce à des sources d'énergie autres que la force musculaire des êtres humains ou des animaux.

De l'atelier à l'usine

La production de biens en petite quantité, dans les ateliers, fait place à une production massive, dans de grosses usines. Le **mode de production** est donc transformé. C'est le début de l'**industrialisation**.

Un monde en totale transformation

De nouveaux moyens de transport permettent cette hausse de production de biens. Les communications à distance connaissent un progrès qui dépasse l'imagination. Les liens entre les groupes sociaux de même que le rôle des gouvernements changent. En modifiant l'organisation de la production de biens, la révolution industrielle donne lieu à deux autres révolutions : une révolution économique et une révolution sociale. La révolution industrielle débute en Grande-Bretagne, puis se propage ailleurs en Europe, en Amérique et en Asie.

4.3 La Grande-Bretagne vers 1840

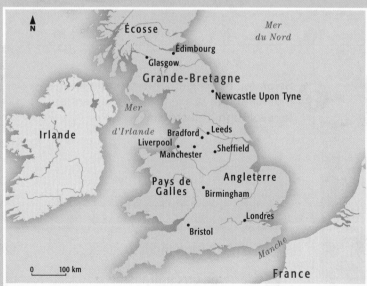

Au cours du 19e siècle, la Grande-Bretagne compte plusieurs centres de production industrielle ou d'extraction des sources d'énergie permettant d'alimenter les usines.

4.4 Un territoire en transformation

Différents noms pour différents territoires	
15ᵉ siècle	Le royaume d'Angleterre.
16ᵉ siècle	Le royaume d'Angleterre et le pays de Galles sont réunis.
18ᵉ siècle	L'Angleterre, le pays de Galles et l'Écosse forment la Grande-Bretagne.
19ᵉ siècle	L'Angleterre, le pays de Galles, l'Écosse et l'Irlande forment le Royaume-Uni.
Aujourd'hui	L'Angleterre, le pays de Galles, l'Écosse et l'Irlande du Nord forment le Royaume-Uni de Grande-Bretagne et l'Irlande du Nord.

1 Qu'est-ce que la révolution industrielle?

La révolution industrielle est une période de l'histoire où une série d'inventions transforment la vie économique et sociale.

2 Indique trois changements profonds survenus au cours de la révolution industrielle qui prouvent que cette période constitue une véritable révolution.

- De nouveaux moyens de transport

- Les communications à distance.

- Les liens entre les groupes sociaux de même que le rôle des gouvernements changent.

3 Énumère dans l'ordre les continents où s'est propagée la révolution industrielle.

Europe, Amérique, et en Asie

4 Quel est le nom du territoire sur la carte suivante?

La Grande-Bretagne

A   Les grandes inventions

Depuis le Siècle des lumières jusqu'au 19e siècle, la recherche scientifique est encouragée. Les découvertes scientifiques importantes se multiplient à une vitesse folle. En quelques années, tout est transformé : on produit des biens, on se déplace et on communique d'une nouvelle façon. Certains chercheurs, comme Watt, Volta, Ampère, Faraday et Morse, font des découvertes importantes.

4.5   Une machine à vapeur

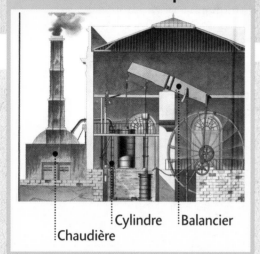

Chaudière — Cylindre — Balancier

La machine à vapeur

En 1769, l'ingénieur britannique James Watt invente un appareil qui transforme l'énergie thermique, la chaleur, en énergie mécanique : la machine à vapeur. Cette invention change la façon de produire des biens et va modifier l'organisation économique et sociale du monde. Jusqu'alors, les seules formes d'énergie disponibles pour actionner des mécanismes étaient la force humaine ou animale, le vent et l'eau. *Récipient où l'on transforme de l'eau en vapeur pour avoir de l'énergie thermique*

Pour actionner une machine à vapeur, on chauffe de l'eau dans une **chaudière**. La vapeur produite est libérée par un tuyau et s'accumule dans un cylindre. La pression qu'exerce la vapeur dans le cylindre actionne un balancier qui, à son tour, actionne un mécanisme. Pour chauffer l'eau des chaudières, on utilise du charbon, un minerai qu'on doit extraire de mines qui sont abondantes en Grande-Bretagne.

Chaudière

Immense récipient dans lequel on fait bouillir de l'eau pour produire de la vapeur qui servira à actionner des machines.

La locomotive à vapeur

L'invention de James Watt permet à un autre ingénieur britannique, George Stephenson, de construire une des premières locomotives à vapeur, en 1814. Peu après, le Royaume-Uni se couvre de lignes de chemin de fer, des voies ferrées qui permettent la circulation des locomotives. À ses débuts, la locomotive à vapeur atteint une vitesse de 30 kilomètres à l'heure, ce qui est très rapide pour l'époque. La locomotive de Stephenson est d'ailleurs appelée « la fusée » (*The Rocket*, en anglais).

4.6   Une locomotive à vapeur

Puis des améliorations techniques permettent l'augmentation de la vitesse du train, qui devient un des principaux moyens de transport de marchandises comme le charbon et le fer. Les entreprises industrielles utilisent ce nouveau mode de transport pour livrer leurs produits. Les réseaux ferroviaires deviennent l'un des supports les plus importants de l'industrialisation.

4.7 Un bateau à vapeur

4.8 La *mule-jenny*

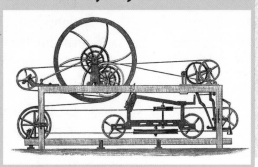

Le bateau à vapeur

En 1807, grâce aux adaptations de l'inventeur américain Robert Fulton, la machine à vapeur est utilisée dans le domaine de la navigation. On ajoute alors un moteur à vapeur aux bateaux à voiles. À partir de 1870, le bateau à vapeur se taille une place importante dans le transport des personnes et des marchandises. Les marchands et les industriels l'utilisent pour accélérer la livraison de leurs produits et leur approvisionnement en matières premières.

Avant l'invention du bateau à vapeur, par manque de vent, les bateaux à voiles qui transportent les marchandises peuvent passer des jours ou des semaines sans avancer. Dans l'attente du vent pour faire avancer le bateau, les propriétaires des navires doivent payer les salaires et nourrir l'équipage. Parfois, des cargaisons de nourriture sont perdues. Les pertes de profits des marchands peuvent être considérables.

Mécanisation

Passage d'un mode de fabrication manuel à un mode de fabrication à la machine.

Tissage

Opération qui consiste à entre-croiser des fils en largeur et en longueur pour faire du tissu.

Métallurgie

Ensemble des techniques de création de métaux à partir de minerais extraits de la terre.

La *mule-jenny*

Le textile est l'un des secteurs d'activité qui subit une profonde transformation avec l'industrialisation. Depuis le Moyen Âge, la fabrication du fil et du tissu est réalisée à la main. L'invention de Samuel Crompton, la *mule-jenny*, une machine munie d'un moteur à vapeur qui sert à fabriquer le fil de coton, permet la **mécanisation** de la fabrication du tissu ou **tissage**.

l'action de tisser entrelacer des fils textiles pour produire des étoffes ou tissus

4.9 Une fonderie qui produit de gros objets en acier

L'acier

En 1855, le Britannique Henry Bessemer met au point une méthode de fabrication de l'acier, un métal résistant et malléable produit avec du fer et du carbone. Jusqu'alors, l'acier coûtait cher, car il était difficile à produire. Grâce à son invention, Bessemer rend possible la production industrielle de cet alliage.

L'acier entre dans la fabrication d'un grand nombre de produits, notamment les nouvelles machines mues par la vapeur d'eau et l'automobile (1886). Cette innovation dans le domaine de la **métallurgie** donne un élan au développement industriel et fait en sorte que ce secteur d'activité économique subit de grandes transformations.

L'automobile

Dès 1849, les industries profitent d'un réseau routier amélioré grâce à l'invention de l'ingénieur britannique John Loudon McAdam : le **macadam**. Auparavant, les approvisionnements étaient retardés de plusieurs jours lorsque la pluie endommageait les chemins et que la boue empêchait les chevaux de tirer charrettes et chariots pour le transport des marchandises.

En 1876 apparaît le moteur à combustion interne, aussi appelé « moteur à explosion ». Cette innovation de l'ingénieur allemand Nikolaus Otto débouche, une dizaine d'années plus tard, sur l'une des grandes inventions du 19e siècle : l'automobile. L'usage de l'automobile provoque l'essor du transport des marchandises et des personnes.

L'ampoule électrique

En 1879, une autre invention stimule l'activité industrielle : l'ampoule électrique. Cette découverte de l'Américain Thomas Edison rend possible le travail de nuit dans les usines. Désormais, le travail peut donc s'effectuer 24 heures sur 24. Cet horaire permet aux propriétaires d'entreprises d'augmenter leur production et, par conséquent, leurs profits.

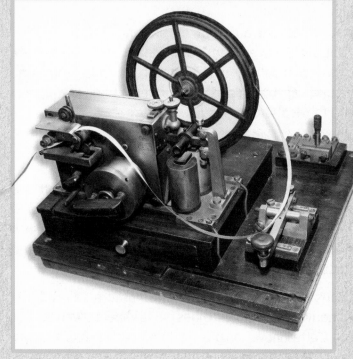

4.10 Un télégraphe électrique

La communication à distance

La communication à distance connaît sa plus grande révolution au 19e siècle : la transmission et la réception d'un message se font simultanément. Jusqu'alors, la seule manière de communiquer avec une personne se trouvant dans une autre ville était de lui envoyer un messager à cheval ou d'utiliser les services postaux (diligence ou train).

En 1837, l'Américain Samuel Morse met au point le télégraphe électrique, au moyen duquel l'information peut voyager dans un câble. On transmet des impulsions sur une ligne électrique selon un code inventé par Morse. À l'autre bout de la ligne, le code s'inscrit sur une bande de papier. Chaque type d'impulsion correspond à une lettre ou à un chiffre.

En 1876, la communication à distance franchit une autre étape : le Canadien d'origine britannique Alexander Graham Bell invente le téléphone.

1 Quelle invention importante est à l'origine de la révolution industrielle parce qu'elle transforme complètement la façon de produire des biens ?

La machine à vapeur

2 Nomme trois inventions qui utilisent la machine à vapeur comme source d'énergie et qui vont révolutionner les domaines du transport et du textile.

- _La locomotive à vapeur._
- _Le bateau à vapeur_
- _La mule-jenny_

3 Explique comment la locomotive à vapeur et les réseaux ferroviaires servent de supports au développement de l'industrialisation en Grande-Bretagne.

La locomotive à vapeur et les réseaux ferroviaires servent de supports au développement de l'industrialisation en Grande-Bretagne permettent l'augmentation des nouveaux moyens de transport.

4 Complète le schéma ci-dessous.

Le fonctionnement de la machine à vapeur

L'eau est chauffée dans une _chaudière_.	La vapeur produite passe par un _tuyau_,	puis va s'accumuler dans un _cylindre_.

La pression de la vapeur dans le cylindre entraîne le mouvement d'un balancier qui actionne un _mécanisme_.

5 Associe les inventeurs suivants à leur invention.

- James Watt
- Samuel Crompton
- George Stephenson
- Thomas Edison

a) La machine à vapeur : _James Watt_

b) La *mule-jenny* : _Samuel Crompton_

c) L'ampoule électrique : _Thomas Edison_

d) La locomotive à vapeur : _George Stephenson_

6 Trouve les mots qui correspondent aux définitions suivantes, puis reporte-les dans les cases vides. Reporte ensuite les lettres numérotées à l'endroit approprié pour découvrir le mot mystère.

a) Métal résistant et malléable, produit avec du fer et du carbone.

12

b) Découverte qui rend possible le travail en usine 24 heures sur 24.

1   9   13   4

c) Alphabet utilisé en télégraphie dans lequel chaque lettre et chaque chiffre correspondent à une impulsion différente.

3   15

d) Mélange de pierres et de sable utilisé pour revêtir les routes.

10

e) Appareil qui transforme l'énergie thermique en énergie mécanique.

14   7   11

f) Au 19e siècle, principal moyen de transport de marchandises lourdes par voie terrestre.

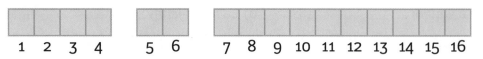

6   16   5   8

g) Combustible qui sert à chauffer l'eau de la chaudière dans la machine à vapeur.

2

MOT MYSTÈRE :

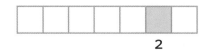

1   2   3   4   5   6   7   8   9   10 11 12 13 14 15 16

B Pourquoi la Grande-Bretagne?

Ce n'est pas un hasard si la révolution industrielle est déclenchée en Grande-Bretagne: ce pays réunit plusieurs facteurs essentiels à l'industrialisation.

Le soutien de la recherche scientifique et technique

En 1660, des chercheurs britanniques créent la Société royale de Londres, un institut de recherche scientifique et technique. Soutenue financièrement par le gouvernement, celle-ci étudie tous les domaines de la science : biologie, médecine, physique, chimie, astronomie, ingénierie, etc. Le savoir qui émerge de ses recherches améliore les outils de production industriels, les moyens de transport et l'équipement militaire.

La bourgeoisie au gouvernement

En 1688, l'Angleterre vit une révolution qui va façonner la modernité politique. Pour la première fois dans le monde, un Parlement formé de personnes élues impose sa suprématie sur le pouvoir du roi. Par suite de cette révolution dite «glorieuse», la bourgeoisie marchande prend beaucoup de place au Parlement. Elle amène le gouvernement à investir de façon à favoriser le développement commercial. C'est ainsi que l'Angleterre s'engage, bien avant la révolution industrielle, dans le financement de la recherche technologique avec la Société royale de Londres. L'État est aussi amené à financer la construction d'un vaste réseau de canaux.

pâturage : espace à base de prairies naturelles dont les herbes et les plantes sont consommées sur place par les animaux ou omnivores

La pratique de l'*enclosure*

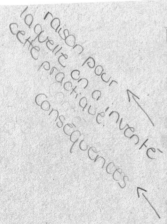

raison pour laquelle on a inventé cette pratique.

Conséquences

Une portion des domaines des propriétaires terriens est considérée comme une zone commune où tous les paysans locataires bûchent leur bois et font paître leurs bêtes. Mais lorsque la laine fait l'objet d'une forte demande de la part des manufacturiers de tissus, les grands propriétaires souhaitent tirer profit de la situation. Pour élever plus de moutons, ils interdisent l'accès aux forêts et aux pâturages communs en les clôturant. Cette pratique porte le nom d'*enclosure*, mot anglais signifiant «clôture». *(C'est quoi)*

Les paysans dont la terre ne comporte pas de pâturages doivent abandonner l'élevage. Ils perdent non seulement une partie de leur nourriture, mais aussi des revenus provenant de la vente des cuirs, de la laine, du **suif**, de la viande et du lait. La pratique de l'*enclosure* pousse des centaines de milliers de paysans à chercher du travail en ville.

Suif

Gras qu'on prélève sur des animaux abattus en vue d'en faire un carburant pour l'éclairage.

La politique des *clearances*

La pratique de l'*enclosure* est particulièrement dramatique dans le nord de la Grande-Bretagne, en Écosse, où les grands propriétaires terriens expulsent des paysans de leur maison. Cette politique prend le nom de *clearances*, qui signifie « déblaiements ». Les paysans sont repoussés vers les côtes où ils doivent vivre de la pêche. Beaucoup sont déportés dans les colonies britanniques. Des milliers d'autres vont dans les villes grossir la masse des chômeurs.

C'est quoi

conséquences

Une main-d'œuvre abondante

Exode rural

Déplacement massif des habitants des campagnes vers les villes.

Urbanisation

Multiplication des villes et augmentation croissante du nombre d'habitants dans les villes.

Cet **exode rural** entraîne l'**urbanisation** du pays. Mais les gens ne trouvent pas tous du travail en ville. Beaucoup sont obligés de mendier pour se nourrir. Les usines peuvent compter sur une main-d'œuvre abondante. À mesure que les industries se multiplient, l'exode des paysans se poursuit. L'augmentation de la population urbaine, en amplifiant sa concentration, favorise la transmission des maladies. Cela joue un rôle dans les progrès de la médecine. Ainsi, en 1796, Edward Jenner, médecin britannique, met au point un vaccin contre une maladie épidémique, la variole.

4.11 L'urbanisation transforme le paysage

Une production agricole suffisante

Même si les paysans quittent en masse la campagne, la production agricole permet de nourrir la population croissante des villes. Plusieurs facteurs expliquent cette situation, dont l'efficacité des nouvelles machines agricoles et le rendement élevé des semences provenant des colonies. L'abandon de la **jachère** est un autre facteur déterminant. Les sols jusque-là laissés au repos servent désormais à la culture des plantes **fourragères**. Ces plantes tirent peu de minéraux du sol et n'appauvrissent donc pas les terres.

Jachère

État d'une terre habituellement cultivée qu'on laisse au repos en n'y plantant rien afin qu'elle refasse ses minéraux.

Fourragère

Qui sert à nourrir le bétail.

Les colonies : des ressources naturelles et un vaste marché

Le fait que le Royaume-Uni règne sur un empire procure des avantages à ses industries. Les entreprises de la métropole profitent à peu de frais des ressources naturelles des colonies, et ces dernières sont obligées d'acheter une grande partie de leurs produits de ces entreprises. Il arrive même que des industries métropolitaines réorientent l'économie des colonies. C'est ce qui se produit en Inde.

4.12 Une semeuse mécanique

Le cas de l'Inde

Pendant des années, les Britanniques achètent des tissus de coton fabriqués en Inde. Celle-ci exploite alors de nombreuses terres agricoles pour son alimentation et la culture du coton. Vers 1830, le Royaume-Uni commence à importer de sa colonie du coton brut pour alimenter ses filatures qui fabriquent le tissu. Les industries de la métropole obtiennent le coton brut à bon prix. Le coût de production des tissus est si peu élevé et la productivité si grande qu'elles vendent leurs produits sur le marché indien moins cher que les tisserands locaux. Ces artisans indiens perdent leur emploi par milliers.

Pour répondre à la demande croissante des industries de la métropole, la colonie multiplie ses plantations de coton et réduit l'espace réservé à la culture d'aliments. Au fil des ans, les Indiens doivent importer de plus en plus de nourriture, à des prix supérieurs à ceux qu'ils auraient payés si elle avait été produite en Inde.

4.13 Des ballots de coton brut en Inde

Un transport maritime efficace

Les usines qui utilisent la technologie de la vapeur n'ont pas de difficulté à s'approvisionner en charbon. Le réseau de canaux développé dès les années 1700 facilite cet approvisionnement tout en servant pour la livraison des produits. Les industriels peuvent aussi compter sur une importante marine marchande. Lorsque la production commence à croître, ils utilisent cette flotte pour l'exportation de leurs produits. Par ailleurs, les nombreuses guerres que la Grande-Bretagne livre pendant la révolution industrielle stimulent l'industrie navale. La demande de navires de guerre munis de coques en acier et de moteurs à vapeur augmente.

Bourse

Marché public où des épargnants, appelés « actionnaires », achètent ou vendent des parts dans des entreprises privées. Ce faisant, ils acceptent de partager les profits ou les pertes de ces entreprises en proportion de leurs investissements.

La présence de capitaux

Les bourgeois britanniques désireux de créer des entreprises industrielles ont rarement tout l'argent nécessaire. Pour obtenir de l'aide financière, ils s'appuient sur deux institutions : la banque et la **Bourse**. Plus un homme d'affaires est fortuné ou plus son projet est susceptible de générer des profits, plus les investisseurs le soutiennent. La création de la Bourse de Londres, en 1801, est l'un des principaux facteurs du développement industriel accéléré au Royaume-Uni.

4.14 La Bourse de Londres, en 1847

En 1847, des investisseurs surestiment la valeur des compagnies de chemin de fer. Il en résulte un **krach boursier**. Cet effondrement des valeurs boursières provoque une crise du système bancaire et la **faillite** de nombreuses entreprises.

Krach boursier

Effondrement rapide de la valeur attribuée à la plupart des entreprises inscrites à la Bourse.

Faillite

Situation d'une entreprise qui n'est plus en état de payer ses fournisseurs ou ses employés, ni de rembourser les personnes qui lui ont prêté de l'argent.

1 Observe l'illustration ci-dessous, qui représente des facteurs essentiels à l'industrialisation. Indique cinq de ces facteurs.

- <u>Les mines</u>
- <u>Les trains</u>
- <u>La ville</u>
- <u>L'argent</u>
- <u>La production</u>

2 Qui ou que suis-je?

a) Organisation créée en 1660 pour promouvoir la recherche scientifique et technique.

<u>La société royale de Londres</u>

b) Par suite de la révolution dite «glorieuse», elle prend beaucoup de place au Parlement.

<u>La bourgeoisie marchande</u>

c) Pratique par laquelle les grands propriétaires terriens, pour augmenter le rendement de leurs terres, s'approprient les forêts et les pâturages communs en les clôturant.

<u>d'enclosure</u>

d) Phénomène se traduisant par une augmentation croissante de la population des villes.

<u>Urbanisation</u>

e) Deux institutions qui permettent aux bourgeois britanniques d'obtenir de l'aide financière pour créer des entreprises industrielles.

<u>La banque et la bourse</u>

3 Complète le schéma suivant. Il illustre des phénomènes qui ont bouleversé les populations des campagnes et des villes en Grande-Bretagne.

PRATIQUE DE L'*ENCLOSURE*
Qu'est-ce que c'est ?

Pour élever plus de moutons, ils interdissent l'accès aux forêts et aux pâturages communs en les clôturant.

POLITIQUE DES *CLEARANCES*
Qu'est-ce que c'est ?

Les grands propriétaires terriens expulsent des paysans de leur maison.

PRODUCTION AGRICOLE ACCRUE
Nomme deux éléments qui contribuent à ce résultat.

- *L'efficacité des nouvelles machines agricoles.*
- *Le rendement élevé des semences provenant des colonies.*

Conséquence

Les paysans qui ne font pas du pâturage doivent laisser l'élevage. Sa pousse a des milliers de personnes de chercher du travail

Conséquence

Les paysans sont repoussés, déportés et ils vont dans des autres villes

Conséquence

Les paysans quitte en masse la campagne

RÉGIONS MINIÈRES
Nomme deux matières premières :

_____?_____

VILLES

COLONIES
Nomme une matière première :

_____?_____

PRODUITS MANUFACTURÉS
Nomme un produit :

_____?_____

URBANISATION
Qu'est-ce que c'est ? *Multiplication des villes et augmentation croissante du nombre d'habitants dans les villes*

4 a) Complète les phrases ci-dessous à l'aide des mots suivants.

> • campagne • urbanisation • villes • usines • chômeurs

1. La population des villes compte beaucoup de __chômeurs__

   et de mendiants.

2. Les villes se multiplient et leur population s'accroît :

   c'est l'__urbanisation__ .

3. Les __usines__ ne peuvent embaucher tout le monde.

4. Des paysans quittent la __campagne__ pour chercher du travail

   dans les __villes__ .

b) Dans le schéma causes-conséquences ci-dessous, place au bon endroit chacun des énoncés ci-dessus. Écris le numéro qui correspond à l'énoncé.

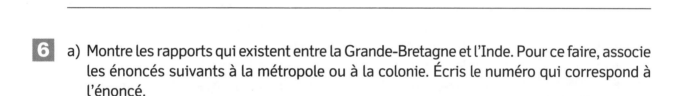

colonies ➤ regions minêres ➤ produits manufactorés ➤ villes

5 Indique deux avantages que retirent les industries britanniques du fait que la Grande-Bretagne possède des colonies.

_____

_____

_____

6 a) Montre les rapports qui existent entre la Grande-Bretagne et l'Inde. Pour ce faire, associe les énoncés suivants à la métropole ou à la colonie. Écris le numéro qui correspond à l'énoncé.

1. Réduit son espace réservé à la culture d'aliments.	5. Ses tisserands perdent leur emploi par milliers.
2. Colonie.	6. Importe des aliments à des coûts élevés.
3. Fait de gros profits sur la vente de tissus de coton.	7. Crée de nombreux emplois dans ses usines.
4. Multiplie ses plantations de coton.	8. Métropole.
	9. Augmente sa demande de coton brut.
	10. Achète du coton brut à faible coût.

GRANDE-BRETAGNE
③ ⑥ ⑦ ⑧ ⑨

INDE
① ② ④ ⑤ ⑩

b) À qui profitent les échanges entre l'Inde et la Grande-Bretagne? __Métropole__

2 L'arrivée du capitalisme

Capitalisme

Système économique et social qui repose sur la propriété privée des moyens de production (outils, machines, bâtiments), l'accumulation des capitaux (argent) et des biens, et la concurrence entre les entreprises.

Avec la révolution industrielle, un nouveau système économique se met en place et transforme la société de nombreux pays. En effet, la révolution industrielle provoque une révolution économique : l'arrivée du **capitalisme**. Les ateliers et les manufactures, qui comptaient peu d'employés, sont remplacés par d'énormes usines regroupant des centaines de travailleurs. Il s'agit d'un mode de production de biens qui permet de créer de la richesse de façon continue. Il repose sur cinq éléments essentiels :

- Des moyens de production (usines, machines, outils, matériaux) qui sont la propriété des entrepreneurs, c'est-à-dire qui n'appartiennent ni au gouvernement ni à la collectivité.
- La recherche continue de profits par les propriétaires d'entreprises.
- L'accès aux capitaux. Ces **capitaux** proviennent d'emprunts faits auprès des banques, d'investisseurs de la Bourse ou des profits tirés de la vente des produits des entreprises.
- Une main-d'œuvre qui échange son travail contre un salaire.
- Un marché sur lequel écouler les produits des entreprises.

Capitaux

Sommes d'argent en circulation dans une société.

A La création de la richesse

Avant l'arrivée du capitalisme, on est convaincu qu'on ne peut pas créer de la richesse. On considère que la richesse est limitée aux ressources existant sur la planète : or, argent, pierres précieuses, monnaie, etc. Selon cette conception, le **mercantilisme**, un pays doit, pour s'enrichir, s'approprier la plus grande part de ces richesses, soit en faisant la guerre à d'autres pays pour s'emparer de leurs possessions, soit en envoyant des explorateurs découvrir de nouveaux territoires. Le capitalisme change cette vision : la richesse est infinie, il suffit d'en créer.

Mercantilisme

Conception de l'économie fondée sur l'idée que la richesse globale est fixe et ne peut être créée, mais seulement accumulée, notamment sous forme d'or et d'argent.

4.15 La création de richesse selon le capitalisme

1. Le prix de vente des biens produits doit être plus élevé que leur coût de production.

2. Les tâches doivent être simplifiées en les divisant, afin d'investir le moins possible dans la formation des employés.

3. Le plus de tâches possible doivent être mécanisées pour augmenter la productivité.

Les éléments à réunir pour produire de la richesse

4. Le nombre d'acheteurs de produits doit augmenter sans cesse.

5. Le gouvernement doit aider les entreprises.

6. Une part des profits doit être réinvestie dans l'entreprise.

4.16 Une réunion de riches propriétaires d'entreprises

Empresa privada [handwritten]

B Les coûts de production

Fabriquer un produit coûte cher. Il faut faire des acquisitions : une usine, des outils et des machines pour fabriquer les produits, des machines à vapeur et du charbon pour actionner ces machines, des matériaux, des ressources naturelles, etc. Il faut aussi payer les travailleurs. Pour faire des profits, un industriel doit retirer plus d'argent de la vente de ses produits qu'il n'en investit pour les produire. Il veille donc à payer le moins cher possible l'équipement, les ressources et la main-d'œuvre.

Pendant la révolution industrielle, les villes comptent beaucoup de chômeurs. L'industriel fixe les salaires en évaluant le minimum qu'il faut à un ouvrier pour avoir la force de revenir au travail chaque jour. Son calcul inclut les coûts de quelques pains, d'une soupe, d'un peu de bois de chauffage et de cuisson, d'une petite quantité de suif pour l'éclairage et d'un logement.

[handwritten marginalia, left: Sistema en el cual se permitía la ley, es decir se crea unas necesidades y unas consumidores. La misma sociedad tenga una riqueza económica, el consumismo y el producir]

C La division du travail

Avant l'industrialisation, le travailleur participe à toutes les étapes de la production. Son savoir-faire couvre donc toutes les opérations de la production du produit. L'industrialisation change cette situation. Elle exige une division des tâches entre les ouvriers d'une même usine. Chaque employé s'occupe à une seule tâche, qu'il répète toute la journée.

D La mécanisation des tâches

La machine permet d'augmenter les profits. Souvent, elle fait en 1 heure ce que 10 ou 20 personnes mettent 1 ou 2 semaines à accomplir. L'industriel cherche à mécaniser le plus de tâches possible afin de diminuer ses coûts de production. Comme il produit davantage en moins de temps, il réduit ses prix et, ainsi, il vend plus de produits et accroît ses profits. Plus les opérations sont mécanisées, plus le besoin de main-d'œuvre diminue.

E Le besoin de nouveaux marchés

Le capitalisme repose sur la recherche constante de profits. Ainsi, lorsque tous les Britanniques qui en ont les moyens possèdent des draps, les industries textiles des colonies britanniques doivent trouver de nouveaux marchés. Comme il leur est interdit de produire les mêmes biens que les usines de la métropole et d'acheter d'un autre pays un produit fabriqué au Royaume-Uni, les colonies britanniques sont alors dans une impasse: ils doivent acheter les produits de la métropole. Les industriels des métropoles comptent également sur l'aide des gouvernements. Ils demandent aux gouvernants de modifier la **législation** de manière à les avantager, même si cela nuit à d'autres groupes sociaux.

4.17 Les enfants à l'usine

Dans l'industrie textile, les patrons embauchent des enfants pour des tâches qui nécessitent des doigts fins.

Législation

Ensemble des règlements et des lois qu'un gouvernement adopte dans un secteur particulier, par exemple la législation en matière agricole. Ce mot peut aussi désigner la totalité des lois d'un pays.

4.18 Les usines de Merthyr Tydfil, au pays de Galles

1 Lis le texte suivant qui décrit les changements survenus dans les manufactures de coton durant la révolution industrielle, puis réponds aux questions.

Dans les débuts de l'industrie cotonnière, toutes les opérations, depuis le traitement initial de la matière première jusqu'à la fabrication de la toile, se faisaient sous le toit de la maison du tisserand. Dans une deuxième période, avec l'amélioration des techniques, le filage s'est fait dans les usines et le tissage s'est fait à domicile. À l'heure actuelle, toutes les opérations, qui nécessitent des moyens beaucoup plus vastes et complexes, s'effectuent dans un bâtiment unique. Les vastes bâtiments en brique que l'on rencontre au voisinage de toutes les grandes villes industrielles effectuent des travaux dont se chargeaient autrefois des villages entiers. Dans les usines mues par la vapeur, le coton est peigné, bobiné, filé et tissé en étoffe, et une seule usine suffit pour sortir la même quantité que produisait autrefois la main-d'œuvre de toute la région.

Source : R. GUESTON, *Histoire abrégée de la manufacture du coton*, 1823.

a) Avant la révolution industrielle :

- qui fabriquaient la toile de coton ? <u>tisserands</u>

- comment était organisé le travail ? <u>s'est fait à domicile.</u>

- où s'effectuait le travail ? <u>À la maison des tisserands</u>

b) Par la suite, qu'est-ce qui changera dans l'organisation du travail ?

<u>Avec l'amélioration des techniques</u>

c) Quelles seront les conséquences de ces changements sur la production et sur la vie des tisserands ?

<u>Les conséquences de ces changements sur la production et sur la vie des tisserands sont qu'ils vont rester sans emploi.</u>

2 Les énoncés suivants concernent des façons de s'enrichir. Classe-les selon qu'ils se rapportent à une conception ancienne ou à la conception nouvelle issue du capitalisme.

	Conception ancienne	Conception capitaliste
Faire la guerre à d'autres pays.	✓	
Vendre toujours plus de produits aux consommateurs.		✓
Accroître la productivité par l'utilisation de machines.		✓
Explorer le monde en vue de posséder des colonies.	✓	
Réinvestir une part des profits dans l'entreprise pour en faire encore davantage.		✓
Vendre ses produits à un prix plus élevé que leur coût de production.		✓

3 Le schéma ci-dessous illustre le fonctionnement du système capitaliste. Complète-le en plaçant aux bons endroits les éléments suivants.

- Ils reçoivent le minimum pour vivre.
- Ils vivent dans les quartiers ouvriers.
- Ils possèdent les moyens de production.
- Ils répètent la même tâche toute la journée.

- Leur objectif est d'accumuler sans cesse des profits par la vente de leurs produits.
- machines
- main-d'œuvre
- matières premières
- outils

- usine
- force de travail
- prêts d'argent (deux fois)
- investissement dans l'entreprise
- aide à l'entreprise
- salaire

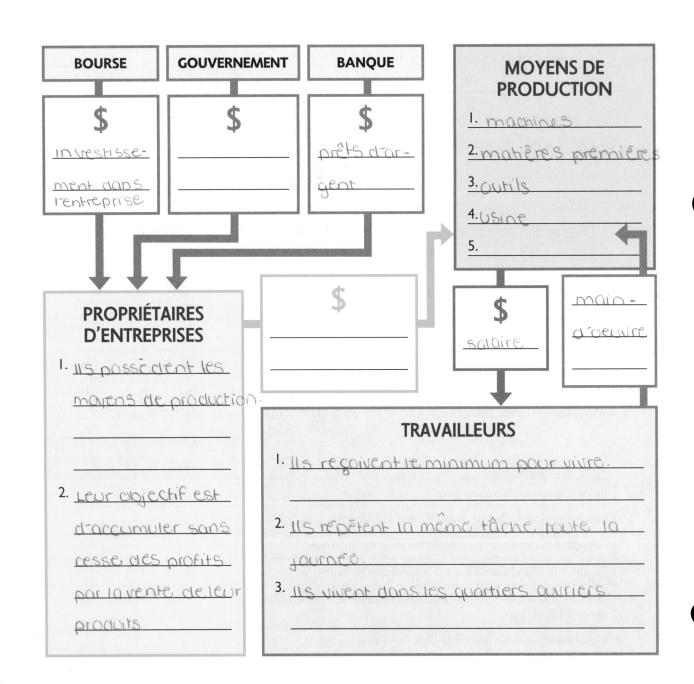

BOURSE

$ investisse-ment dans l'entreprise

GOUVERNEMENT

$ _____

BANQUE

$ prêts d'ar-gent

MOYENS DE PRODUCTION

1. machines
2. matières premières
3. outils
4. usine
5. _____

PROPRIÉTAIRES D'ENTREPRISES

1. Ils possèdent les moyens de production.
_____
_____

2. Leur objectif est d'accumuler sans cesse des profits par la vente de leur produits

$ _____
_____

$ salaire

main-d'œuvre
_____

TRAVAILLEURS

1. Ils reçoivent le minimum pour vivre.
_____

2. Ils répètent la même tâche, toute la journée.

3. Ils vivent dans les quartiers ouvriers.
_____

F Le libéralisme économique

4.19 Adam Smith (1723-1790)

Libéralisme

Courant de pensée prônant la non-intervention des gouvernements dans le domaine économique.

Offre

Ensemble des produits et des services disponibles sur les marchés.

Les industriels britanniques souhaitent que leur gouvernement s'engage sur la voie du **libéralisme** économique. Ce courant de pensée défend la propriété privée, la libre entreprise et le libre marché. Il repose sur l'idée que tous les hommes sont égaux et ont des chances égales de s'enrichir. Selon cette vision, les producteurs et les commerçants doivent être soumis au moins de lois possible, et les entreprises doivent pouvoir se concurrencer sans être freinées par des taxes ou des règles. Les industriels britanniques prônent une politique du « laisser-faire ».

La non-intervention des gouvernements

Demande

Quantité d'un bien ou d'un service qui peut être acquise à un prix donné, dans un marché donné.

Cette vision économique est élaborée par un économiste britannique, Adam Smith. En 1776, Smith expose sa théorie dans son livre *Recherches sur la nature et les causes de la richesse des nations*. Il soutient que l'intérêt personnel est le moteur de l'activité économique. Pour sa part, le gouvernement doit intervenir le moins possible dans l'économie. Ainsi, l'**offre** et la **demande** s'équilibrent lorsque les entreprises sont en situation de libre concurrence.

Le rôle de l'État

Infrastructures

Ensemble des constructions et des équipements nécessaires pour le fonctionnement d'une société : routes, canaux de navigation, ponts, ports, fontaines publiques, aqueducs, égouts.

Selon Smith, le rôle de l'État est de protéger la propriété privée, de veiller au respect des contrats entre les individus ou les entreprises, et de construire les **infrastructures** du développement industriel et commercial. Rapidement, les principes du libéralisme s'intègrent dans le régime capitaliste en Grande-Bretagne.

G Les nouvelles classes sociales

4.20 Une famille bourgeoise côtoyant un mendiant dans la rue

Le système de création de la richesse proposé par le capitalisme ne bénéficie qu'à une petite partie de la population. Les industriels et les grands commerçants augmentent rapidement leur richesse. Les chefs de chantiers, les directeurs d'usines ainsi que les membres des professions libérales – comme les médecins, les avocats ou les notaires – qui touchent non pas un salaire, mais des honoraires payés par des clients, améliorent aussi leur situation. Toutefois, la majorité de la population reste très pauvre.

Classe sociale

Ensemble des individus qui ont des conditions de vie semblables dans une société et des revenus similaires.

La société se divise désormais en trois **classes sociales** :

- la classe bourgeoise : propriétaires d'industries et de domaines agricoles, et commerçants riches ;
- la classe moyenne : employés cadres, membres des professions libérales (médecins, notaires, etc.) et petits commerçants ;
- la classe ouvrière : ouvriers agricoles, d'usines ou de manufactures, et toute personne obligée, pour se nourrir, de vendre sa force de travail.

Même si ce sont les ouvriers qui créent la richesse, ils n'en profitent pas. Les seuls qui en bénéficient sont les propriétaires des moyens de production. Cette situation provoque des affrontements entre la classe ouvrière et la bourgeoisie.

La classe ouvrière

En ville, les paysans ne peuvent utiliser leur savoir. Pour se nourrir, ils n'ont pas d'autre choix que de vendre leur force de travail ou de mendier. Un grand nombre d'entre eux travaillent dans les usines.

Les conditions de travail dans les usines sont pénibles. Une journée de travail dure de 12 à 15 heures. Les ouvriers n'ont aucun droit. S'ils s'absentent pour cause de maladie, ils peuvent être congédiés. Les conditions d'hygiène et de sécurité menacent constamment la vie des travailleurs. Les lieux de travail sont mal éclairés et mal aérés. Les ouvriers respirent de nombreux produits toxiques.

Le salaire des deux parents ne suffit pas à nourrir la famille. Les enfants doivent aussi travailler. Ils commencent à travailler dans les mines dès l'âge de cinq ans.

Les travailleurs habitent des logements mal isolés et souvent infestés de rats. Ils n'ont pas toujours de quoi se chauffer. Les incendies sont fréquents. Comme les ouvriers vivent près des usines, ils respirent constamment les particules crachées par les cheminées. Lorsqu'ils sont malades, ils n'ont pas les moyens de se faire soigner par un médecin.

4.21 Un accident de travail dans une filature

Les courroies de cuir qui actionnent le mécanisme de certaines machines ne sont pas recouvertes d'un dispositif de protection.

4.22 Le travail des enfants dans les mines

Les enfants de la classe ouvrière sont obligés de travailler pour aider leurs parents.

La classe bourgeoise

La classe bourgeoise est propriétaire des moyens de production. Elle contrôle le marché de l'emploi. Au début de la révolution industrielle, la classe bourgeoise a un pouvoir absolu sur la classe ouvrière. Elle a le droit de congédier les travailleurs comme bon lui semble. Elle est seule à déterminer les salaires et peut imposer les conditions de travail les plus pénibles. Les bourgeois vivent loin des fumées toxiques des usines, et leurs enfants n'ont pas besoin de travailler. Ils vont à l'école.

1 Qu'est-ce que le libéralisme économique ?

Le libéralisme économique c'est une pensée qui défend la propriété privée, la libre entreprise, et le libre marché. Il repose sur l'idée que tous les hommes sont égaux et ont des chances égales de s'enrichir.

2 Parmi les énoncés suivants, coche ceux qui sont en harmonie avec le libéralisme.

a) L'État ne doit pas intervenir dans les affaires économiques. ✓

b) Le gouvernement doit adopter de nombreuses lois pour réglementer les pratiques des entreprises. ✓

c) Les hommes ne sont pas tous égaux ; il faut donc les protéger de l'exploitation. ◯

d) L'entreprise privée doit être à la base de l'économie. ◯

e) Le rôle de l'État consiste à favoriser le commerce par la construction de routes, de ponts, de ports, etc. ✓

f) L'État doit protéger la propriété privée et veiller au respect des contrats entre les individus ou les entreprises. ✓

g) Dans un libre marché, l'offre et la demande de produits s'équilibrent. ✓

h) L'intérêt collectif est le moteur de l'activité économique. ◯

i) La concurrence entre entreprises doit être freinée par des taxes ou des règles. ◯

3 Désigne par un **B** les personnes suivantes qui font partie de la classe bourgeoise ; par un **M**, celles de la classe moyenne ; par un **O**, celles de la classe ouvrière.

(M) Employé cadre.

(B) Commerçant riche.

(B) Médecin.

(O) Ouvrier agricole.

(B) Grand propriétaire terrien.

(M) Petit commerçant.

(O) Ouvrier d'usine.

(B) Propriétaires d'industrie.

(B) Directeur d'usine.

(O) Mineur.

4 Coche les énoncés qui s'appliquent à la classe ouvrière.

a) Elle vit dans des logements en bois non isolés et souvent infestés de rats. ✓

b) Elle peut s'offrir des services médicaux. ◯

c) Elle travaille de 12 à 15 heures par jour. ✓

3 La recherche d'un système équitable

La misère des ouvriers devient si grande durant la révolution industrielle que même des défenseurs du libéralisme économique critiquent ce courant de pensée. C'est le cas du Britannique John Stuart Mill, économiste libéral très influent du 19ᵉ siècle. Il affirme que le libéralisme a des faiblesses. Certains penseurs croient qu'il suffirait de donner quelques droits aux travailleurs pour calmer la tension entre les riches et les pauvres. D'autres soutiennent que le capitalisme, comme la féodalité et le mercantilisme par le passé, pourrait faire place à un système économique plus équitable.

A Le socialisme

4.23 John Stuart Mill (1806–1873)

Au début de la révolution industrielle, des économistes et des philosophes se penchent sur le fonctionnement du capitalisme. Un constat s'impose : l'absence de lois régissant les droits et les devoirs des industries est la cause de la croissance simultanée de la richesse des industriels et de la misère des ouvriers.

La recherche d'un système économique plus équitable

On tente d'imaginer un système économique qui assurerait une répartition plus équitable de la richesse, où tous les individus pourraient manger à leur faim et aller à l'école. C'est ainsi que, dans la première moitié du 19ᵉ siècle, les réflexions du comte de Saint-Simon, de Robert Owen, de Charles Fourier et de Pierre-Joseph Proudhon donnent naissance au **socialisme**. Ce système a pour objectif d'établir plus de justice entre les conditions de vie des classes sociales tout en assurant la croissance économique.

B Le marxisme

Socialisme

Système économique de production de biens et d'organisation sociale fondé sur l'équité, qui vise à servir les intérêts de la collectivité avant ceux des individus.

Marxisme

Courant de pensée social et économique qui propose l'implantation d'un système économique fondé sur la propriété *collective* des moyens de production, le communisme.

Depuis la christianisation de l'Europe, au Moyen Âge, deux conceptions du monde dominent les pratiques économiques, politiques et sociales. La première est une conception chrétienne, axée sur le salut de l'âme après la mort. La deuxième est une conception individualiste, née avec les penseurs du Siècle des lumières. Elle affirme le droit de l'individu à la liberté et au bonheur. Le capitalisme est ancré dans cette conception individualiste, car il prône que l'individu est libre de s'enrichir pour accéder au bonheur.

Mais au milieu des années 1800, le philosophe et économiste allemand Karl Marx définit une troisième conception du monde, qui porte aujourd'hui son nom : le **marxisme**.

4.24 Karl Marx (1818–1883), un penseur allemand

Rouages

Chacun des éléments qui participent au fonctionnement d'un mécanisme, d'un système.

L'analyse de Marx

Marx étudie la révolution industrielle qui se déroule sous ses yeux. Dans son ouvrage *Le Capital*, il analyse les **rouages** du capitalisme et explique comment ce système entraîne la misère pour la majorité des êtres humains. Il note que la division du travail simplifie tellement les tâches qu'elle permet aux industriels de confier plusieurs opérations à des enfants.

Marx analyse aussi les théories d'économistes socialistes et libéraux, et celles de philosophes. S'inspirant des idées de ces penseurs, il imagine un système qui répartirait équitablement la richesse entre les gens. Il prédit que les ouvriers parviendront à un tel degré de misère qu'ils finiront par se regrouper pour changer le système capitaliste.

Vers le communisme

Dans son ouvrage *Le manifeste du parti communiste*, publié en 1848, Marx décrit le système que les ouvriers devraient implanter et les étapes pour y arriver. D'abord, les ouvriers font une révolution et prennent le pouvoir. Ils abolissent la propriété *privée* des moyens de production et en font une propriété *collective*. Les travailleurs gèrent eux-mêmes l'usine et répartissent les profits entre eux, selon le principe «à chacun selon ses moyens, à chacun selon ses besoins». Cela signifie qu'un ouvrier travaille selon ses capacités physiques et reçoit un salaire qui tient compte de ses besoins.

1 a) Qui est John Stuart Mill?

_____

b) Quelle est sa position sur la question du libéralisme? Pourquoi?

_____

_____

_____

2 a) Quelle est la conséquence de l'absence de lois en matière de droits et de devoirs des industries?

_____

_____

b) Comment expliques-tu cette absence de lois dans le secteur industriel?

_____

_____

_____

3 Complète les phrases ci-dessous à l'aide des mots et groupes de mots suivants.

- marxisme
- propriété collective
- équité
- communisme
- collectivité
- propriété privée
- socialisme
- individus
- capitalisme
- classes sociales
- conception individualiste

a) Le _____ est un système économique ancré dans

une _____ , dans lequel les moyens de production sont

la _____ de quelques personnes.

b) Le _____ est un système économique qui repose sur le

principe de l' _____ et qui a pour objectif de servir les intérêts

de la _____ avant ceux des _____ .

c) Le _____ est un système économique fondé sur

la _____ des moyens de production.

d) Le _____ est un courant de pensée selon lequel les inégalités

entre les _____ sont dues au fait que les moyens de produc-

tion appartiennent à quelques individus seulement.

4 Associe les personnages ci-dessous au système économique dont ils défendent les principes.

Capitalisme	Socialisme	Communisme
Pierre-Joseph Proudhon.	Charles Fourier.	Karl Marx.
_____	_____	_____
Adam Smith.	Robert Owen.	John Stuart Mill.
_____	_____	_____

5 Remplis la fiche suivante.

NOM : _____ (_____ – _____).

Nationalité : _____ .

Professions : _____ .

Œuvre où il décrit le fonctionnement du capitalisme : _____ .

4 Les luttes des ouvriers

Répression

Tentative d'arrêter un mouvement de revendication ou de révolte par la violence : charge policière, emprisonnement, torture ou retrait de droits civiques.

Peu après le début de la révolution industrielle, des ouvriers protestent contre leurs conditions de travail et leurs conditions de vie. En 1819, environ 60 000 travailleurs manifestent à Manchester, en Angleterre. Des soldats à cheval foncent sur la foule et piétinent les gens. Ils frappent hommes, femmes et enfants avec leurs sabres. Cette **répression** fait 11 morts et 400 blessés.

Les ouvriers continuent à exiger des changements. L'idée de remplacer le capitalisme par un système économique plus équitable commence à se répandre parmi eux. Un grand nombre d'ouvriers se joignent à des groupes qui cherchent un moyen de mettre en place un système socialiste ou communiste. Tous ne s'entendent pas sur la façon de changer les choses, mais tous partagent une même certitude : ils ne changeront leur situation qu'en se regroupant.

4.25 Une affiche syndicale

Une des premières revendications des mouvements ouvriers a été la réduction de la journée de travail afin que les parents passent plus de temps avec leurs enfants.

A Le syndicalisme

Un ouvrier sait qu'il est inutile d'arriver seul devant son patron pour réclamer une amélioration de ses conditions de travail. Le simple fait de demander une augmentation de salaire, par exemple, peut lui valoir d'être congédié. Il serait alors remplacé en un rien de temps, sans même que l'entreprise subisse de perte financière.

La force du regroupement

Les travailleurs se rendent compte que s'ils décident tous ensemble, le même jour, de cesser de travailler pour présenter une **revendication** à leur patron, celui-ci sera obligé de les écouter, car un arrêt de travail lui ferait perdre de l'argent. S'il le veut, un patron peut mettre tous ses employés à la porte. Mais il lui faudrait alors remplacer des centaines de personnes et former les nouveaux arrivants ; ce serait un processus très coûteux.

Revendication

Action de réclamer ce qui est considéré comme un droit.

Syndicalisme

Regroupement de personnes au sein d'associations appelées « syndicats », qui veillent à la défense des intérêts communs de leurs membres.

Les ouvriers comprennent que plus ils sont nombreux pour présenter leurs revendications, plus leur pouvoir de négociation est grand. C'est ainsi qu'apparaît le **syndicalisme**.

B L'interdiction de s'associer

Grève

Arrêt volontaire et collectif du travail, décidé par des employés pour forcer leur employeur à leur accorder une hausse de salaire ou une amélioration de leurs conditions de travail.

Si les industriels améliorent la qualité de vie des travailleurs, leurs profits diminuent. Pour cette raison, ils craignent la syndicalisation et l'augmentation du pouvoir de négociation des ouvriers. Ils demandent donc au gouvernement d'interdire aux travailleurs le droit de s'associer. Lorsque les ouvriers font la **grève**, les industriels ne peuvent rien faire.

La *Combination Act*

Le gouvernement dispose de deux instruments : la police et le droit. Il peut ordonner aux policiers de disperser les manifestants, de chasser les ouvriers qui bloquent les portes d'une usine. Il peut aussi adopter une loi qui condamne à la prison les manifestants et les grévistes. Pour soutenir les industriels, le gouvernement britannique interdit, en 1799, par la *Combination Act*, les regroupements de travailleurs.

Les appuis de la classe ouvrière

Même si le droit d'association est refusé aux ouvriers, leurs revendications sont toutefois débattues au Parlement. En réaction aux plaintes d'électeurs riches, de professionnels et d'intellectuels qui trouvent honteuses pour la Grande-Bretagne les conditions misérables des ouvriers d'usine, certains députés décident de défendre la classe ouvrière. Ils réclament le droit à l'éducation pour les enfants pauvres et exigent qu'on ne laisse plus les êtres humains souffrir de la faim dans les villes. Ils demandent aussi des lois interdisant le travail des femmes la nuit. Certaines revendications ouvrières seront prises en compte par le gouvernement.

4.26 Un groupe de grévistes

Des lois pour l'amélioration des conditions de travail

La pression sociale est telle que le gouvernement ne peut plus défendre uniquement les industriels. Il doit aussi soulager la misère des ouvriers, en particulier celle des enfants. À partir de 1833, il élabore des lois visant à améliorer les conditions de travail dans les usines et les mines. Des limites d'âge sont imposées pour l'embauche des enfants. Le travail des femmes est interdit la nuit. La journée de travail des femmes et des enfants diminue de façon très progressive.

La *Poor Law*

En 1834, le gouvernement adopte la *Poor Law*, la loi des pauvres, qui interdit aux gens de mendier et oblige les mendiants à vivre dans des établissements appelés *Work Houses*. En échange d'un logement et d'un peu de nourriture, les pauvres doivent travailler dans des conditions encore plus misérables que celles des ouvriers d'usine.

C Le droit à la syndicalisation

Le gouvernement finit par accepter les regroupements de travailleurs. En 1871, les syndicats ont le droit d'exister en Grande-Bretagne. Désormais, les travailleurs ont un véritable pouvoir de négociation. Un syndicat peut parler au nom de centaines, de milliers de travailleurs.

Des améliorations lentes et difficiles

Les progrès touchant les conditions de vie des travailleurs sont lents et difficiles à obtenir. Chaque amélioration est gagnée au prix de longues luttes, car chacune équivaut à une diminution des profits de la classe bourgeoise.

1 Vrai ou faux ? Si l'énoncé est faux, corrige-le.

VRAI ○ FAUX ○ a) En se syndiquant, les ouvriers acquièrent un plus grand pouvoir de négociation.

_____

VRAI ○ FAUX ○ b) Les ouvriers désirent remplacer le système économique en place par le libéralisme.

_____

VRAI ○ FAUX ○ c) L'existence de syndicats devient légale dès 1850.

_____

d) Le gouvernement dispose de deux instruments pour empêcher les ouvriers de faire la grève : la police et l'armée.

_____

e) Les *Work Houses* sont des établissements où les conditions de vie sont plus misérables que celles dans les usines.

_____

2 La caricature ci-contre représente un patron et son ouvrier.

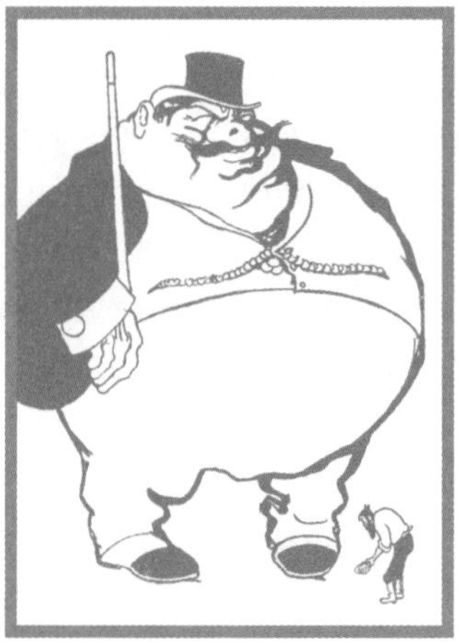

a) Quelle réalité cette caricature illustre-t-elle ?

_____

_____

_____

_____

b) Que peut faire l'ouvrier pour améliorer sa situation ?

_____

_____

_____

3 a) Trouve l'année qui correspond à chacun des événements ou des faits suivants.

1. Légalisation des syndicats en Grande-Bretagne. _____

2. Répression d'une manifestation à Manchester qui fait 11 morts et 400 blessés. _____

3. Interdiction par le gouvernement britannique des regroupements de travailleurs. _____

4. Premières lois visant à améliorer les conditions de travail dans les usines et les mines. _____

b) Place ces événements ou ces faits en ordre chronologique en reportant les chiffres correspondants dans les cercles.

○   ○   ○   ○

4 Associe chaque définition au mot correspondant.

Définitions	Mots
a) Action de réclamer ce qui est considéré comme un droit. •	• Grève
b) Regroupement de personnes au sein d'associations qui veillent à la défense des intérêts de leurs membres travailleurs. •	• Répression
c) Tentative d'arrêter un mouvement de revendication par la force, la violence, etc. •	• Revendication
d) Arrêt volontaire et collectif du travail, décidé par des • employés pour forcer leur employeur à leur accorder des améliorations de leurs conditions de travail.	• Syndicalisme

5 Complète les phrases suivantes, puis retranscris tes réponses dans la grille. Trouve le mot mystère.

a) Chaque gain de la classe ouvrière équivaut à une diminution des profits de la classe

_____ .

b) La loi des pauvres oblige les mendiants à vivre dans des _____ .

c) En 1819, cette _____ fait 11 morts et 400 blessés.

d) Plus les ouvriers sont nombreux à présenter leurs _____ , plus

leur pouvoir de négociation est grand.

e) En 1799, le gouvernement britannique interdit les _____ de

travailleurs.

MOT MYSTÈRE :

_____

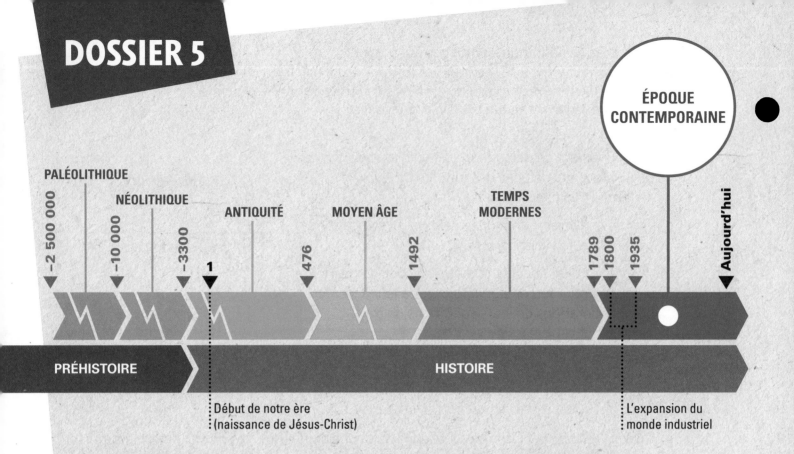

ÉPOQUE CONTEMPORAINE

PALÉOLITHIQUE
−2 500 000

NÉOLITHIQUE
−10 000

−3300

ANTIQUITÉ
1

476

MOYEN ÂGE

1492

TEMPS MODERNES

1789
1800
1935

Aujourd'hui

PRÉHISTOIRE

HISTOIRE

Début de notre ère
(naissance de Jésus-Christ)

L'expansion du
monde industriel

L'expansion du monde industriel

Au 19e siècle, de nombreux pays européens cherchent à devenir des puissances industrielles aussi importantes que le Royaume-Uni. Pour y parvenir, ils doivent obtenir des matières premières pour alimenter leurs usines, ces matières premières qu'ils ne trouvent pas dans leur sous-sol. Ils doivent également avoir accès à un grand nombre de travailleurs et de consommateurs pour produire et acheter les biens qui sortent des usines.

Comment les pays industrialisés obtiennent-ils les matières premières qui leur servent à fabriquer leurs produits ? Comment réussissent-ils à vendre leurs produits ?

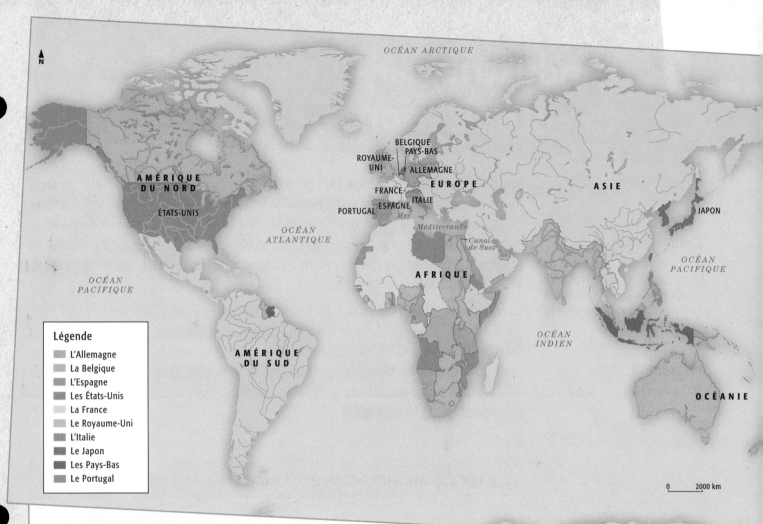

5.1 Le partage du monde en 1914

Du début du 19ᵉ siècle au milieu du 20ᵉ siècle, quelques pays d'Europe ainsi que les États-Unis et le Japon s'approprient chacun une partie du monde.

Légende

- L'Allemagne
- La Belgique
- L'Espagne
- Les États-Unis
- La France
- Le Royaume-Uni
- L'Italie
- Le Japon
- Les Pays-Bas
- Le Portugal

5.2 Des peuples africains sous la domination de métropoles européennes

En imposant leur domination sur l'Afrique, quelques États européens découpent le continent selon leurs besoins et soumettent à leurs lois et à leur culture des centaines de peuples autochtones.

? Selon toi, quels sont les intérêts des colonisateurs lorsqu'ils s'approprient un territoire?

sommaire

1 L'industrialisation et la colonisation

Pendant la seconde moitié du 19ᵉ siècle, la révolution industrielle amène de nombreux pays à prendre possession de colonies situées en Afrique et en Asie pour répondre à leurs besoins en matières premières. Par la **colonisation**, ces pays deviennent les **métropoles** d'un empire colonial et prennent possession des ressources comme l'or, l'argent, les céréales, les fruits et le bois.

Dans leurs nouvelles colonies africaines, les métropoles mettent en place un système qui a des conséquences importantes sur le développement économique et social des territoires dominés. Même si la plupart des États colonisateurs ont aboli l'esclavage des Noirs, le nouveau système commercial qu'ils installent s'appuie sur une forme d'exploitation des peuples colonisés qui ressemble à l'esclavage.

Colonisation

Exploitation, par un pays, d'un territoire qu'il s'est approprié. Le pays y envoie une partie de ses habitants pour exploiter ce qu'il nomme sa « colonie ».

Métropole

État qui possède une colonie.

5.3 Les explorateurs Stanley et Livingstone

Au milieu du 19ᵉ siècle, les Britanniques David Livingstone (1813–1873) et Henry Morton Stanley (1841–1904) explorent le continent africain et constatent l'étendue de ses richesses.

Cartographier

Établir les contours d'un continent, d'une île ou encore le tracé d'un cours d'eau ou d'une route sur une carte.

La colonisation au 19ᵉ siècle

Au début du 19ᵉ siècle, les Européens n'ont pas fini d'explorer le monde. Depuis le 17ᵉ siècle, ils ont **cartographié** puis occupé surtout les régions côtières des continents et des territoires bordant les grands fleuves. Toutefois, la majeure partie des régions situées à l'intérieur des continents leur sont

5.4 Les moments marquants de la colonisation en Afrique

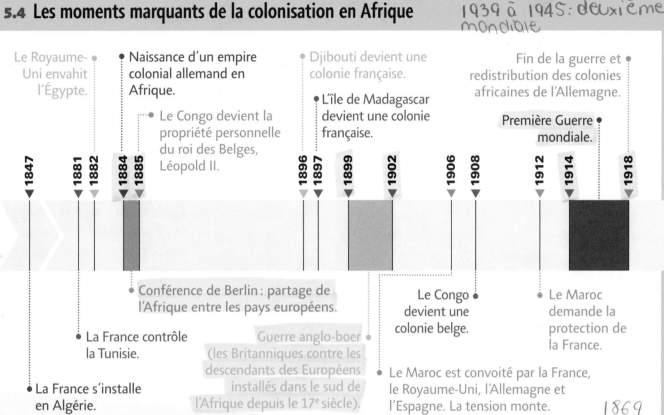

Le Royaume-Uni envahit l'Égypte.

• Naissance d'un empire colonial allemand en Afrique.

• Le Congo devient la propriété personnelle du roi des Belges, Léopold II.

• Djibouti devient une colonie française.

• L'île de Madagascar devient une colonie française.

Fin de la guerre et redistribution des colonies africaines de l'Allemagne.

Première Guerre mondiale.

1847 | 1881 | 1882 | 1884 | 1885 | 1896 | 1897 | 1899 | 1902 | 1906 | 1908 | 1912 | 1914 | 1918

• Conférence de Berlin : partage de l'Afrique entre les pays européens.

Le Congo devient une colonie belge.

Le Maroc demande la protection de la France.

• La France contrôle la Tunisie.

Guerre anglo-boer (les Britanniques contre les descendants des Européens installés dans le sud de l'Afrique depuis le 17e siècle).

Le Maroc est convoité par la France, le Royaume-Uni, l'Allemagne et l'Espagne. La tension monte.

• La France s'installe en Algérie.

5.5 Samory Touré (1837–1900)

Samory Touré est chef religieux et politique d'un royaume à l'est de la Guinée actuelle. À partir de 1883, il s'oppose à l'arrivée des Français en Afrique de l'Ouest. En 1898, les Français chassent Touré de son royaume.

encore inconnues. C'est le cas de l'Afrique. Des explorateurs pénètrent à l'intérieur des terres et font l'inventaire des richesses du territoire africain. Leurs découvertes incitent les gouvernants européens à prendre possession de nouvelles régions.

La conquête de l'Afrique

C'est ainsi qu'à la fin du 19e siècle la Belgique, la France, le Royaume-Uni, le Portugal et l'Espagne sont maîtres de quelques régions situées le long des côtes et de certains grands fleuves de l'Afrique. Des descendants de Néerlandais sont établis depuis plus de 200 ans dans la pointe sud du continent et dirigent deux États. Il existe aussi deux États indépendants, l'un situé dans l'est de l'Afrique, l'Éthiopie, et l'autre, situé sur la côte ouest, le Liberia. Celui-ci a été créé pour accueillir d'anciens esclaves revenus d'Amérique.

La Conférence de Berlin

Les États européens déjà établis en Afrique désirent agrandir leurs possessions. D'autres, comme l'Allemagne, voudraient aussi contrôler une part de l'Afrique. La quête de territoires africains provoque de si vives tensions entre les États européens qu'on craint le déclenchement de graves conflits.

5.6 Les principales ethnies africaines au 19ᵉ siècle

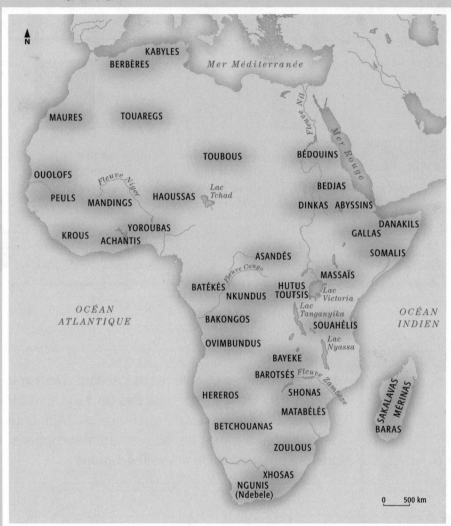

Pour tenter de mettre fin aux querelles sur la répartition du continent et obtenir sa part de l'Afrique, l'Allemagne convoque, en novembre 1884, 12 pays européens ainsi que les États-Unis à une conférence qui se tiendra à Berlin, sa capitale. Pendant 4 mois, des représentants de 13 pays fixent les règles de la colonisation de l'Afrique.

Le découpage de l'Afrique

La Conférence de Berlin de 1884 confirme le découpage et le partage déjà existants des territoires en Afrique. Elle établit également un accord pour la libre circulation commerciale sur les grandes voies maritimes à l'intérieur du continent, comme les fleuves Congo et Niger, puis le long des côtes.

Seulement quelques participants à la Conférence se voient attribuer de nouvelles régions. L'Allemagne, qui est pourtant une puissance européenne, ne possédait que quelques régions en Afrique : la Conférence lui a permis d'en obtenir davantage. Le Royaume-Uni et la France recevront aussi d'autres possessions africaines. De plus, on s'entend pour que le territoire du Congo reste entre les mains du roi des Belges, Léopold II, à titre personnel et non à son gouvernement. Au moment même où les négociations se déroulent à Berlin, l'Italie s'empare, avec l'aide des Britanniques, de l'Érythrée, une région qui longe la mer Rouge. Peu après, l'Italie s'installe en Somalie et en Libye.

L'attribution des territoires inconnus des Européens

Comme une grande partie de l'intérieur du continent africain est encore inconnue et non cartographiée, les participants à la Conférence de Berlin ne peuvent se répartir le continent en entier. Ils établissent toutefois des règles pour la prise de possession de nouveaux territoires.

Des règles pour les pays colonisateurs

Désormais, pour être reconnu propriétaire d'une nouvelle région, un État colonisateur doit occuper réellement le territoire et pas uniquement quelques kilomètres le long des côtes. Il doit mettre en place une administration locale. L'esclavage est interdit.

La grande division des peuples

Lorsqu'ils établissent les nouvelles frontières du territoire africain, les participants à la Conférence de Berlin se préoccupent des aspects matériels : les ressources minières, les ressources végétales (comme le caoutchouc) ou animales (comme l'ivoire), la fertilité des sols, la présence de fleuves et de rivières navigables pour faciliter le commerce à l'intérieur des terres, la présence de ports ou d'un accès à la mer, ou encore la facilité à défendre le territoire.

5.7 L'Afrique en 1914

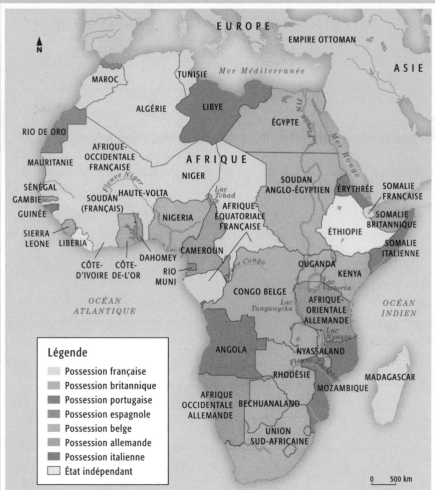

Ainsi, ils ne tiennent pas compte des centaines de peuples qui habitent déjà le continent. Les divisions du territoire décidées à la Conférence ont pour effet de séparer un très grand nombre d'ethnies. C'est ainsi que les Bakongos, un peuple habitant près du fleuve Congo, se trouvent désormais sous la domination de la France, du Portugal et du roi des Belges. Du jour au lendemain, des gens appartenant à une même grande famille culturelle vont se retrouver séparés par des frontières.

La situation inverse engendre elle aussi des drames. Des ethnies ayant depuis longtemps des relations conflictuelles et habitant des territoires séparés sont tout à coup regroupées dans une même communauté.

1 En 1914, sur quel continent trouve-t-on le plus de pays européens colonisateurs?

_____

2 À cette époque, quels sont les deux pays européens qui possèdent les plus grands empires?

_____

_____

3 Au 19ᵉ siècle, qu'est-ce qui a poussé les grandes puissances à agrandir leurs territoires?

_____

_____

_____

4 Quelle différence y a-t-il entre un pays et une colonie?

_____

_____

_____

_____

5 Le schéma ci-dessous représente les relations entre la métropole et ses colonies.

a) Place au bon endroit, dans l'un des rectangles colorés du schéma, les éléments énumérés dans l'encadré suivant.

- Possède des colonies
- Territoire conquis par un autre pays
- Dirige l'empire
- Présence d'autochtones
- Territoire qui regroupe la métropole et ses colonies

- Soumission aux lois du pays étranger
- Lieu où sont établis les colons
- Territoire exploité par le pays conquérant
- S'approprie les ressources pour alimenter ses industries
- Bassin de nouveaux consommateurs

b) Inscris dans l'un ou l'autre rectangle non coloré les éléments suivants :

- colons
- argent
- produits finis
- céréales
- fruits
- langue française

EMPIRE

_____

MÉTROPOLE
(ex. : France)

- _____
- _____
- _____
- Envoie une partie de ses habitants dans un pays étranger pour le coloniser

Or, _____

Religion catholique, _____

COLONIE
(ex. : Sénégal, Algérie, Tunisie, etc.)

- _____
- _____
- _____
- _____
- Bassin de travailleurs à bon marché
- _____
- _____

6 Observe la caricature ci-contre, puis réponds aux questions.

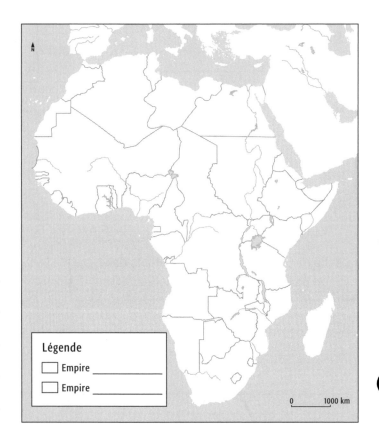

a) Quel événement de l'histoire de l'Afrique la caricature représente-t-elle?

_____

_____

b) Quel était le but de cet événement?

_____

_____

_____

_____

_____

_____

_____

_____

c) Nomme le pays représenté par le personnage qui fait le partage du gâteau.

_____

7 Complète la carte de l'Afrique au début du 20ᵉ siècle.

a) Colorie de couleurs différentes les territoires des deux puissances qui sont ressorties gagnantes du partage de l'Afrique. Complète ensuite la légende.

b) Quelles conséquences la division du continent africain par les pays européens aura-t-elle sur les populations autochtones?

_____

_____

_____

_____

_____

Légende

☐ Empire _____

☐ Empire _____

0   1000 km

2 L'impérialisme

Capitalisme

Système de production de biens et de services qui repose sur l'accumulation du capital et la propriété privée des moyens de production.

Souveraineté

Situation d'un État où le gouvernement est l'autorité la plus puissante du pays et, surtout, la seule qui a le pouvoir de régler ce qui concerne son territoire.

En Europe et en Amérique du Nord, l'expansion de l'industrialisation touche de nombreux pays où s'installe un nouveau système économique : le capitalisme. L'existence des États n'est pas menacée par ces changements. En effet, ceux qui intègrent le système capitaliste de production conservent leur **souveraineté**, c'est-à-dire qu'ils demeurent maîtres de leur politique, de leur économie, de leur système de justice et de leur territoire.

A De l'expansion du capitalisme à l'impérialisme

Impérialisme

Domination politique, économique, militaire ou culturelle d'un pays sur un ou plusieurs autres pays.

Avec l'expansion de l'industrialisation et du capitalisme, on entre dans l'ère de l'**impérialisme** économique. Les Africains conquis par des pays capitalistes d'Europe perdent leur souveraineté. Tous les aspects de leur vie seront désormais décidés par le pays capitaliste conquérant. En quelques décennies à peine, les peuples autochtones d'Afrique seront sous la domination européenne. De 1876 à 1900, le total des possessions coloniales des États européens et des États-Unis dans le monde augmente de plus de la moitié. Au début du 20e siècle, la population colonisée représente plus d'un milliard d'êtres humains sur la planète.

B Les besoins des industries et des États

Le fonctionnement du système économique capitaliste exige la création continuelle de la richesse. Pour y parvenir, les propriétaires d'industries doivent cependant avoir accès à quatre éléments essentiels :

- des capitaux pour démarrer leur entreprise et acheter de la machinerie toujours plus performante afin d'accroître constamment leur production ;
- des matières premières au plus bas prix possible ;
- des masses de travailleurs au plus bas salaire possible ;
- un nombre de consommateurs toujours plus élevé.

Le développement des industries assure aux États qui s'industrialisent des revenus en taxes et en impôts. Par conséquent, ces États sont très intéressés à fournir aux industriels ce dont ils ont besoin pour prospérer. Leurs nouvelles colonies peuvent leur fournir deux des éléments indispensables aux industriels : des matières premières et des centaines de milliers de travailleurs à très bas salaires. Les États à la tête d'un empire colonial en Afrique mettent donc en place un système d'échanges commerciaux avec leurs colonies. Ce système garantit la prospérité des industries des métropoles.

Le besoin en matières premières

Les industries métallurgiques fabriquent des objets de métal en utilisant différentes matières premières. Ces industries doivent pouvoir accéder à des millions de tonnes de cuivre, de fer, d'étain, de plomb, de zinc. Le sous-sol des États industrialisés contiennent tous quelques types de métaux, mais pour obtenir ceux qu'il leur manque, ils font creuser des mines dans leurs colonies.

En Europe, le climat permet l'élevage des moutons. Les industries textiles d'Europe s'approvisionnent donc localement en laine. Ce n'est toutefois pas le cas pour le coton, qui pousse dans des régions plus chaudes. Le climat de certaines colonies africaines est idéal pour les plantations de coton. Comme la production dans les usines textiles d'Europe doit constamment augmenter, il faut toujours plus de coton. Pour satisfaire la demande, les États colonisateurs transforment un grand nombre de terres servant à produire de la nourriture en terres qui produisent de la fibre pour les vêtements.

5.8 Une plantation de coton

Pour satisfaire les besoins accrus de l'Europe en fibre textile, des régions entières de l'Afrique ont été réservées à la monoculture du coton.

5.9 Des autochtones travaillant dans une mine de diamants dans le sud de l'Afrique vers 1890

Les commerçants de la métropole désirent aussi vendre davantage de sucre et d'arachides en provenance des colonies africaines. Des milliers de petits potagers de paysans africains seront donc remplacés par de vastes champs dédiés à une seule culture, par exemple le café. C'est ce qu'on appelle la « monoculture ». À force de réduire la capacité de produire des aliments dans les colonies, les États colonisateurs vont obliger les peuples colonisés à importer leur nourriture.

Avant l'arrivée des colonisateurs, les Africains ont déjà une forme de production alimentaire bien installée et une économie basée sur les échanges. La majorité des peuples africains ont une autosuffisance alimentaire, c'est-à-dire qu'ils produisent assez de nourriture pour manger à leur faim, que ce soit grâce à l'agriculture, à la chasse ou à la cueillette.

Le besoin de travailleurs

Les entreprises d'extraction minière et de monoculture qui s'installent en Afrique nécessitent un très grand nombre de travailleurs.

Comme les conditions de travail sont très difficiles et que la majorité des Africains subviennent déjà à leurs besoins en effectuant d'autres types de travaux, peu d'entre eux veulent devenir mineurs. Or, les projets des entreprises métropolitaines échoueront si la main-d'œuvre est insuffisante. Les États colonisateurs vont donc obliger les Africains à travailler pour eux.

Chaque État colonisateur a ses propres méthodes pour soutenir son système de **travail forcé**. Dans le sud de l'Afrique, par exemple, les Britanniques retirent leurs terres aux différents peuples noirs et déportent ces peuples dans des réserves. Une grande partie des hommes sont emmenés dans des campements miniers très éloignés d'où il est impossible de s'évader. Les hommes ne sont autorisés à retourner dans leur réserve qu'à la fin de leur

Travail forcé
Travail qu'une personne effectue contre sa volonté et sous la menace d'une punition.

5.10 Le canal de Suez

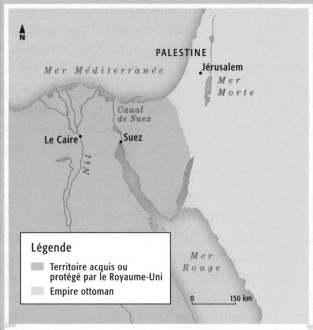

Légende

■ Territoire acquis ou protégé par le Royaume-Uni

■ Empire ottoman

0   150 km

En 1869, une étroite bande de terre reliant le continent africain au sud-ouest de l'Asie a été creusée : le canal de Suez. Pour atteindre l'Asie, les navires marchands européens n'ont plus à contourner le continent africain et les tempêtes qui s'y déchaînent.

contrat, qui peut durer de six mois à trois ans. Ceux qui demeurent dans les réserves cultivent un bout de terre tout juste assez grand pour les nourrir. Le gouvernement britannique impose aussi des impôts à ces agriculteurs. Pour parvenir à payer ces impôts, des membres de la famille doivent chercher un travail salarié, au service des colonisateurs.

Pour augmenter leurs profits, les industries et les commerçants de la métropole doivent acheter au plus bas prix possible les matières premières en provenance des colonies. Le principal moyen de maintenir ces prix peu élevés est de verser les plus bas salaires aux mineurs et aux ouvriers agricoles. Comme les peuples colonisés sont obligés de travailler pour les entreprises métropolitaines, les patrons se permettent de les payer uniquement le montant d'argent qu'il leur faut pour survivre.

Le besoin de capitaux

Les grands financiers européens, ceux qui prêtent de l'argent, doivent toujours réinvestir leurs capitaux pour accroître leurs profits. Lorsqu'ils investissent dans un projet colonial en Afrique, leurs profits sont plus grands que s'ils investissaient dans des projets réalisés sur le territoire européen, car les salaires payés aux travailleurs africains sont extrêmement bas.

Comme les industriels, les grandes banques et les investisseurs s'appuient sur les colonies pour s'enrichir rapidement. Les projets d'extraction minière dans les colonies représentent d'énormes profits pour les banques européennes. Les banques prêtent les sommes pour acheter la machinerie et l'équipement, mais aussi pour mettre en place des infrastructures pour le transport des matières premières vers les ports. Il faut également construire des navires commerciaux assez grands pour exporter les métaux lourds vers la métropole. Toutes ces opérations sont financées par les banques.

Seuls quelques pays d'Europe disposent de suffisamment de capitaux pour entreprendre des projets d'une telle envergure.

1 Indique si les énoncés suivants correspondent ou non à l'impérialisme pratiqué par les puissances européennes dans les pays africains. Coche la bonne réponse.

	Oui	Non
Les pays conquis perdent leur souveraineté.	✓	
Dans les pays conquis, tous les aspects de la vie des autochtones sont décidés par le conquérant.	✓	
Les pays africains conquis décident librement de leur relation avec les autres pays.		✓
Les pays conquis sont soumis à un système de justice et de lois mis en place par le conquérant.	✓	
Le travail effectué dans les pays africains procure aux métropoles européennes des bénéfices et permet le développement des colonies.		✓
Les pays conquis sont exploités et dépossédés de leurs richesses.	✓	

2 Parmi les quatre éléments essentiels à la création de la richesse dans un système capitaliste, coche ceux qui concernent directement les colonies.

- ✓ Des capitaux.

- ✓ Des matières premières à bon marché.

- ✓ Des travailleurs payés au plus bas salaire.

- ✓ Un nombre de consommateurs toujours plus élevé.

3 Complète le schéma de la page suivante à l'aide des énoncés de l'encadré.

Énoncés à placer dans les rectangles colorés :

- capitaux prêts à être investis
- sucre, arachides
- banques
- café
- forcer la population à faire de la monoculture
- industries métallurgiques et textiles
- bassin de travailleurs à bon marché
- créer des mines
- fer, étain, plomb, zinc, etc.
- recourir au travail forcé

Énoncés à placer dans les autres rectangles :

- profits
- impôts
- machinerie
- infrastructures

L'AFRIQUE ET LES BESOINS DES INDUSTRIES ET DES ÉTATS

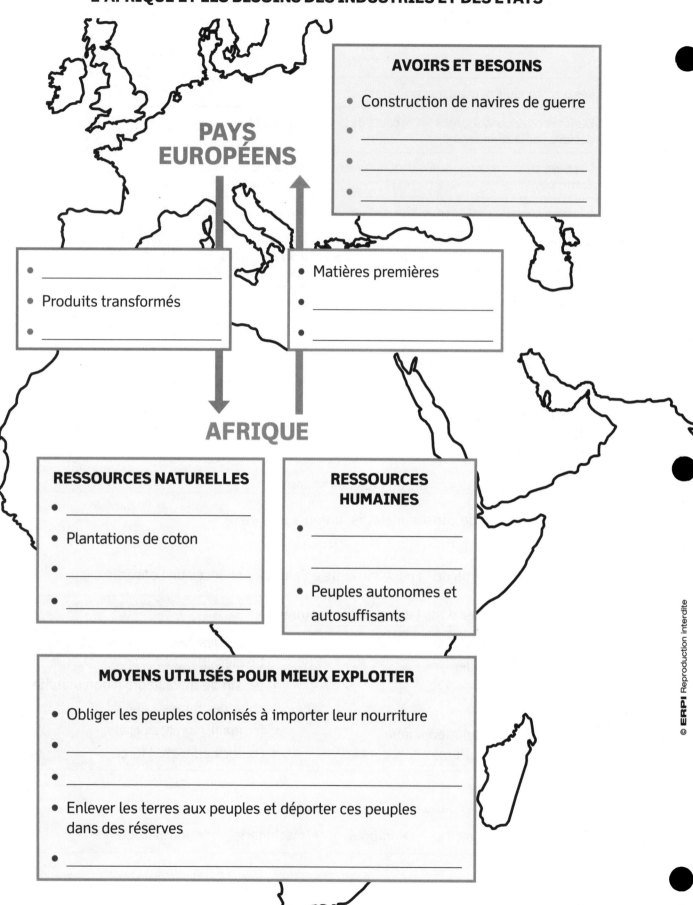

PAYS EUROPÉENS

AVOIRS ET BESOINS

- Construction de navires de guerre
- _____
- _____
- _____

- _____
- Produits transformés
- _____

- Matières premières
- _____
- _____

AFRIQUE

RESSOURCES NATURELLES

- _____
- Plantations de coton
- _____
- _____

RESSOURCES HUMAINES

- _____
- Peuples autonomes et autosuffisants

MOYENS UTILISÉS POUR MIEUX EXPLOITER

- Obliger les peuples colonisés à importer leur nourriture
- _____
- _____
- Enlever les terres aux peuples et déporter ces peuples dans des réserves
- _____

C La quête de suprématie

Suprématie

Position de domination dans un ou plusieurs domaines (politique, économique, militaire, juridique, culturel, religieux, etc.)

Un pays qui devient plus riche que ses voisins peut produire davantage d'armes et de munitions et se bâtir une plus grosse armée, d'autant plus qu'il peut payer et nourrir plus de soldats. C'est ainsi qu'il peut imposer sa **suprématie**.

Les États qui s'industrialisent s'enrichissent vite et leurs chances d'imposer leur suprématie augmentent. Afin d'assurer à leurs industries un approvisionnement en matières premières, ils se lancent donc dans une course pour s'approprier des colonies.

5.11 Un colonisateur britannique dominant le continent africain

La suprématie britannique

Dès le début du 18e siècle, la marine de guerre britannique est la force armée navale la plus puissante du monde. Trois éléments liés à la révolution industrielle renforceront la suprématie militaire du Royaume-Uni : la production industrielle de canons et d'autres pièces d'artillerie ainsi que d'armes plus destructrices ; l'utilisation de navires à vapeur (les bateaux les plus rapides du monde) et l'invention d'un nouveau procédé pour fabriquer l'acier (qui amène l'armée britannique à se doter des premiers énormes navires de guerre, les cuirassés).

5.12 La quête de suprématie des pays colonisateurs

Davantage de matières premières → Une plus grande production industrielle → Une plus grande richesse pour la métropole → Une armée plus puissante → Une plus grande capacité de se défendre contre une agression étrangère → Un plus grand sentiment de sécurité → Une plus grande capacité de conquérir les territoires des autres puissances européennes → La suprématie économique, militaire et politique

Des richesses et des conflits

En fouillant le sous-sol des colonies pour y puiser du minerai, il arrive que les colonisateurs trouvent des métaux précieux. C'est ce qui s'est produit dans le sud du continent africain en 1867. À cette époque, des milliers de descendants de Néerlandais, les *Boers* (aujourd'hui les *Afrikaners*), habitent des terres qu'ils ont conquises dans cette région au 17ᵉ siècle. Le Royaume-Uni a aussi deux territoires dans cette région (le Cap et le Natal).

Avec la découverte de diamants et d'or, la querelle pour la possession du sud de l'Afrique devient féroce entre les États boers et l'Empire britannique.

En 1899, le Royaume-Uni entraîne des hommes de tout son empire, dont des Canadiens, dans un conflit que les historiens sud-africains nomment la « guerre anglo-boer » ou la « guerre sud-africaine ». L'enjeu est très important pour le Royaume-Uni : s'il réussit à s'approprier tout l'or et les diamants, il s'assure de demeurer la plus grande puissance du monde.

Pas apprendre

La suprématie militaire du Royaume-Uni a toujours été menaçante pour plusieurs pays, notamment la France, contre qui les Britanniques ont souvent été en guerre. Vers le milieu du 19ᵉ siècle, l'Allemagne et la France commencent à s'industrialiser à leur tour. La France veut augmenter sa puissance militaire pour mieux résister aux attaques de l'ennemi. Elle craint aussi de subir un **blocus naval** comme celui qui a duré presque 20 ans au tournant du 19ᵉ siècle. Le Royaume-Uni avait alors empêché tout navire commercial d'atteindre les principaux ports français et la marine française de quitter les ports de la France. Après 1870, la France souhaite aussi renforcer sa puissance par rapport à son voisin allemand, qui vient de lui infliger une écrasante défaite militaire.

Blocus naval

Déploiement de la marine de guerre autour de ports pour interdire l'entrée et la sortie de tout navire, commercial ou de pêche.

5.13 La guerre anglo-boer dans le sud de l'Afrique, en 1899

D Un système et ses inégalités

L'impérialisme amène de grandes inégalités entre les groupes. Les peuples conquis perdent leur liberté et leurs droits.

Un système commercial inéquitable

Sans l'augmentation du nombre de consommateurs pour acheter leurs produits, les industries européennes ne pourront prospérer et les États industrialisés ne parviendront pas à s'enrichir. Les États à la tête d'un empire colonial participent donc à la recherche d'un grand nombre de consommateurs pour leurs industries. Par conséquent, ils obligent la population des colonies à acheter les produits des industries de la métropole.

Les États industrialisés imposent une série d'interdictions à leurs colonies :

- interdiction de créer des industries utilisant les ressources naturelles de la colonie. Par exemple, les populations d'une colonie productrice de coton n'ont pas le droit d'implanter une industrie de draps de coton ;

- interdiction de vendre à d'autres pays les ressources naturelles nécessaires aux industries de la métropole. Par exemple, l'étain et le plomb de la colonie portugaise de l'Angola ne peuvent être vendus qu'au Portugal ;

- interdiction d'acheter des **produits manufacturés** en provenance d'un autre pays que la métropole. Par exemple, les Kenyans ne peuvent acheter des draps de coton que s'ils proviennent de leur métropole, le Royaume-Uni.

Produit manufacturé

Produit fabriqué à partir d'une matière première, à laquelle on fait subir une transformation. Un produit manufacturé prêt à être utilisé se nomme un « produit fini ».

Ce système commercial assure aux industries de la métropole un approvisionnement constant en matières premières et des consommateurs captifs, c'est-à-dire obligés d'acheter leurs produits.

5.14 Des autochtones cultivant le riz dans l'est de l'Afrique, vers 1869

Des revenus insuffisants pour la colonie

Comme c'est la métropole qui fixe le prix des matières premières et des salaires des travailleurs de la colonie, les revenus de cette dernière sont peu importants. C'est aussi la métropole qui fixe le prix des produits manufacturés. Ainsi, les colonies sont forcées de dépenser plus d'argent qu'elles n'en gagnent : elles s'appauvrissent rapidement.

La fin de l'autosuffisance alimentaire

Culture vivrière

Culture pratiquée dans un pays non industrialisé principalement pour la consommation alimentaire locale.

Cet appauvrissement des colonies est souvent aggravé par la transformation en monocultures de champs utilisés pour une **culture vivrière**. La fin de l'autosuffisance alimentaire de certaines régions oblige de nombreux peuples colonisés à importer leur nourriture. Ces nouvelles importations alourdissent le fardeau financier des colonies. Et, au fil des ans, faute d'argent, les populations autochtones sont de moins en moins nombreuses à manger à leur faim.

L'endettement des colonies

Après quelques années d'un régime économique inégal, les colonies deviennent si pauvres qu'elles doivent demander de l'argent à leur métropole, souvent pour acheter de la nourriture. Les sommes d'argent qu'elles empruntent à la métropole augmentent chaque année. En quelques décennies, l'endettement des colonies devient immense, ce qui rend les peuples colonisés encore plus dépendants de leur métropole.

Les pays industrialisés utilisent donc une partie des surplus monétaires qu'ils encaissent pour prêter de l'argent à leurs colonies, argent sur lequel ils prélèvent des intérêts.

5.15 La conquête de Madagascar par la France, au 19e siècle

En 1883, la France envoie son armée conquérir la grande île de Madagascar, dans l'océan Indien. Madagascar deviendra l'une des possessions africaines de la France. Cette île constitue un précieux point de ravitaillement pour ses navires de commerce.

1 Complète le texte suivant sur les besoins de suprématie de l'Europe en utilisant les énoncés présentés dans l'encadré.

> • matières premières • armée • territoires • suprématie • sécurité
> • richesse • bas prix • colonies • agression • production

Certains États européens sont plus riches que d'autres et veulent imposer leur suprématie.

Ils tentent de s'approprier de nouvelles _____ afin de s'assurer

un meilleur approvisionnement en _____ . Ces ressources,

achetées à _____ , augmentent la _____

industrielle et la _____ de la métropole. Celle-ci peut ainsi se

constituer une _____ puissante qui lui permet de mieux se

défendre contre une _____ étrangère. Ces investissements

militaires procurent un plus grand sentiment de _____

et une plus grande capacité de s'emparer de _____ appartenant

à d'autres puissances. On dit qu'un pays impose sa _____

lorsqu'il domine d'autres pays, dans un ou plusieurs domaines.

2 Énonce trois éléments liés à la révolution industrielle qui ont permis au Royaume-Uni de renforcer sa suprématie maritime.

- _____

- _____

- _____

3 Résume dans tes mots pourquoi le commerce entre les pays industrialisés et leurs colonies conduit à un appauvrissement continu des colonies.

_____

_____

_____

_____

_____

_____

_____

4 Au début du 20ᵉ siècle, le déséquilibre est grand entre une métropole européenne et ses colonies africaines.

Inscris, dans l'un ou l'autre des plateaux de la balance, chacun des énoncés de l'encadré.

- possède toutes les industries
- possède une armée puissante
- paie plus cher les produits finis
- ne peut posséder des industries
- fournit les ressources à bas prix

- s'endette pour acheter de la nourriture
- manque d'argent pour acheter de la nourriture
- fait des prêts d'argent

LE DÉSÉQUILIBRE ENTRE LA MÉTROPOLE ET SES COLONIES

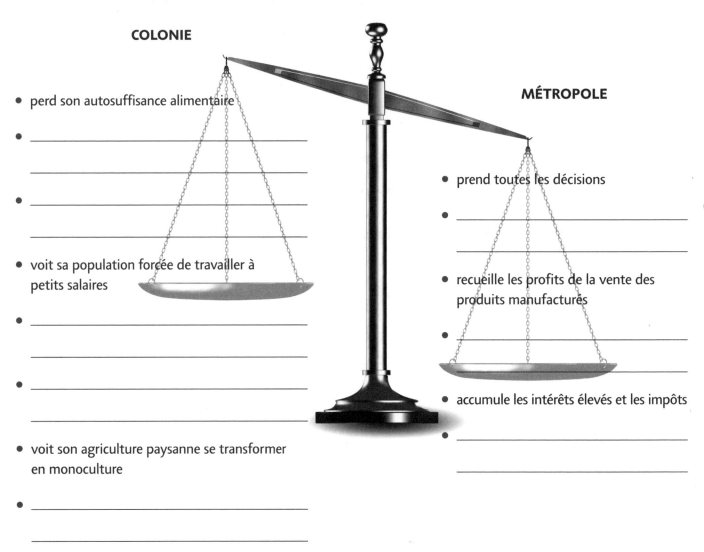

COLONIE

- perd son autosuffisance alimentaire
- _____
- _____
- _____
- voit sa population forcée de travailler à petits salaires
- _____
- _____
- _____
- _____
- voit son agriculture paysanne se transformer en monoculture
- _____
- _____

MÉTROPOLE

- prend toutes les décisions
- _____
- _____
- recueille les profits de la vente des produits manufacturés
- _____
- accumule les intérêts élevés et les impôts
- _____
- _____

3 La domination des peuples

La conquête des territoires et la mise en place du système d'exploitation des colonies par les métropoles est impossible sans la domination de la population des colonies. Les États impérialistes envoient sur place des administrateurs, des industriels, des travailleurs spécialisés dans le but de transformer la colonie afin qu'elle réponde aux besoins des métropoles. Afin d'empêcher les peuples des territoires conquis de se rebeller, des policiers et des soldats sont envoyés dans les colonies.

Migration

Déplacement de populations d'un territoire vers un autre territoire, d'un pays vers un autre pays ou d'une métropole vers une colonie, par exemple.

Discrimination

Traitement inégalitaire imposé à un groupe particulier dans une société en raison de l'ethnie, notamment.

Acculturation

Processus au cours duquel un peuple adopte la culture et les valeurs d'un autre peuple.

A L'arrivée des Européens

Le but des Européens dans cette **migration** vers les colonies n'est pas de s'intégrer aux sociétés existantes. Chaque colonie se divise plutôt en deux sociétés distinctes : celle des Européens, qui ont des droits, et celle des autochtones, qui n'en ont pas. Les colons vivent dans des quartiers séparés de ceux des autochtones. Les Européens imposent leurs lois, leur culture et leur langue. La **discrimination** et l'**acculturation** sont des phénomènes très courants dans l'Afrique coloniale.

Les Européens qui débarquent dans les colonies sont généralement accompagnés de leur famille, ce qui implique pour les États colonisateurs d'envoyer des enseignants pour instruire les enfants.

Sauf dans quelques régions, la majorité des Européens sont seulement de passage dans les colonies. Administrateurs, enseignants, soldats et policiers retournent en Europe après quelques années de service et sont remplacés par d'autres.

5.16 L'inauguration d'un chemin de fer dans une colonie britannique du sud de l'Afrique, à la fin du 19e siècle

B   Les agriculteurs européens

Facultatif

Dans quelques régions d'Afrique, les métropoles attribuent des terres fertiles à leurs citoyens venus s'établir dans les colonies. Cela se fait au détriment des paysans africains à qui ces terres appartiennent. Les paysans africains ne peuvent donc plus cultiver leurs terres.

C   La violence et la répression

Répression

Tentative d'arrêter un mouvement de revendication ou de révolte par la violence.

Pour prendre les terres des paysans autochtones, pour les forcer à descendre dans les mines, les obliger à travailler dans les plantations, les États colonisateurs ont recours à la violence et à la **répression**. Lorsque les populations autochtones se révoltent contre les injustices subies, la répression devient de plus en plus violente. C'est le cas en Algérie, par exemple, où la France affronte des milliers d'Arabes et de Berbères. Par représailles contre leur révolte, les soldats brûlent les terres réservées aux cultures vivrières dans le but d'affamer les populations.

5.17 La répression des révoltes des Hereros

En 1904, l'Allemagne possède une colonie dans le sud de l'Afrique, qui est l'actuelle Namibie. La répression des révoltes se solde par la mort de 70 000 autochtones de l'ethnie Hereros.

1 Observe l'illustration qui montre le travail des populations en Afrique pendant la colonisation. Quels rôles jouent les Noirs et les Blancs?

_____

_____

_____

_____

_____

_____

_____

La construction d'un chemin de fer dans une colonie sud-africaine en 1893

_____

_____

_____

2 Trouve les mots qui correspondent aux définitions suivantes.

a) Déplacement d'une population d'un territoire ou d'un pays à un autre:

M __ __ __ __ __ __ __ __.

b) Processus au cours duquel un peuple adopte la culture et les valeurs d'un autre peuple:

A __ __ __ __ __ __ __ __ __ __ __ __.

c) Traitement inégalitaire entre des personnes en raison de l'ethnie, par exemple.

D __ __ __ __ __ __ __ __ __ __ __ __ __.

d) Tentative d'arrêter un mouvement de revendication ou de révolte par la violence.

R __ __ __ __ __ __ __ __ __.

3 Lorsque les peuples colonisés se révoltent, la répression exercée par les États colonisateurs s'accentue. Donne deux exemples de répression violente présentés dans le texte.

• _____

_____

• _____

_____

D   La domination culturelle

Le colonisateur impose sa langue, ses lois et sa religion. Les Européens qui s'installent en Afrique n'apprennent pas la langue du peuple qu'ils côtoient au quotidien. Ce sont plutôt les autochtones qui doivent apprendre la langue du colonisateur, car l'administration coloniale se fait dans cette langue.

Là où les pays colonisateurs ouvrent des écoles, on y enseigne généralement leur langue, leur histoire et leur culture. Ainsi, une grande partie des élèves autochtones apprennent à lire et à écrire seulement la langue de leurs enseignants européens et non leur langue maternelle.

E   La justification de la domination

Pacifier

Apporte la paix

Missionnaires

Religieux chargés de propager la foi d'une Église chrétienne (catholique, orthodoxe ou protestante).

Pour justifier les méthodes brutales utilisées pour dominer les peuples colonisés, les gouvernements à la tête d'empires coloniaux imaginent les concepts de *supériorité* et d'*infériorité* des races. Ils affirment que les Européens appartiennent à une race supérieure et les peuples conquis, à des races inférieures. Selon eux, leur intervention dans les territoires conquis s'appuie sur trois nobles intentions : christianiser des peuples, **pacifier** des territoires et civiliser des peuples.

Les administrateurs coloniaux veulent évangéliser les peuples pour qu'ils soient facile à manipuler.

Christianiser des peuples

première parti

Les Églises chrétiennes jouent un rôle majeur dans la colonisation et l'acculturation des peuples africains. Convaincues que le christianisme est la seule véritable religion, ces Églises se sont donné comme mission de convertir au christianisme le plus grand nombre de personnes possible. Pendant la colonisation du continent, et même avant, les Églises d'Europe envoient des **missionnaires** en Afrique. Ces missionnaires (moines, prêtres, religieuses) ont le mandat de répandre la parole de Dieu et de convertir les autochtones. Ils désirent « sauver les âmes » des autochtones, qu'ils jugent appartenir à des peuples païens. De nombreux missionnaires sont responsables de l'enseignement scolaire aux enfants africains. En inculquant aux élèves et aux convertis les valeurs et les normes européennes, ils contribuent au mouvement d'acculturation des peuples africains.

5.18 Rudyard Kipling (1865–1936)

5.19 *Le fardeau de l'homme blanc*

Rudyard Kipling, écrivain britannique, publie son poème *Le fardeau de l'homme blanc* en 1899.
[...]
Assumez le fardeau de l'homme blanc :
Envoyez au loin les meilleurs de vos enfants,
Obligez vos fils à l'exil
Pour qu'ils servent les besoins de vos captifs,
Et prennent le collier pour servir

Des peuples dissipés et sauvages :
Vos peuples récemment conquis, et renfrognés
Mi-diables, mi-enfants.
[...] Assumez le fardeau de l'homme blanc
Et vous récolterez sa récompense habituelle :
Le blâme de ceux que vous rendrez meilleurs,
Et la haine de ceux sur qui vous veillez [...].
[Traduction libre.]

Pacifier des territoires et civiliser des peuples

Les colonisateurs répandent le mythe que les peuples africains sont continuellement en guerre. Ils disent à leurs citoyens vouloir amener la paix en Afrique, mais comme les Africains sont armés pour faire la guerre, il leur faut donc aussi utiliser des armes pour pacifier les territoires africains.

5.20 Un missionnaire en Afrique

Un missionnaire explique à un peuple colonisé les personnages de la religion chrétienne

À l'époque, les Européens sont nombreux à croire que leur civilisation est supérieure à celle des Africains. Les grands progrès techniques apparus en Europe avec la révolution industrielle, le développement des transports, la culture littéraire, les grandes universités et les prestigieuses sociétés de recherche renforcent cette croyance. Les États colonisateurs n'ont aucune difficulté à faire croire à leurs citoyens qu'ils apportent la connaissance et la civilisation occidentales à des peuples qu'ils jugent inférieurs. Ils disent vouloir le bien des Africains en les « civilisant », en les amenant à adopter la culture européenne et en les intégrant au système économique capitaliste.

5.21 Des principes racistes dans le dictionnaire

Le dictionnaire Larousse de l'époque soutient la théorie de l'infériorité des peuples noirs par rapport aux Blancs. Dans son édition de 1872, le Larousse écrit, sous la rubrique « Nègre » :

[Ils] se rapprochent des hommes blancs sous d'autres rapports […]. Ils sont doués de la parole, et par la parole nous pouvons essayer de les élever jusqu'à nous. […] Leur infériorité intellectuelle, loin de nous conférer le droit d'abuser de leur faiblesse, nous impose le devoir de les aider et de les protéger.

Source : Pierre LAROUSSE, *Grand dictionnaire universel du 19ᵉ siècle*, 1872.

1 Mentionne deux idées à la base du courant de pensée voulant que les pays européens ont une mission « civilisatrice » envers les populations de leurs colonies.

- _____
- _____
- _____
- _____
- _____
- _____

2 Vrai ou faux?

VRAI	FAUX	
◯	◯	a) La métropole retire des terres à des paysans africains pour les donner à des colons européens venus s'installer dans la colonie.
◯	◯	b) Les colonisateurs justifient leur utilisation des armes par le fait que les peuples africains sont sans cesse en guerre.
◯	◯	c) Les policiers et les soldats sont envoyés dans les colonies pour empêcher les peuples de se révolter.

VRAI	FAUX	
◯	◯	d) La migration de Blancs en Afrique a pour but de les intégrer dans les sociétés noires existantes.
◯	◯	e) Les Blancs imposent leurs langues, leurs lois et leur religion aux peuples colonisés.
◯	◯	f) La majorité des Européens sont venus en Afrique pour s'installer en permanence.
◯	◯	g) Les colons européens vivent dans des quartiers séparés des autochtones.

3 Lis la citation suivante, puis réponds aux questions. Il s'agit du mot de bienvenue du ministre des Colonies de Belgique au Congo aux missionnaires arrivés en Afrique en 1920.

Révérends pères et chers compatriotes. Soyez les bienvenus dans notre seconde patrie, le Congo-Belge.

La tâche que vous êtes conviés à y accomplir est très délicate et demande beaucoup de tact. Prêtres, vous venez certes pour évangéliser. Mais cette évangélisation doit s'inspirer de notre grand principe: tout avant tout pour les intérêts de la métropole (la Belgique). [...] Votre rôle consiste, essentiellement, à faciliter la tâche aux administratifs et aux industriels. C'est donc dire que vous interpréterez l'Évangile de la façon qui sert le mieux nos intérêts dans cette partie du monde. [...] *Les administratifs ainsi que les industriels se verront obligés de temps en temps, pour se faire craindre, de recourir à la violence (injurier, battre...). Il ne faudrait pas que les Nègres ripostent ou nourrissent des sentiments de vengeance. Pour cela, vous leur enseignerez de tout supporter. Vous commenterez et les inviterez à suivre l'exemple de tous les saints [...]*

Source: *Avenir colonial belge* [premier quotidien du Congo belge], édition du 30 octobre 1921.

a) À quelle religion veut-on convertir les autochtones? _____

b) Dans l'extrait, souligne les passages qui t'apparaissent dépasser la mission d'évangélisation.

c) Cet extrait montre que les écoles et les missions soutiennent la politique d'acculturation voulue par plusieurs États colonisateurs. Comment définirais-tu cette politique?

_____

_____

_____

_____

Les révoltes et l'indépendance

Les méthodes utilisées par les colonisateurs pour dominer les populations autochtones ainsi que l'imposition de leur langue et des valeurs européennes provoquent des révoltes. Tout au long de la colonisation en Afrique, des peuples autochtones tentent de se rebeller. Par exemple, au Tanganyika, une partie de la Tanzanie actuelle, de 1905 à 1907, plus de 100 000 autochtones sont éliminés par l'Allemagne pendant la révolte des Maji Maji.

Les attaques menées par la France contre les populations algériennes font des dizaines de milliers de victimes. Pendant la guerre anglo-boers, des milliers d'autochtones sont tués par les Britanniques. Jusqu'en 1975, le Portugal mène aussi des guerres féroces contre les autochtones en révolte de ses deux dernières colonies, l'Angola et le Mozambique.

Le développement du nationalisme

La France et le Royaume-Uni s'appuient sur de petits groupes d'autochtones pour maintenir leur pouvoir. Les Britanniques donnent des privilèges et de l'argent à des chefs de tribu, qui, en retour, les aident à contrôler les autochtones et les empêchent de se rebeller. La France mise plutôt sur l'assimilation de petits groupes d'autochtones installés dans des villes. Elle envoie plusieurs d'entre eux dans des universités françaises pour en faire des administrateurs et des ingénieurs. Ces autochtones bénéficient de privilèges sociaux et financiers. Pour conserver ces privilèges, ils doivent collaborer au maintien de la société coloniale.

Une partie de ces autochtones instruits vont peu à peu se réunir et partager des idées. Graduellement, le **nationalisme** prend racine dans les colonies. Les habitants souhaitent se libérer des colonisateurs et de leur oppression. De plus en plus d'autochtones croient possible de construire une nation, un pays indépendant.

Nationalisme

Courant politique qui défend les droits, la culture et les valeurs d'une nation.

5.22 **Illustration parue en première page d'un journal français, en 1934**

5.23 George Washington Williams (1849–1891)

Le processus d'accès à l'indépendance des colonies africaines a finalement lieu au 20ᵉ siècle, sur une période de près de 60 ans. Les premières décolonisations commencent dans les années 1930, alors que l'Afrique du Sud et l'Égypte accèdent à leur pleine souveraineté. La dernière colonie africaine à devenir indépendante est la Namibie, en 1990.

L'information concernant la violence subie par les autochtones africains commence à faire le tour du monde. Un des premiers politiciens noirs américains, le juriste George Washington Williams, contribue à la diffusion de cette information. Lors d'une visite au Congo belge, il est secoué par ce qu'il voit. En 1890, il écrit une lettre au roi des Belges, Léopold II, dans laquelle il dénonce la manière dont ses représentants coloniaux traitent les autochtones.

5.24 La décolonisation de l'Afrique au 20ᵉ siècle

Le « grand ménage », illustration tirée d'un livre de conte hongrois qui représente la décolonisation de l'Afrique. Le mot *gyarmat* signifie « colonie ».

1 La France et le Royaume-Uni utilisent des méthodes différentes pour maintenir le pouvoir dans leurs colonies. Complète le schéma suivant à l'aide des énoncés de l'encadré.

- de l'argent et des privilèges
- des privilèges sociaux et financiers
- collaborent au maintien de la société coloniale
- des formations universitaires en ingénierie et en administration
- empêchent les rébellions
- aident à contrôler les autochtones

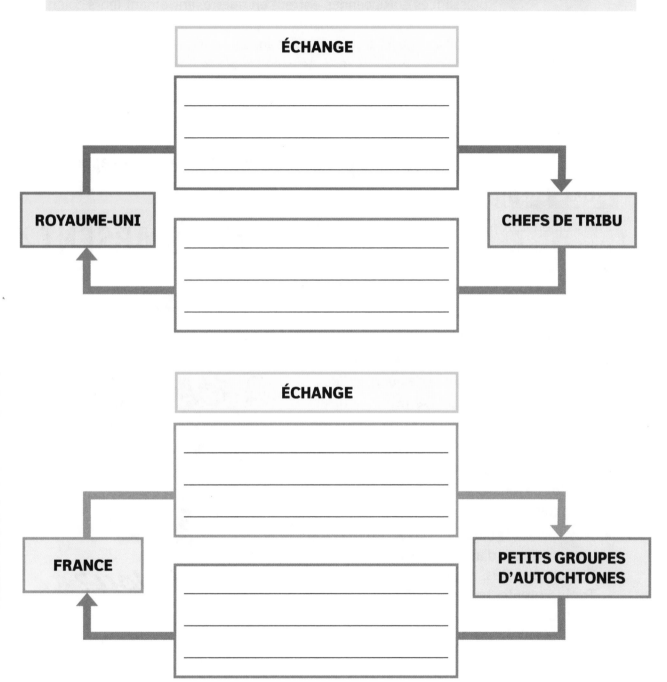

ÉCHANGE

ROYAUME-UNI

CHEFS DE TRIBU

ÉCHANGE

FRANCE

PETITS GROUPES D'AUTOCHTONES

2 Des idées nationalistes se propagent de plus en plus dans les colonies. À quoi conduiront-elles?

5 La Première Guerre mondiale

Début du conflit : 28 juillet / 4 août 1914

En 1914, la situation des peuples colonisés se trouve soudain bouleversée par une guerre qui met en cause les métropoles. Les puissances européennes entrent en guerre, entraînant leurs colonies dans ce conflit. La Première Guerre mondiale, alors appelée la « Grande Guerre », fournit un nouvel argument aux colonies pour revendiquer leur indépendance, une fois les combats terminés : les peuples colonisés exigent une reconnaissance pour leur participation à la défense des colonisateurs.

guerre entre l'autriche et la serbie

A La montée de la tension entre les pays

En 1914, en Europe, toutes les conditions sont réunies pour qu'un vaste conflit armé éclate :

- les rivalités entre les métropoles sont vives, certaines tentent de se voler des colonies ;
- la concurrence pour accaparer des marchés provoque des tensions ;
- les empires coloniaux investissent dans l'armement et les navires de guerre ;
- les puissances européennes disposent de millions d'hommes sachant manier une arme, puisque le service militaire est obligatoire ;
- les États dirigeant un empire colonial peuvent **enrôler** de force des millions d'hommes dans leurs colonies ;
- plusieurs États ont signé des accords pour se secourir en cas d'attaque. Le Royaume-Uni, la France et la Russie sont alliés au sein de la Triple-Entente, tandis que la Triple-Alliance regroupe l'Allemagne, l'Empire austro-hongrois et l'Italie. (En 1915, l'Italie change de camp.)

Enrôler

Inscrire une personne sur les listes de l'armée pour l'envoyer au combat. L'enrôlement peut être volontaire ou forcé.

5.25 « Qui manque à l'appel ? Est-ce vous ? »

Une affiche utilisée pour le recrutement de soldats parmi la population lors de la Première Guerre mondiale.

1971 reunification de l'Allemagne
Auto van

Ce qui oppose les puissances

En 1914, l'Allemagne est l'État le plus industrialisé de l'Europe et elle possède une puissante **armée navale**. Le Royaume-Uni s'inquiète. Comme il n'est pas rattaché physiquement au continent, l'importation de produits et l'approvisionnement de ses industries se font principalement par bateau. Les Britanniques craignent que les Allemands s'attaquent à leurs navires commerciaux.

De son côté, la France redoute une invasion allemande. Elle a perdu une partie de son territoire en 1871 au profit des Allemands, qui tentent maintenant de lui arracher des régions coloniales.

Les Allemands, eux, craignent une invasion russe et la Russie veut contrôler la région des Balkans afin d'avoir accès à la mer Méditerranée.

C'est justement dans les Balkans que se produit l'étincelle qui enflamme l'Europe. Située au sud de l'empire d'Autriche-Hongrie, la région des Balkans est principalement peuplée de Slaves de diverses nationalités, dont les Serbes. En 1908, l'Empire austro-hongrois annexe la Bosnie-Herzégovine, une région des Balkans où vivent de nombreux Serbes. La Serbie, voisine, est en colère et veut libérer ces Serbes. Elle tente donc de déstabiliser le gouvernement austro-hongrois. En cas de riposte militaire, la Serbie sait qu'elle sera soutenue par les Russes, un autre peuple slave.

5.26 L'assassinat de l'héritier du trône de l'empire d'Autriche-Hongrie et de son épouse

L'assassinat de François-Ferdinand (héritier du trône)

La tension est donc vive en Bosnie-Herzégovine lorsque, en juin 1914, l'héritier du trône de l'Empire austro-hongrois, l'archiduc François-Ferdinand, se rend superviser les **manœuvres** de l'armée. Le 28 juin, lui et son épouse, la duchesse Sophie Chotek, font route vers la capitale de la région, Sarajevo. Cinq Serbes les attendent. Le couple est abattu. C'est l'événement qui déclenche la guerre.

B Le début de la Première Guerre mondiale

Un mois plus tard, l'Autriche-Hongrie exige de participer à l'enquête sur l'attentat, mais la Serbie refuse. Le 28 juillet, l'Autriche-Hongrie déclare la guerre à la Serbie. Les déclarations de guerre d'un État à un autre se multiplient en raison des alliances militaires. Le 4 août 1914, toutes les puissances européennes et leurs empires sont engagés dans des combats qui vont durer quatre ans et s'étendre en Asie et en Afrique.

- Première fois qu'une guerre touche autant de pays

- # de plus décès chez les soldats plus grand nombres

La participation des peuples colonisés

À la mi-août 1914, 20 millions d'Européens, des milliers de Canadiens, de Sénégalais, d'Indiens, d'Algériens et bien d'autres peuples endossent l'uniforme de combat. Au total, 65 millions d'hommes vont combattre.

La nouvelle capacité industrielle de produire des munitions, l'application militaire de l'invention d'explosifs du savant Alfred Nobel, la fabrication d'armes à tir rapide comme les mitrailleuses, la création d'armes chimiques comme le **gaz moutarde**, l'invention du char d'assaut par les Britanniques et l'utilisation d'avions bombardiers font de cette guerre la plus meurtrière jusqu'alors. Neuf millions de soldats meurent, vingt millions sont blessés, et on compte par centaines de milliers les victimes civiles.

Gaz moutarde

Gaz toxique qui entraîne des boursouflures graves sur la peau. Il attaque aussi les yeux et les poumons.

de victimes pour les soldats

C La fin de la Première Guerre mondiale

EU va prêter les capitaux et les matériaux à l'Allemagne

Les combats cessent le 11 novembre 1918 avec la capitulation de l'Allemagne. Le traité de paix est signé à Versailles, en France, en 1919. L'humiliation à laquelle ce traité soumet l'Allemagne constitue le principal détonateur de la Seconde Guerre mondiale, qui commence 20 ans plus tard. Le traité de Versailles impose notamment à l'Allemagne:

- le remboursement de 30 milliards de dollars à la France et au Royaume-Uni pour réparations de guerre;
- la réduction de son territoire pour créer la Tchécoslovaquie;
- la division de son territoire en deux parties afin de donner à la Pologne un accès à la mer;
- la remise du territoire pris à la France en 1871;
- la redistribution de ses colonies à d'autres pays;
- la confiscation de sa flotte de guerre;
- la limitation de son armement et du nombre de ses soldats;
- l'interdiction d'avoir une armée de l'air, de construire des sous-marins et des chars d'assaut.

Il y a une nation que dit qu'ils ont gagné la 1ère et la 2ème guerre mondiale. car pendant le conflit les E-U étaient neutres

Raisons pour laquelle ils
- En s'alliant avec les autres pays.
- Immigrants étaient
→ Ont gagné même s'ils n'étaient pas vraiment attaqués.

Il y avait des navires E-U qui étaient coulés par les Allemands.

Il y a un submarin qui a attaqué un navire allemand car il y avait des armaments.

5.27 L'infanterie sénégalaise à Fréjus, en France, en 1915

à partir de 1917 les États-Unis vont déclarer la guerre à Allemagne.

1 À l'aide des éléments fournis dans l'encadré, complète le schéma ci-dessous, qui résume les causes et les conséquences de la Première Guerre mondiale.

- 20 millions de blessés
- La Triple-Entente (Royaume-Uni, France, Russie)
- Les pays se font concurrence pour accaparer des marchés
- Des centaines de milliers de civils tués
- L'Allemagne perd une partie de son territoire
- La flotte de guerre allemande est confisquée

LA PREMIÈRE GUERRE MONDIALE (1914–1918)

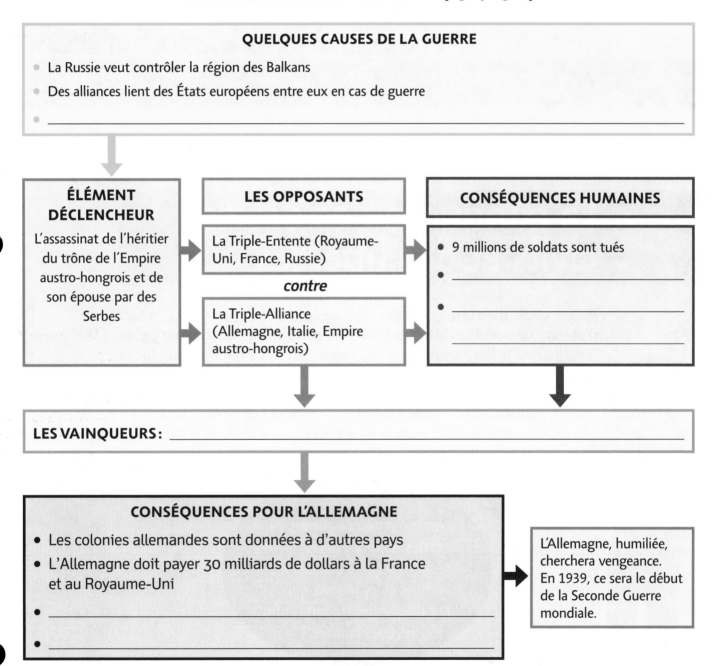

QUELQUES CAUSES DE LA GUERRE

- La Russie veut contrôler la région des Balkans
- Des alliances lient des États européens entre eux en cas de guerre
- _____

ÉLÉMENT DÉCLENCHEUR

L'assassinat de l'héritier du trône de l'Empire austro-hongrois et de son épouse par des Serbes

LES OPPOSANTS

La Triple-Entente (Royaume-Uni, France, Russie)

contre

La Triple-Alliance (Allemagne, Italie, Empire austro-hongrois)

CONSÉQUENCES HUMAINES

- 9 millions de soldats sont tués
- _____
- _____

LES VAINQUEURS : _____

CONSÉQUENCES POUR L'ALLEMAGNE

- Les colonies allemandes sont données à d'autres pays
- L'Allemagne doit payer 30 milliards de dollars à la France et au Royaume-Uni
- _____
- _____

L'Allemagne, humiliée, cherchera vengeance. En 1939, ce sera le début de la Seconde Guerre mondiale.

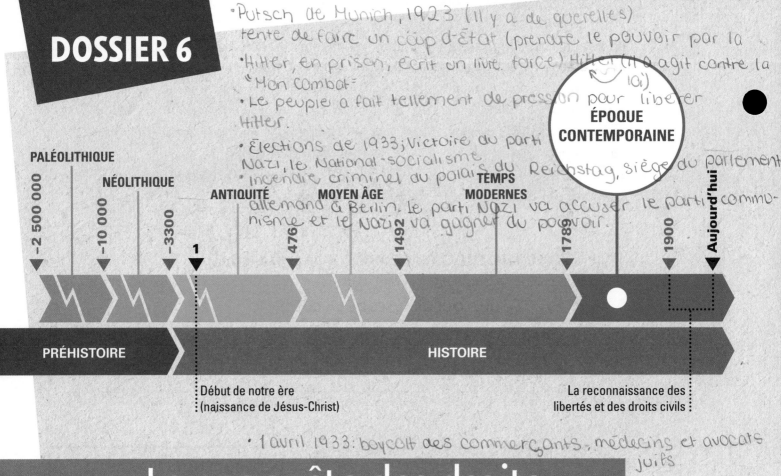

PALÉOLITHIQUE
−2 500 000

NÉOLITHIQUE
−10 000

−3300

ANTIQUITÉ
1

MOYEN ÂGE
476

1492

TEMPS MODERNES

ÉPOQUE CONTEMPORAINE

1789

1900

Aujourd'hui

PRÉHISTOIRE

HISTOIRE

Début de notre ère
(naissance de Jésus-Christ)

La reconnaissance des
libertés et des droits civils

Handwritten notes (top):
- Putsch de Munich, 1923 (il y a de querelles)
tente de faire un coup d'État (prendre le pouvoir par la
force) Hitler (il a agit contre la loi)
- Hitler, en prison, écrit un livre.
"Mon Combat"
- Le peuple a fait tellement de pression pour libérer Hitler.
- Élections de 1933; Victoire du parti Nazi, le National-socialisme.
- Incendie criminel du palais du Reichstag, siège du parlement allemand à Berlin. Le parti Nazi va accuser le parti communisme et le Nazi va gagner du pouvoir.

La conquête des droits civils et des libertés

Au 20ᵉ siècle, dans la majorité des pays, des groupes de personnes tentent d'obtenir des droits civils et des libertés qu'ils n'ont pas. Cela exige de nombreuses luttes menées par des hommes et des femmes aux idées nouvelles. Dans de nombreux pays, les femmes parviennent à obtenir les mêmes droits que les hommes. Les peuples colonisés se libèrent des colonisateurs. Les mouvements de lutte contre le racisme font en sorte que Noirs et Blancs obtiennent les mêmes droits et les mêmes libertés.

Après combien de guerres ou de luttes ces droits et ces libertés sont-ils acquis ? Qui sont les hommes et les femmes qui ont fait changer les rapports entre les êtres humains ?

Handwritten notes (right and bottom):
- 1 avril 1933: boycott des commerçants, médecins et avocats juifs.
- Il va s'attaquer aussi aux juifs.
- Pourquoi les juifs? -Ceux qui ont profité de la 1ère guerre mondiale sont les propriétaires des usines et des banques et ce sont les juifs qui sont propriétaires.
- Accuser les juifs de tout.
- Accusé les juifs de tuer J-C
- Cessir leurs bien et vont les éliminer pour acheter des armes et reconquérir les territoires qu'ils ont perdu.
- 10 mai 1933: autodafé Éliminer tous les livres qui ne sont pas Allemands.
- Suppression des libertés et attaques massives contre les opposants politiques.

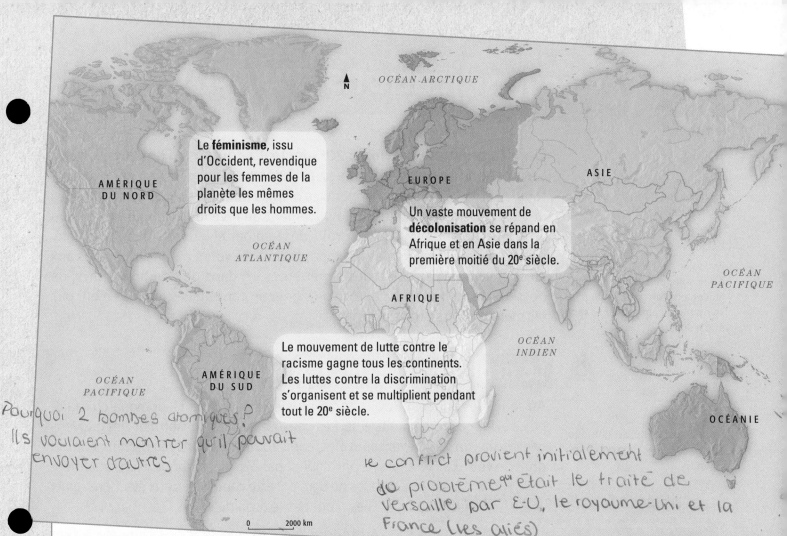

Le **féminisme**, issu d'Occident, revendique pour les femmes de la planète les mêmes droits que les hommes.

Un vaste mouvement de **décolonisation** se répand en Afrique et en Asie dans la première moitié du 20e siècle.

Le mouvement de lutte contre le racisme gagne tous les continents. Les luttes contre la discrimination s'organisent et se multiplient pendant tout le 20e siècle.

Pourquoi 2 bombes atomiques? Ils voulaient montrer qu'il pouvait envoyer d'autres

le conflict provient initialement du problème qui était le traité de versaille par É-U, le royoume-Uni et la France (les aliés)

6.1 La recherche de la liberté dans tous les pays du monde

Au début des années 1900, tous les êtres humains ne sont pas considérés comme égaux. Des millions de personnes vont se soulever pour exiger des changements en profondeur.

Blitzkrieg: guerre Hitler (guerre concentré dans un seul endroit)

Les États-Unis interviennent dans la 2ème g.m

? Selon toi, pourquoi dans de nombreux pays les femmes réclament-elles le droit de vote au début du 20e siècle?

Les japonais ont attaqué la base militaire des É-U et le pays rentre dans la guerre.
Pendant la guerre l'economie monte à É-U
La guerre froide

6.2 Des femmes réclament le droit de vote

Au début du 20e siècle, les femmes sont de plus en plus nombreuses dans le monde à réclamer le droit de vote.

sommaire

1 Les revendications des femmes

Droits

Garanties pour toutes les personnes, quel que soit leur rang social ou leur fortune.

Libertés

Fait de ne pas être la possession d'une autre personne, d'une institution ou d'un pays, et de pouvoir circuler, parler et agir sans être menacé.

Dans la première partie du 20ᵉ siècle, l'acquisition des droits pour les personnes ne se fait pas sans luttes. Les combats menés pour que tous les êtres humains obtiennent les mêmes **libertés** sont longs et difficiles et les acquis sont fragiles. Le mouvement de revendication des femmes a vu le jour pour promouvoir les droits des femmes et leur rôle dans la société. À cette époque, les femmes n'ont pas le droit de voter, d'être candidates aux élections, de faire des études supérieures et, dans de nombreux pays, de posséder un compte bancaire ou de signer un contrat. Les femmes n'ont pas les mêmes droits que les hommes.

A Le droit de vote des femmes

Militer

Lutter pour une cause, une idée, sans employer de moyens violents.

Au cours des années 1800 et 1900, plusieurs pays voient leur monarchie faire place à des gouvernements élus. Les gouvernants sont désormais des citoyens choisis par un large éventail d'électeurs. Toutefois, seuls les hommes ont le droit de vote. Les femmes ne participent pas à la vie politique. Non seulement elles ne peuvent être candidates aux élections, mais elles n'ont pas le droit de voter.

Au tournant du 19ᵉ siècle, des femmes **militent** dans de nombreux pays pour exiger que les gouvernements, composés d'hommes, les traitent en citoyennes à part entière. En 1893, les femmes de la Nouvelle-Zélande, en Océanie, sont les premières à obtenir le droit de vote.

L'action militante des femmes varie d'un pays à l'autre. Certains groupes participent à des manifestations devant l'édifice où se réunissent les gouvernants. D'autres encore publient des livres montrant l'étendue des droits dont les femmes sont privées.

6.3 *Women's Social and Political Union*

Quelques militantes de la *Women's Social and Political Union* défilent dans les rues avec leurs pancartes « Droit de vote aux femmes » (*Votes for Women*).

Le droit de vote des femmes au Québec

Au Québec, dès le début du 20ᵉ siècle, des femmes commencent à se regrouper pour revendiquer le droit de vote. Marie Lacoste est une pionnière dans la lutte contre la **discrimination** fondée sur le sexe. À l'époque, parce que les femmes n'ont pas accès à l'université, elle étudie le droit par elle-même et publie, en 1902, un livre intitulé *Traité de droit usuel*, qui expose ce qu'on appelle l'« incapacité juridique » de la femme mariée, c'est-à-dire sa privation de nombreux droits.

Discrimination

Traitement inégalitaire imposé à un groupe particulier dans une société en raison, entre autres, du sexe ou de la race.

Les droits des femmes au début du 20ᵉ siècle

retenir certains

- La femme mariée ne peut pas signer de contrat.
- Un employeur a le droit de remettre le salaire d'une femme à son mari.
- La femme n'a pas l'autorité parentale sur ses enfants et doit obéissance à son mari.
- Les femmes ne peuvent pas occuper un poste de fonctionnaire.
- Les femmes n'ont pas le droit de vote et ne peuvent être candidates aux élections.
- Seules les célibataires, les veuves et les femmes chefs de famille peuvent avoir un emploi, et encore, les perspectives sont limitées (secrétaire, infirmière, ouvrière de manufacture et enseignante au primaire), et les salaires, très bas. Une enseignante abandonne sa classe dès qu'elle se marie.
- Les femmes d'agriculteurs ou de commerçants travaillent aux champs ou dans la boutique, mais ne reçoivent pas de salaire.
- Aux yeux de l'Église, des gouvernements et de la majorité des hommes, le rôle des femmes consiste à s'occuper des enfants, à préparer les repas et à tenir la maison propre.

6.4 Marie Lacoste Gérin-Lajoie (1867–1945)

Au début des années 1900, la femme mariée doit porter le nom de son époux. C'est ainsi que Marie Lacoste, en épousant Henri Gérin-Lajoie, devient Marie Gérin-Lajoie.

Marie Lacoste Gérin-Lajoie affirme que le mariage entraîne la « mort légale » de la femme. En 1907, pour changer la situation, elle fonde un groupe de pression qui rassemble quelques milliers de femmes : la Fédération nationale Saint-Jean-Baptiste. Les évêques catholiques imposent aussitôt des limites aux activités du groupe et lui interdisent de revendiquer le droit de vote pour les femmes. La Fédération se soumet à cet ordre.

Répression

Tentative d'arrêter un mouvement de revendication ou de révolte par la violence.

Le droit de vote des femmes au Royaume-Uni

Au Royaume-Uni, le combat pour le droit de vote des femmes donne lieu à des actes de violence et à la **répression**. La lutte débute véritablement en 1903 avec la création de la *Women's Social and Political Union* (l'Union féminine sociale et politique). Ce groupement organise notamment des manifestations devant le Parlement et perturbe les discours de ministres. En 1905, la fondatrice du mouvement, Emmeline Pankhurst, est jetée en prison. Les actions des femmes deviennent alors plus violentes. C'est à ce moment qu'apparaît le surnom de « suffragettes » pour désigner les femmes qui revendiquent le droit de suffrage, c'est-à-dire le droit de voter aux élections.

6.5 Emmeline Pankhurst, (1858–1928)

Emmeline Pankhurst est arrêtée plusieurs fois durant son combat pour le vote des femmes.

En 1908, les suffragettes forcent l'entrée de la salle du Parlement britannique. Le gouvernement demande à la police d'intervenir. Après de violents affrontements, 24 femmes sont emprisonnées, dont, une fois de plus, Emmeline Pankhurst. L'année suivante, plus de 80 femmes, parmi lesquelles des mères, sont jetées en prison. Plusieurs d'entre elles amorcent une grève de la faim. Le gouvernement les nourrit de force, puis adopte une nouvelle méthode de répression appelée « loi du chat et de la souris » : il libère les grévistes et, dès qu'elles ont repris des forces, il les ramène en prison.

En 1913, les suffragettes tentent d'incendier la maison de deux députés opposés au droit de vote des femmes. Elles endommagent aussi la maison d'un ministre et de nombreux lieux de rassemblements sportifs. De la création du mouvement des suffragettes, en 1903, jusqu'au déclenchement de la Première Guerre mondiale, en 1914, plus de 1000 suffragettes britanniques iront en prison.

6.6 Des suffragettes s'attaquant à un édifice gouvernemental de Londres

le droit de vote

1 Vers 1900, plusieurs pays deviennent des démocraties. Qu'est-ce que cela signifie ?

_____

_____

2 a) Nomme une revendication majeure des femmes au début du 20ᵉ siècle.

_____

b) Quel pays a été le premier à satisfaire à cette revendication des femmes ? En quelle année ?

_____

c) Nomme trois modes d'action utilisés par les femmes qui militent en faveur du droit de vote féminin.

_____

_____

3 Parmi les emplois ci-dessous, coche ceux que les femmes peuvent occuper au début du 20ᵉ siècle.

◯ Infirmière   ◯ Secrétaire   ◯ Enseignante au primaire

◯ Médecin   ◯ Avocate

◯ Ingénieure   ◯ Fonctionnaire   ◯ Ouvrière de manufacture

4 Vrai ou faux ? Si l'énoncé est faux, corrige-le.

VRAI	FAUX
◯	◯

a) Au début du 20ᵉ siècle, les femmes qui le souhaitent peuvent devenir médecins ou avocates.

_____

_____

VRAI	FAUX
◯	◯

b) Les hommes en général et l'Église catholique en particulier souhaitent que les femmes participent à la vie politique.

_____

_____

VRAI	FAUX
◯	◯

c) Le travail des femmes est peu ou point rémunéré.

_____

_____

d) Les femmes enseignantes peuvent continuer d'enseigner une fois mariées.

_____

_____

e) Depuis la création du mouvement des suffragettes, plus de 100 militantes britanniques sont emprisonnées.

_____

_____

5 Remplis les fiches suivantes.

NOM : _____ (_____ – _____).

Nationalité : _____

Revendication principale :

_____

Mouvement qu'elle a fondé et année de sa fondation :

_____

NOM : _____ (_____ – _____).

Nationalité : _____

Revendication principale :

_____

Mouvement qu'elle a fondé et année de sa fon dation :

_____

B La Grande Guerre et l'arrêt des revendications

Quand la Grande Guerre éclate, les gouvernements font pression sur les groupes de revendicateurs pour qu'ils mettent de côté leurs luttes et qu'ils utilisent leur énergie pour soutenir l'effort de guerre de leur État. C'est ainsi que le 10 août 1914, six jours après l'entrée en guerre du Royaume-Uni contre l'Allemagne, une entente intervient entre le gouvernement britannique et les femmes qui revendiquent le droit de vote. Le gouvernement accepte de libérer toutes les suffragettes emprisonnées si le mouvement renonce à ses actions pour participer à l'effort de guerre.

Le déclenchement de la Première Guerre mondiale a aussi comme conséquence de perturber les luttes des peuples colonisés d'Asie et d'Afrique pour accéder à leur indépendance. Beaucoup de colonisés sont forcés d'aller défendre le territoire de leur métropole, ou la colonie envahie par un ennemi de leur métropole.

6.7 Des femmes travaillant à la réparation des trains

La participation des femmes à l'effort de guerre

- Elles fabriquent les armes et les munitions.
- Elles construisent les sous-marins, les cuirassés, les avions de chasse et les bombardiers. *participent à l'assemblage*
- Elles confectionnent les manteaux d'hiver des soldats.
- Elles cultivent la terre pour nourrir la population et les soldats.
- Elles soignent les blessés ramenés au pays.
- Elles travaillent dans l'industrie des chemins de fer, les banques, les services postaux.
- Elles sont fonctionnaires, dans certains pays.
- Elles enseignent dans les écoles de garçons.
- Elles sont infirmières dans les hôpitaux militaires.

L'après-guerre

Lorsque la guerre prend fin, le 11 novembre 1918, les économies européennes sont dévastées, y compris celles des pays vainqueurs. Les États n'ont pas assez de revenus pour combler les besoins engendrés par la guerre, notamment la prise en charge des millions de blessés, le soutien alimentaire des millions de veuves et d'orphelins, et la reconstruction des infrastructures.

Pour la majorité des Européens, les premières années d'après-guerre sont consacrées à la survie. À partir d'octobre 1929, un autre drame aggrave la situation : l'économie de la majorité des pays s'écroule par suite d'une gestion désordonnée des Bourses. Le capitalisme connaît sa crise la plus grave et la plus longue. Des banques et des millions d'investisseurs font faillite. Les usines ferment leurs portes par milliers. Le nombre de chômeurs atteint un niveau jamais égalé dans l'histoire. Des dizaines de millions de personnes dépendent d'organismes de charité pour manger.

La reprise des revendications

Pendant les quatre années qu'a duré la Grande Guerre, ce sont surtout les femmes qui ont soutenu l'économie de leurs pays et assuré la survie des hommes partis combattre. En effet, grâce à leur travail dans les campagnes comme dans l'industrie, elles ont permis de nourrir, d'habiller et d'armer les soldats. Au cours de cette période, elles ont fait la preuve qu'elles avaient autant de force, d'endurance et d'ingéniosité que les hommes. Après la guerre, les femmes reprennent leurs luttes pour obtenir les droits juridiques dont elles sont privées.

Vu le climat social et économique difficile qui règne en Europe après la Grande Guerre, une quinzaine d'États européens, dont l'Allemagne et le Royaume-Uni, décident de cesser de combattre les suffragettes et accordent le droit de vote aux femmes. La majorité des hommes, membres du clergé et gouvernants compris, souhaitent les voir retourner à leurs rôles traditionnels. Beaucoup de femmes s'y refusent.

1918 : les Canadiennes obtiennent le droit de vote

En 1917, le gouvernement canadien veut obliger les hommes à aller combattre en Europe pour défendre le Royaume-Uni. Vu l'impopularité de son projet auprès des Canadiens français, le premier ministre, Robert Borden, craint de ne pas être réélu. Il décide donc d'accorder le droit de vote aux épouses, veuves, mères, sœurs ou filles de Canadiens servant ou ayant servi dans l'armée. Il espère ainsi obtenir leur vote comme marque de gratitude. Le 24 mai 1918, il étend ce droit à toutes les Canadiennes non autochtones de plus de 21 ans.

1940 : les Québécoises obtiennent le droit de vote

Les Québécoises peuvent voter aux élections fédérales, mais ne le peuvent pas aux élections provinciales. En 1921, Marie Gérin-Lajoie milite au sein du Comité provincial pour le suffrage féminin, dont elle est la cofondatrice.

6.8 Henri Bourassa (1868–1952)

Le directeur et fondateur du journal québécois *Le Devoir*, Henri Bourassa, fait campagne contre le droit de vote des femmes.

Elle rencontre le premier ministre du Québec, Louis-Alexandre Taschereau, pour le convaincre d'accorder le droit de vote aux femmes, mais en vain. Elle tente de rallier des évêques. L'archevêque de Québec réagit en lançant une pétition contre le suffrage féminin, que signent de nombreuses femmes. Elle se rend à Rome pour obtenir l'appui du Congrès de l'union internationale des ligues catholiques féminines. Cette démarche échoue aussi.

En 1927, la militante Idola Saint-Jean convainc un député de présenter un projet de loi sur le droit de vote des femmes. La majorité de l'Assemblée vote contre. En 1928, Thérèse Forget-Casgrain met sur pied la Ligue des droits de la femme. Le clergé réplique en créant une organisation opposée, la Ligue catholique féminine. Finalement, le gouvernement du Québec autorise le vote des femmes le 25 avril 1940. Une fois de plus, ce droit est accordé pour des raisons électorales : au cours de la campagne d'octobre 1939, le Parti libéral d'Adélard Godbout l'avait promis en cas de victoire.

6.9 Les victoires des femmes

- La Nouvelle-Zélande devient le premier pays à accorder le droit de vote aux femmes.
- Emmeline Pankhurst fonde l'Union féminine sociale et politique.

- Marthe Pelland est la première femme admise en médecine dans une université francophone (Université de Montréal).
- Marie Lacoste Gérin-Lajoie fonde le Comité provincial pour le suffrage féminin.
- Les femmes sont admises en médecine à l'Université McGill.

- Idola Saint-Jean fonde l'Alliance canadienne pour le vote des femmes au Québec.
- La Québécoise Thérèse Forget-Casgrain crée la Ligue des droits de la femme.
- La femme est reconnue comme une personne au Canada.
- Le Barreau du Québec ouvre la profession d'avocat aux femmes.

- Le Manitoba est la première province canadienne à accorder le droit de vote aux femmes.
- Début de la Première Guerre mondiale.

- Les Canadiennes non autochtones obtiennent le droit de vote aux élections fédérales.

- Les femmes obtiennent le droit de vote et celui de se présenter aux élections québécoises.
- Début de la Seconde Guerre mondiale.

1893   1903   1914   1916   1918   1921   1925   1927   1928   1929   1939   1940   1941

Malgré ce gain important, les revendications des femmes sont à nouveau mises au second plan avec l'arrivée de la Seconde Guerre mondiale. Les gouvernements font encore une fois appel aux femmes pour travailler dans la production alimentaire et dans les industries de toutes sortes.

6.10 L'appel des femmes à l'effort de guerre

L'affiche ci-dessus invite les femmes à se joindre à l'armée des travailleuses agricoles.

1 Qu'advient-il des luttes menées par les femmes pour l'obtention du droit de vote au moment où éclate la Première Guerre mondiale, en 1914?

_____

_____

_____

_____

_____

2 Indique l'année où chacun de ces événements a eu lieu. Reporte ensuite les lettres correspondantes sur la ligne du temps.

a) Les femmes du Manitoba obtiennent le droit de vote. _____

b) Les Canadiennes obtiennent le droit de vote aux élections fédérales. _____

c) Les Québécoises obtiennent le droit de vote aux élections provinciales. _____

d) Les femmes sont admises en médecine à l'Université McGill. _____

e) Les femmes sont admises en médecine à l'Université de Montréal. _____

f) Les femmes sont admises au Barreau du Québec. _____

```
1900    1910    1920    1930    1940    1950    1960    1970    1980    1990
```

3 Pourquoi les États ont-ils besoin de beaucoup d'argent après la Première Guerre mondiale ?

_____

_____

_____

4 Comment les femmes contribuent-elles à l'effort de guerre durant la Première Guerre mondiale ? Énumère trois formes de participation.

_____

_____

_____

5 Nomme deux pays européens qui ont accordé le droit de vote aux femmes après la Grande Guerre.

_____

6 Le schéma suivant comporte, à gauche, des actions entreprises par les femmes du Québec pour obtenir le droit de vote. Indique, dans les cases de droite, les réactions que ces actions ont suscitées.

ACTION　　　　　　　　　　　　　　　**RÉACTION**

| En 1921, Marie Gérin-Lajoie rencontre le premier ministre du Québec pour lui demander le droit de vote. | _____
_____ |

| Marie Gérin-Lajoie essaie de rallier les évêques. | _____
_____ |

| Marie Gérin-Lajoie se rend à Rome pour obtenir l'appui de l'Union internationale des ligues catholiques féminines. | _____
_____ |

| Thérèse Forget-Casgrain fonde la Ligue des droits de la femme, en 1928. | _____
_____ |

C Les luttes de la seconde moitié du 20ᵉ siècle

Après la Seconde Guerre mondiale, les gouvernements font de la propagande pour inciter les femmes à laisser leur emploi dans les usines. Le but visé : repeupler les pays pour compenser les pertes de la guerre. Des millions de travailleuses sont congédiées. Les femmes obtiennent le droit de vote dans plusieurs États, mais celles qui sont mariées retrouvent leur condition de mineures.

Tenant à ce que la femme reprenne son rôle traditionnel après la guerre, les gouvernements interdisent la contraception. Sans outils pour maîtriser leur fertilité, les femmes tombent enceintes année après année, au péril de leur santé. Le mouvement de revendication des femmes porte désormais un nouveau nom : le **féminisme**. Son enjeu principal est alors la planification des naissances.

Féminisme

Mouvement social qui milite en faveur des droits des femmes.

6.11 Simone de Beauvoir
(1908–1986)

Le droit de disposer de son corps

En 1949, l'écrivaine française Simone de Beauvoir publie *Le deuxième sexe*, un livre qui choque beaucoup de gens et qui éveille la conscience de milliers de femmes. L'auteure revendique le droit des femmes à disposer de leur corps, donc à maîtriser leur fertilité. Elle dénonce l'éducation des fillettes, qui apprennent à séduire et à se soumettre plutôt qu'à être actives, ambitieuses et avides de savoirs.

À partir de 1960, des femmes de partout luttent pour la légalisation de la pilule contraceptive. Le Canada la légalise en 1969. Les Églises anglicane et luthérienne approuvent la contraception tandis que l'Église catholique la condamne. Les pressions du clergé catholique freinent l'utilisation des contraceptifs au Québec.

Dans de nombreux pays, des manifestations monstres s'organisent pour revendiquer le droit à l'avortement et à la contraception. En 1971, des femmes célèbres telles que l'actrice française Catherine Deneuve et les écrivaines Marguerite Duras et Simone de Beauvoir publient, dans les journaux et les magazines, des manifestes où elles déclarent avoir elles-mêmes subi un **avortement**.

Avortement

Interruption de la grossesse.

La ségrégation entre les sexes

Une autre féministe, l'Américaine Betty Friedan, soutient que l'éducation des filles est fondée sur une **ségrégation** entre les sexes. En 1963, elle publie *La femme mystifiée*, un livre fondamental pour le mouvement féministe. Elle y dénonce la propagande publicitaire qui tente de persuader les femmes qu'elles sont les «reines» de leur foyer et qu'elles ne peuvent trouver leur bonheur qu'à la maison. En 1966, elle fonde un groupe de pression, la *National Organization for Women* (l'Organisation nationale pour les femmes).

Ségrégation

Obligation politique et juridique faite à un groupe social de vivre à distance des autres groupes de la société, en raison de la couleur de la peau, du sexe, de la religion ou de l'ethnie.

6.12 Betty Friedan (1921–2006)

6.13 Marie-Claire Kirkland (1924–)

Les mêmes droits juridiques que les hommes

En 1961, l'avocate Marie-Claire Kirkland devient la première femme élue au Parlement québécois. À titre de députée, elle doit passer plusieurs semaines par année à Québec. Sa résidence se trouvant à Montréal, l'avocate-députée doit se louer un appartement dans la capitale. Or, en tant que femme mariée, l'avocate-députée n'a pas le droit de signer de bail. C'est son mari qui doit le faire pour elle.

En 1962, Marie-Claire Kirkland devient la première femme ministre au Québec. En 1964, elle parvient à faire modifier le Code civil: les Québécoises mariées ne sont dès lors plus considérées comme des mineures. Elles peuvent choisir leur profession, signer des contrats, poursuivre des personnes en justice. De plus, elles ne sont plus soumises à leur mari.

Les droits de la personne

La Déclaration universelle des droits de l'homme proclamée en 1948 par l'Assemblé générale de l'ONU appuie plusieurs revendications féministes. Elle pose le principe que tous les êtres humains:

- doivent être égaux devant la loi;
- ont le droit d'être élus et d'être fonctionnaires;
- doivent recevoir un salaire égal pour un travail égal;
- peuvent accéder aux études universitaires, selon leur mérite.

6.14 La féministe québécoise Simonne Monet (1919–1993)

Simonne Monet milite pour les droits des femmes, des travailleurs et des démunis. Cofondatrice de la Fédération des femmes du Québec, elle participe au mouvement pacifiste visant le désarmement nucléaire. Elle prend part aussi à la fondation de l'Institut Simone de Beauvoir à l'Université Concordia, à Montréal, spécialisée dans les études féministes.

Les gains pour les femmes

Grâce aux luttes féministes, les femmes de nombreux pays obtiennent des droits longtemps réservés aux hommes. La plupart des universités ouvrent désormais leurs portes aux femmes. À peu près partout dans le monde, mariées ou non, les femmes ont le droit de se présenter à des élections et peuvent signer des contrats. Les travailleuses salariées de nombreux pays ont droit à un congé de maternité payé. Au Québec, le gouvernement a adopté une politique d'équité salariale entre les hommes et les femmes. De plus, la loi y interdit de congédier des femmes parce qu'elles sont enceintes et oblige les employeurs à les reprendre après leur congé de maternité.

Aujourd'hui, dans les pays industrialisés, les luttes féministes se poursuivent sur divers fronts, comme celui de la protection des femmes contre la violence conjugale.

Tandis que les Occidentales élargissent leurs droits, les femmes de plusieurs régions du monde, notamment du Moyen-Orient, acquièrent le droit de vote dans les années 2000.

6.15 Les victoires des femmes

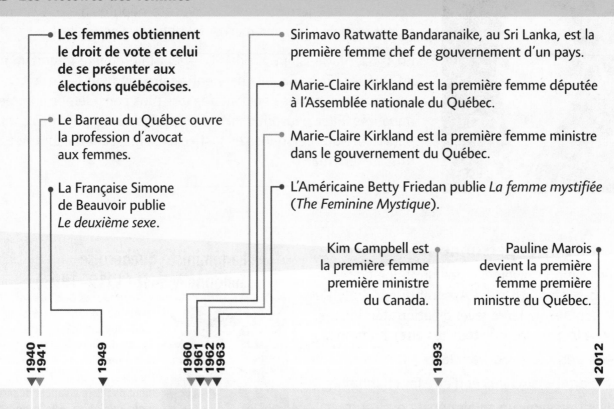

Les femmes obtiennent le droit de vote et celui de se présenter aux élections québécoises.

Le Barreau du Québec ouvre la profession d'avocat aux femmes.

La Française Simone de Beauvoir publie *Le deuxième sexe*.

Sirimavo Ratwatte Bandaranaike, au Sri Lanka, est la première femme chef de gouvernement d'un pays.

Marie-Claire Kirkland est la première femme députée à l'Assemblée nationale du Québec.

Marie-Claire Kirkland est la première femme ministre dans le gouvernement du Québec.

L'Américaine Betty Friedan publie *La femme mystifiée* (*The Feminine Mystique*).

Kim Campbell est la première femme première ministre du Canada.

Pauline Marois devient la première femme première ministre du Québec.

1940
1941
1949
1960
1961
1962
1963
1993
2012

1 Après la Seconde Guerre mondiale, pourquoi les gouvernements incitent-ils les femmes à abandonner leur emploi?

_____

_____

2 Vrai ou faux?

VRAI   FAUX   a) Après la guerre, les gouvernements veulent que les femmes restent
○   ○   sur le marché du travail.

VRAI   FAUX   b) Au Québec, dans les années 1940 et 1950, la contraception est
○   ○   interdite.

VRAI   FAUX   c) Dans les années 1960, la pilule contraceptive est légalisée, mais
○   ○   l'Église catholique freine son utilisation au Québec.

VRAI   FAUX   d) Le féminisme est un mouvement qui milite en faveur du rôle tradition-
○   ○   nel des femmes.

VRAI   FAUX   e) Marie-Claire Kirkland, en tant que première femme députée, peut
○   ○   signer le contrat de location de son logement.

3 Associe les noms suivants aux énoncés correspondants.

> • Simone de Beauvoir • Pauline Marois • Marie-Claire Kirkland
> • Betty Friedan • Kim Campbell • Simonne Monet
> • Sirimavo Ratwatte Bandaranaike

a) Elle milite pour les droits des femmes,
   des travailleurs et des démunis.   _____

b) Elle est la première femme première ministre
   du Québec.   _____

c) Elle dénonce l'éducation des fillettes,
   qui apprennent à séduire et à se soumettre plutôt
   qu'à être actives et assoiffées de connaissances.   _____

d) Elle est la première femme qui devient ministre
   au Québec.   _____

e) Elle est la première femme qui devient première
   ministre au Canada.   _____

2

La Seconde Guerre mondiale

Égalité

Principe voulant que tous les êtres humains aient les mêmes droits.

De 1939 à 1945, les revendications pour l'égalité entre les personnes s'interrompent de nouveau dans de nombreux pays, en raison de la Seconde Guerre mondiale. Les gouvernements font une fois de plus appel aux femmes pour remplacer les hommes dans les industries alimentaires et de guerre. De leur côté, les peuples colonisés d'Afrique sont de nouveau entraînés dans une guerre qui concerne leur métropole, ce qui perturbe leurs luttes de libération.

A Des villes bombardées

Génocide

Extermination systématique d'un groupe humain de même ethnie, langue, nationalité ou religion par racisme.

La Seconde Guerre mondiale dure 6 ans, de septembre 1939 à septembre 1945, et tue 25 millions de soldats. Le bilan est aussi élevé dans les populations civiles, victimes de bombardements, de massacres de militaires, de sous-alimentation ou de **génocide**. Durant ce conflit, les conventions sur la protection des civils et les droits des prisonniers de guerre ne sont pas respectées. Ainsi, 10 000 missiles allemands, chargés chacun d'une tonne d'explosif, pleuvent pendant des mois sur les quartiers résidentiels de Londres, causant 25 000 morts. Le même nombre de civils périt, en seulement deux jours, dans la ville allemande de Dresde, sous les bombes incendiaires des Britanniques et des Américains.

B La suppression des libertés et des droits civils

Censure

Contrôle exercé par le pouvoir sur des écrits, des spectacles, avant d'en autoriser la diffusion.

La première mesure qui frappe les populations des pays engagés dans ce conflit est la suppression des libertés et des droits civils, au nom de la sécurité nationale. La crainte de l'espionnage et de la trahison est telle que les gouvernements limitent ou suppriment la liberté d'expression. Certains soumettent même les publications et les émissions radiophoniques à la **censure**.

6.16 Dresde, après les bombardements britanno-américains

Plusieurs pays démocratiques retirent la liberté de circulation et le droit à la propriété à des citoyens du simple fait que ceux-ci, ou leurs ancêtres, sont originaires de pays devenus ennemis. Par exemple, 22 000 Canadiens d'origine japonaise sont dépouillés de leurs biens et enfermés dans des camps de travail. Même des Juifs réfugiés au Canada pour échapper aux persécutions en Europe sont enfermés dans des camps parce qu'ils ont la citoyenneté de pays ennemis.

C L'origine de la guerre

La Seconde Guerre mondiale trouve son origine dans les conflits armés européens précédents.

La fin de la Première Guerre mondiale

En 1918, le général allemand Erich Ludendorff a compris que ses soldats, très affaiblis, ne pourront pas vaincre les troupes fraîchement venues des États-Unis pour soutenir la France et le Royaume-Uni. Comme il veut épargner à son armée l'humiliation d'une défaite, il invente une ruse pour que la guerre cesse avant que ses soldats soient vaincus. Il convainc l'empereur allemand Guillaume II de céder le pouvoir au Parti social-démocrate. Il sait que ce parti, près des besoins du peuple, s'empressera de signer la paix pour soulager les Allemands affamés par le blocus ennemi. Ainsi, ce ne sont pas les militaires qui demanderont l'armistice, mais les politiciens.

L'Allemagne sociale-démocrate

Abdiquer

Renoncer à une fonction.

Guillaume II **abdique**. Aussitôt en place, le gouvernement social-démocrate capitule, comme prévu. Ludendorff croit que l'honneur de ses troupes est sauf, mais il ignore alors que le traité de paix qui sera signé peu de temps après à Versailles infligera aux Allemands une profonde humiliation. Ce traité ampute l'Allemagne de 70 000 kilomètres carrés, coupe son territoire en deux, lui enlève ses colonies africaines, la contraint à payer des milliards de dollars de dédommagements, réduit ses armées de mer et de terre, et l'oblige à abandonner son armée de l'air.

De cette humiliation naît, au sein de l'armée allemande, un mouvement de haine qui trouve un écho dans la population. Ainsi, le traité de Versailles entraîne, en Allemagne, une nouvelle flambée de de colère envers les autres nations et les autres peuples. Il conduit, 20 ans après sa signature, à la Seconde Guerre mondiale.

6.17 Les corps francs

Les 400 000 ex-soldats sans travail qui joignent les corps francs s'attaquent aux organisations socialistes formées d'ouvriers. La militante socialiste Rosa Luxemburg est assassinée par les corps francs le 15 janvier 1919.

La colère et les affrontements internes

Droite

Parti ou personne qui met en avant des idées politiques conservatrices.

Gauche

Parti ou personne qui met en avant des idées politiques progressistes, favorable à des changements, à des réformes.

Tout comme les soldats, les civils allemands sont en colère, car, pour payer les dommages de guerre, ils subissent une augmentation d'impôts, une baisse de salaires ainsi qu'une hausse galopante des prix, ou inflation. Ainsi, en 1921, un journal coûte moins de 1 mark, en 1922, 50 marks, et en 1923, 60 milliards de marks ! En plus de cet appauvrissement, l'Allemagne est le cadre de violences politiques jusqu'en 1919. Ce chaos naît du brusque changement de régime : la monarchie de type dictatorial a fait place à une démocratie parlementaire. Deux groupes s'opposent : la **droite** et la **gauche**.

La gauche souhaite une véritable révolution vers l'équité économique et parvient à mettre en marche une révolution socialiste dans plusieurs villes. Des ouvriers prennent d'assaut des usines. Pour faire échouer l'action révolutionnaire, de nouvelles **milices** d'extrême droite, les *corps francs*, sèment la terreur.

Milice

Groupe armé non officiel, formé de citoyens qui ne sont pas des militaires.

6.18 La croix gammée

La croix gammée est l'emblème des nazis. Les corps francs sont les premiers à la porter.

1 Comment expliquer que plus de 25 millions de civils aient été tués durant la Seconde Guerre mondiale ?

_____

_____

_____

2 Trouve les mots correspondant aux définitions ci-dessous, puis place-les dans la grille pour découvrir le mot mystère.

a) Pays dont le territoire est coupé en deux après la Première Guerre mondiale.

b) Traité de paix qui met fin à la Première Guerre mondiale.

c) Pays allié à la France et aux États-Unis lors de la Première Guerre mondiale.

d) Territoires africains perdus par l'Allemagne après la Première Guerre mondiale.

e) État qu'engendre la signature du traité de Versailles au sein du peuple allemand.

f) Général allemand qui emploie la ruse pour faire endosser aux civils la défaite de l'Allemagne.

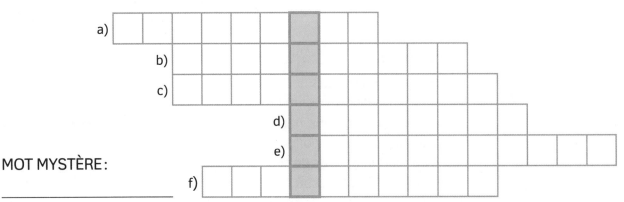

MOT MYSTÈRE :

_____

D L'arrivée d'Adolf Hitler

En colère contre son gouvernement qui a signé un traité de paix humiliant, le caporal Adolf Hitler, blessé de guerre, tente, en 1923, de prendre le pouvoir par la force. Il est alors à la tête du Parti national-socialiste, abrégé en «nazi». Son complot échoue. Après neuf mois de prison, il se met en marche vers le pouvoir, appuyé par les milices des corps francs.

La souche germanique

Souche

Origine d'une personne ou d'un groupe de personnes.

Hitler élabore une propagande basée sur le nationalisme selon laquelle les citoyens qui ne sont pas de **souche** germanique sont responsables du désastre économique du pays. En 1928, son parti remporte 12 sièges au Parlement. La crise économique de 1929 aggrave la pauvreté en faisant des millions de chômeurs. Affamée, la population est de plus en plus nombreuse à croire à la promesse de Hitler de ramener la prospérité. En 1930, le parti nazi compte un million de membres.

L'élection de Hitler

Chancelier

Premier ministre en Allemagne et en Autriche.

En 1932, soutenu par de puissants financiers, le parti nazi récolte une majorité de voix : 37 %. Le président Hindenburg devrait, en principe, nommer Hitler **chancelier**, mais il refuse. Soumis au chantage d'un ex-chancelier de connivence avec Hitler, il finit par accepter, le 30 janvier 1933.

Camp de concentration

Lieu où sont regroupés, sous surveillance militaire, des personnes considérées comme suspectes (déportés, opposants politiques, groupes ethniques, etc.).

La dictature de Hitler

Une fois chef du gouvernement, Hitler établit une dictature. En mars, il ouvre un premier **camp de concentration**, à Dachau, près de Munich. Il y enferme 30 000 communistes et sociaux-démocrates, dont des députés, et les rédacteurs du *Münchener Post*, qui dénoncent les meurtres nazis depuis 1929.

6.19 Hitler, chef de l'Allemagne nazie

Pendant son séjour en prison, Hitler écrit *Mein Kampf* (*Mon combat*), dans lequel il annonce une revanche de l'Allemagne et un programme d'épuration de la race allemande.

Une campagne d'extermination

Jusqu'en 1945, Hitler et ses nazis mènent une campagne d'extermination :

- des personnes qui manifestent leur **dissidence** politique ;
- des handicapés mentaux ;
- des handicapés physiques ;
- des homosexuels ;
- des prostituées ;
- des criminels ;
- des **Tsiganes** ;
- des Juifs.

Par l'entremise de sa police secrète, la Gestapo, placée au-dessus des lois, et des SS, l'armée privée du parti nazi, Hitler crée un véritable climat de terreur.

Dissidence

Contestation des règles mises en place par un groupe, comme un gouvernement.

Tsigane

Nom d'un peuple nomade originaire de l'Inde et vivant en Europe depuis le Moyen Âge. *Roms, Manouches* et *Gitans* sont d'autres noms qui les désignent.

Camp d'extermination

Lieu organisé par les nazis pour l'élimination en masse de personnes qu'ils jugent « indésirables » (Juifs, homosexuels, Tsiganes, etc.).

Les promesses de Hitler

Les six millions de chômeurs de 1933 ont tous un travail en 1937. Comme Hitler a redressé l'économie en un temps record, le gros de la population est derrière lui dans son entreprise d'« épuration » de la race germanique. À son annonce qu'il entend renier le traité de Versailles et rétablir la puissance militaire du pays, les Allemands retrouvent leur fierté. Les pays vainqueurs de la Grande Guerre ne réagissent pas quand Hitler reprend la production d'avions de guerre et de sous-marins. Pendant ce temps s'amorcent les campagnes de stérilisation, d'euthanasie, de déportation et d'extermination.

6.20 L'Holocauste

L'Holocauste, la mise à mort de millions de Juifs d'Europe par les nazis, compte parmi les pires horreurs de l'histoire. De 1942 à 1945, Hitler dirige une véritable « industrie » de la mort dans des **camps d'extermination**.

E Les rêves de domination des nazis

Hitler rêve de dominer l'Europe. De 1933 à 1939, il réarme l'Allemagne, annexe l'Autriche en 1938, envahit la Tchécoslovaquie en 1939, euthanasie des milliers d'Allemands, déporte des populations, persécute Tsiganes et Juifs, et fait « disparaître » les dissidents. Il faut attendre que Hitler envahisse la Pologne, en septembre 1939, pour qu'une première puissance décide de le stopper. Débute alors la Seconde Guerre mondiale.

Le 3 septembre 1939, deux jours après l'invasion de la Pologne, le Royaume-Uni déclare la guerre à l'Allemagne. La France l'imite peu après. En 1940, Hitler conquiert le Danemark, la Norvège, les Pays-Bas, la Belgique, le Luxembourg et la France. Dans ces pays, il a l'appui de nombreux **collaborateurs**, comme le chef du gouvernement français, le maréchal Pétain. Les soldats de l'Empire britannique seront seuls à combattre les nazis jusqu'en juin 1941, moment où Hitler rompt une entente signée avec les Russes et envahit leur territoire.

Collaborateur

Citoyen qui approuvait l'invasion de son pays par l'Allemagne et qui aidait les nazis à semer la terreur.

F La mondialisation de la guerre

Au début de la guerre, Hitler a le soutien de quelques pays d'Europe, dont l'Italie. Il a aussi un accord avec le Japon, qui cherche à faire des conquêtes en Asie pour combler ses besoins en matières premières. Les Japonais souhaitent occuper l'Indochine, une colonie française. Hitler et l'État français du maréchal Pétain les y autorisent. Les États-Unis réagissent aussitôt en imposant de lourdes sanctions au Japon, notamment l'arrêt des livraisons de pétrole. Le Japon réplique en décembre 1941 en bombardant la flotte américaine stationnée dans une baie d'Hawaii : Pearl Harbor. Les États-Unis déclarent la guerre au Japon. Quatre jours plus tard, alliée au Japon, l'Allemagne déclare la guerre aux Américains. Les États-Unis envoient des troupes en Europe pour combattre les nazis.

6.21 Le Saint-Louis

Pour échapper aux nazis, des Juifs ont tenté en vain de trouver refuge dans un autre pays. En 1939, 900 passagers juifs à bord du Saint-Louis se voient refuser, entre autres, l'entrée au Canada et doivent retourner en Europe.

La fin de la guerre

Les soldats russes, britanniques, américains, canadiens, indiens, sud-africains, rhodésiens, australiens et néo-zélandais parviennent à stopper la machine de mort de Hitler. Le 30 avril 1945, alors que les soldats russes sont dans Berlin, Hitler se suicide. L'armée allemande capitule le 8 mai. La Seconde Guerre mondiale prend fin en août 1945, alors que les États-Unis larguent sur deux villes japonaises, Hiroshima et Nagasaki, l'arme la plus destructrice jamais utilisée : la bombe atomique.

1 Quel parti Adolf Hitler dirige-t-il en 1923? _le Nazi_

2 Qui Hitler rend-il responsables de la situation déplorable que vit l'Allemagne?

Aux souches germaniques

3 Quels groupes la campagne d'extermination de Hitler et de ses nazis vise-t-elle?

Les personnes qui manifestent leur dissidence politique, les handicapés mentaux, les homosexuels, les criminels, les Tsiganes et les Juifs.

4 Comment se nomment la police secrète et l'armée privée de Hitler?

_____

5 Associe chacun des noms suivants à l'énoncé approprié.

> • Hitler • Hindenburg • Pétain
> • Nagasaki • Pologne • Royaume-Uni
> • Dachau • Pearl Harbor • Berlin

a) Capitale où s'est suicidé Hitler. _Berlin_

b) Ville détruite par une bombe atomique. _Nagasaki_

c) Première puissance à déclarer la guerre
à l'Allemagne après l'invasion de la Pologne. _Royaume-Uni_

d) Pays dont l'invasion déclenche la Seconde
Guerre mondiale. _Pologne_

e) Dictateur qui rêve de dominer l'Europe. _Hitler_

f) Président qui nomme Hitler chancelier. _Hindenburg_

g) Maréchal de France qui collabore avec les Allemands. _Pétain_

h) Ville où Hitler ouvre le premier camp de concentration. _Dachau_

i) Base aéronavale américaine bombardée
par les Japonais en 1941. _Pearl Harbor_

6 a) Trouve l'année qui correspond à chacun des événements suivants.

1. Envahissement de la Pologne par l'Allemagne : _____

2. Suicide de Hitler à Berlin : _____

3. Conquête de la France par l'Allemagne : _____

4. Annexion de l'Autriche par l'Allemagne : _____

5. Déclaration de guerre du Royaume-Uni et de la France
   à l'Allemagne : _____

6. Attaque par les Japonais de la base aéronavale américaine
   de Pearl Harbor : _____

7. Envahissement du territoire russe par l'Allemagne : _____

8. Largage de deux bombes atomiques sur le Japon
   par les États-Unis : _____

b) Place ces événements en ordre chronologique en reportant le numéro correspondant
dans les cercles ci-dessous.

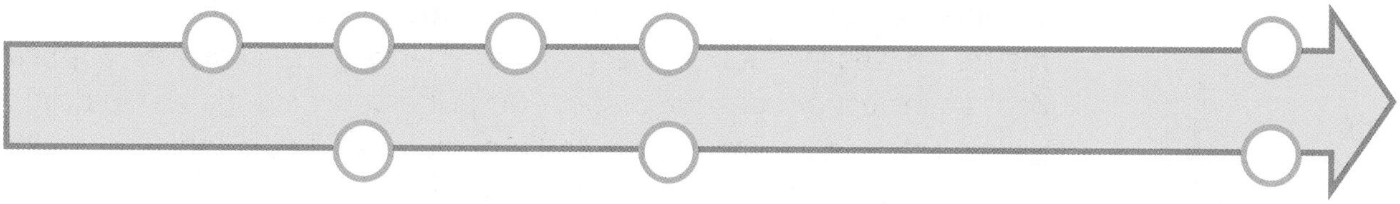

7 Remplis les schémas suivants.

a)

CAUSE	CONSÉQUENCE
L'Allemagne envahit la Pologne.	_____ _____

b)

CAUSE	CONSÉQUENCE	CONSÉQUENCE	CONSÉQUENCE
_____ _____ _____ _____ _____ _____	Les États-Unis imposent de lourdes sanctions au Japon.	_____ _____ _____ _____ _____	Les États-Unis déclarent la guerre au Japon.

3 Les luttes de libération des peuples

Après septembre 1945, les États à la tête d'empires coloniaux ne peuvent plus justifier la domination qu'ils exercent sur des centaines de peuples asiatiques et africains, et la discrimination à leur endroit. Les peuples colonisés réclament leur indépendance, en s'appuyant sur le principe de l'égalité de droits des peuples et de leur droit à disposer d'eux-mêmes.

A La décolonisation

En 1945, 51 pays, dont des États colonisateurs (la France, le Royaume-Uni, les États-Unis, les Pays-Bas et la Belgique), signent la Charte des Nations unies, qui marque la naissance de l'Organisation des Nations unies (ONU), une institution dont la mission est d'empêcher les conflits ou d'aider à y mettre fin. Les signataires s'engagent à mettre cette charte en application, dont l'article 1 qui pose le respect du principe « de l'égalité de droits des peuples et de leur droit à disposer d'eux-mêmes ». Les colonisateurs doivent donc remettre peu à peu le pouvoir politique aux colonisés.

Résistance pacifique

Forme d'action politique non violente.

Le chemin vers l'indépendance varie selon les colonies. La séparation est pacifique pour quelques-unes, violente pour plusieurs. Certaines adoptent une méthode de combat inhabituelle : la **résistance pacifique**.

6.22 Mobutu Sese Seko (1930-1997)

Militaire, homme politique et dictateur au Congo de 1965 à 1997.

Une situation économique problématique

Les nouveaux États se trouvent dans une situation économique très difficile. Les ressources naturelles ont été largement pillées. L'agriculture, qui était orientée vers la satisfaction des besoins de la métropole, n'assure pas l'autosuffisance alimentaire des populations. Les infrastructures étaient celles des colonisateurs. Les grandes entreprises minières, pétrolières et agricoles internationales, restées en place, continuent de verser des salaires très bas.

Des relations compliquées entre les groupes

La situation sociale et politique n'est pas facile non plus. Les diverses ethnies réunies de force au sein d'une colonie n'ont en commun que la culture du colonisateur. Quand vient le temps d'établir un premier gouvernement autonome et de décider qui gouvernera, elles vivent des conflits difficiles.

Dictature

Régime politique où tous les pouvoirs sont exercés par un seul individu qui, bien souvent, n'a pas été élu par la population.

Démocratisation

Établissement progressif des éléments d'une démocratie, comme l'attribution à une vaste portion des citoyens d'un pays du droit de participer aux décisions politiques.

La mise en place de dictatures

Le premier gouvernement mis en place après l'indépendance est souvent dominé par le groupe ethnique le plus puissant ou celui que privilégiaient les colonisateurs. La majorité des colonies finit par se voir imposer une **dictature**. Ainsi, après avoir vécu la ségrégation sous les Blancs, bien des peuples subissent l'oppression de dictateurs, comme Houphouët-Boigny en Côte-d'Ivoire, Mobutu Sese Seko au Congo, Sekou Touré en Guinée et Sukarno en Indonésie. Pour des millions d'Africains et d'Asiatiques, l'indépendance n'a rien à voir avec la liberté et la **démocratisation**.

B Les colonies françaises

En 1946, la France fait de ses colonies des départements ou des territoires d'outre-mer. L'Empire colonial français devient alors l'Union française. La France change même sa Constitution. Celle-ci proclame désormais que tous les habitants de l'Union française sont égaux en droits et en devoirs.

Certaines colonies veulent tout de même l'indépendance. La France l'accorde assez aisément à plusieurs d'entre elles, dont le Maroc et le Sénégal, mais s'opposera violemment à celle de l'Indochine et, plus tard, à celle de l'Algérie. Ainsi, l'année suivant la fin de la Seconde Guerre mondiale, la France reprend les armes.

Des conflits armés

De 1946 à 1954, la France déploie plus de 100 000 soldats en Indochine pour combattre les nationalistes dirigés par Hô Chi Minh, reconnu comme le plus grand stratège politique du 20e siècle. Le conflit fait des dizaines de milliers de victimes. Quatre États naîtront de cette guerre : le Laos, le Cambodge, le Vietnam du Sud et le Vietnam du Nord. En 1961, les Vietnamiens entreprennent une longue lutte contre les États-Unis. Ils obtiennent leur libération finale en 1975.

En 1954, la France redéploie ses troupes militaires, cette fois contre les indépendantistes algériens. Plus de 150 000 personnes périssent dans ce conflit. L'Algérie proclame son indépendance le 3 juillet 1962.

6.23 Hô Chi Minh (1890–1969)

Ce dirigeant vietnamien a combattu les Japonais, les Français et les Américains.

C L'indépendance de l'Inde

Au début des années 1900, des autochtones de l'Inde, colonie du Royaume-Uni, exigent des réformes. Depuis que le colonisateur a transformé l'organisation agricole, les paysans, qui forment le gros de la population, vivent dans une immense pauvreté. En ville, les artisans sont ruinés : la concurrence des produits industriels imposés sur leur marché par les Britanniques est insoutenable.

L'armée britannique attaque les grévistes

En avril 1919, pour réprimer une grève, l'armée britannique ouvre le feu sur une foule à Amritsar, faisant près de 400 morts et de 1000 blessés. La révolte grandit. Des dizaines de milliers de personnes sont emprisonnées, dont Mohandas Gandhi, un des meneurs du mouvement nationaliste.

La taxe britannique sur le sel

En 1929, le leader du Parti du Congrès, Jawaharlal Nehru, futur chef du gouvernement indien, exige l'indépendance. De son côté, Gandhi exploite l'arme de la désobéissance civile. Une de ses grandes offensives est le boycottage du sel pour protester contre une hausse de la taxe britannique sur le sel.

Pendant la Seconde Guerre mondiale, Gandhi demande aux Britanniques de quitter l'Inde. Il est de nouveau emprisonné.

En août 1947, l'Inde obtient son indépendance. Avant de se retirer, les Britanniques la divisent en deux États : le Pakistan, à majorité musulmane, et l'Inde, à majorité hindoue. Des hindous restés en territoire musulman et des musulmans restés en territoire hindou sont massacrés. C'est la guerre civile. Cent mille personnes sont tuées. Un exode s'ensuivra et fera un demi-million de morts. Gandhi sera assassiné par un fanatique hindou en 1948.

6.24 Gandhi et la marche du sel

Le 12 mars 1930, pour protester contre une hausse de la taxe sur le sel, Gandhi, leader nationaliste, invite les Indiens à marcher avec lui jusqu'à la mer afin d'extraire eux-mêmes leur sel. Des milliers de gens se joignent à cette « marche du sel ».

D Les colonies portugaises

En 1955, le Portugal signe la Charte des Nations unies. Malgré cela, il continue jusqu'en 1975 à mener des guerres meurtrières contre les groupes nationalistes de ses colonies, le Mozambique, l'Angola et la Guinée-Bissau. Pays le plus pauvre de l'Europe de l'Ouest, le Portugal est très dépendant des profits qu'il tire du travail forcé ainsi que du pillage des ressources coloniales. L'indépendance, acquise en 1975, n'arrache pas le Mozambique et l'Angola à la violence, attribuable surtout aux agressions perpétrées par le gouvernement sud-africain. La guerre civile dure 27 ans en Angola et 17 ans au Mozambique. Dans chacun de ces pays, elle fait un million de morts.

6.25 La décolonisation en Asie et en Afrique

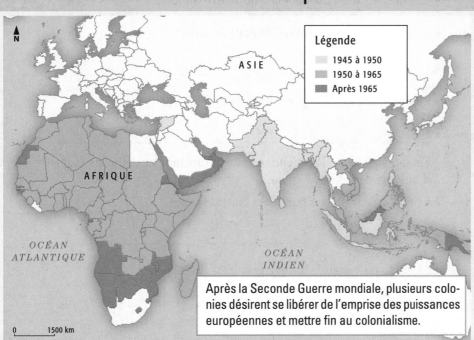

Légende
- 1945 à 1950
- 1950 à 1965
- Après 1965

ASIE

AFRIQUE

OCÉAN ATLANTIQUE

OCÉAN INDIEN

0 — 1500 km

Après la Seconde Guerre mondiale, plusieurs colonies désirent se libérer de l'emprise des puissances européennes et mettre fin au colonialisme.

1 Que signifie le mot *décolonisation* ?

_____

_____

_____

2 Durant quelle période la décolonisation s'opère-t-elle principalement : de 1945 à 1950, de 1950 à 1965, ou après 1965 ? _____

3 À l'aide d'une flèche, associe chacune des ex-colonies suivantes au pays dont elle s'est séparée.

Algérie •	• France
Angola •	
Inde •	• Portugal
Indochine •	
Mozambique •	• Royaume-Uni

4 Complète la ligne du temps suivante, qui se rapporte à des événements reliés à la décolonisation.

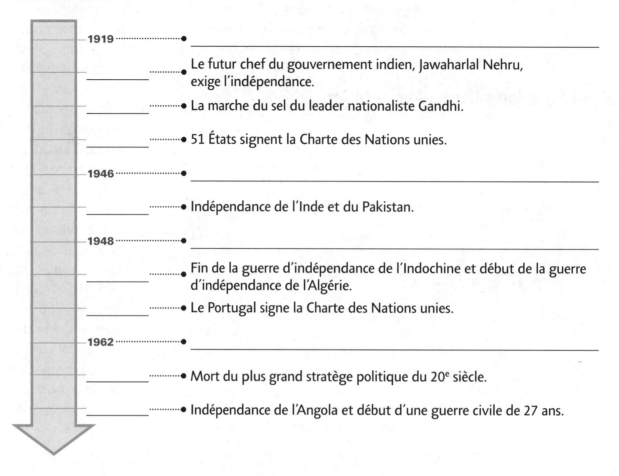

1919 _____

Le futur chef du gouvernement indien, Jawaharlal Nehru, exige l'indépendance.

La marche du sel du leader nationaliste Gandhi.

51 États signent la Charte des Nations unies.

1946 _____

Indépendance de l'Inde et du Pakistan.

1948 _____

Fin de la guerre d'indépendance de l'Indochine et début de la guerre d'indépendance de l'Algérie.

Le Portugal signe la Charte des Nations unies.

1962 _____

Mort du plus grand stratège politique du 20ᵉ siècle.

Indépendance de l'Angola et début d'une guerre civile de 27 ans.

5 Après la Seconde Guerre mondiale, soit en 1945, est créée l'ONU, une institution mondiale qui prendra de plus en plus d'importance.

a) Que signifient ces trois lettres ? _____

b) Combien de pays font partie de l'ONU ? _____

c) Quelle est la mission de l'ONU ? _____

_____

6 Parmi les énoncés suivants, coche ceux qui sont conformes à l'esprit de l'article 1 de la Charte des Nations unies.

◯ a) Les colonies restent soumises aux pays colonisateurs, mais ceux-ci doivent les traiter avec équité.

◯ b) Les colonies ont le droit de devenir indépendantes.

◯ c) Les colonisateurs doivent remettre les pouvoirs politiques aux colonies.

◯ d) Les colonies peuvent disposer d'elles-mêmes seulement si elles remportent la guerre contre les colonisateurs.

7 a) Indique une méthode de combat inhabituelle pour accéder à l'indépendance. _____

b) Nomme une colonie qui a utilisé cette méthode. _____

c) Parmi les pays suivants, souligne ceux qui ont obtenu leur indépendance par la violence.

Algérie, Vietnam, Cambodge, Maroc, Sénégal, Mozambique.

8 Observe la caricature ci-dessous. Elle a été réalisée dans les temps forts de la décolonisation en Afrique. Réponds ensuite aux questions.

a) Qui représente le personnage assis dans le pousse-pousse :
- dans le dessin de gauche ? _____
- dans le dessin de droite ? _____

b) Que représentent le personnage qui tire le pousse-pousse et celui qui évente le passager :
- dans le dessin de gauche ? _____
- dans le dessin de droite ? _____

c) Quel est le sens de cette caricature ?

_____

_____

_____

_____

9 Parmi les énoncés suivants, coche ceux qui expliquent les difficultés qu'ont connues les pays africains nouvellement indépendants.

○ a) Les colonisés n'ont pas été préparés pour diriger un pays moderne.

○ b) Les diverses ethnies réunies dans une même colonie n'ont en commun que la culture du colonisateur.

○ c) La démocratisation de la société a compliqué la vie des peuples.

○ d) Les ressources naturelles ont été largement pillées.

○ e) Le droit des peuples à disposer d'eux-mêmes n'est pas reconnu.

4 Les luttes contre le racisme

Aux États-Unis, après la Seconde Guerre mondiale, les Noirs amorcent une longue lutte contre la ségrégation raciale ; en Afrique du Sud, le cauchemar des Noirs s'aggrave au lendemain de cette guerre. La discrimination qu'ils vivent depuis l'arrivée des Européens, en 1652, prend des proportions alarmantes avec la venue, en 1948, du régime de ségrégation qui a pour nom l'«apartheid».

Des millions de Noirs américains et sud-africains ont espéré pendant des décennies que les dirigeants blancs appliquent la Déclaration universelle des droits de l'homme, en particulier les articles qui touchent la liberté, l'égalité et la sécurité.

A La ségrégation aux États-Unis

Les États-Unis connaissent une croissance économique rapide pendant et après la Seconde Guerre mondiale. Cette prospérité exclut cependant la majorité des Afro-Américains qui sont, pour la plupart, des descendants d'esclaves africains. En 1960, le nombre de Noirs vivant aux États-Unis atteint les 19 millions, ce qui représente environ 10 % de la population.

La fin de la ségrégation raciale

Depuis l'abolition de l'esclavage, en 1865, les Noirs ne sont plus la propriété d'autres individus. Mais ils n'ont pas les mêmes droits et les mêmes libertés que les Blancs. Par exemple, les Noirs n'ont pas les mêmes chances en matière d'emploi et certaines écoles leur sont interdites.

Dans beaucoup de lieux publics, des affiches indiquent aux Noirs les endroits où ils peuvent s'asseoir. Lorsqu'ils prennent l'autobus, par exemple, les Noirs doivent monter à l'avant pour acheter leur ticket, redescendre du véhicule, puis remonter par l'arrière. Les 10 premières rangées de sièges leur sont interdites, et lorsqu'elles sont occupées, ils doivent céder leur place aux Blancs. S'ils enfreignent les règles de ségrégation, ils risquent la prison.

6.26 Quelques articles sur les droits de l'homme

Article 1 *Tous les êtres humains naissent libres et égaux en dignité et en droits.*

Article 3 *Tout individu a droit à la vie, à la liberté et à la sûreté de sa personne.*

Article 5 *Nul ne sera soumis à la torture, ni à des peines ou traitements cruels, inhumains ou dégradants.*

Article 9 *Nul ne peut être arbitrairement arrêté, détenu ou exilé.*

Source : La Déclaration universelle des droits de l'homme, adoptée le 10 décembre 1948.

Le gouvernement fédéral et les États du Nord accordent plus de droits aux Noirs que la plupart des États du Sud. Ainsi, en 1948, le président Truman annonce l'équité en matière d'emploi dans l'administration fédérale et met fin à la ségrégation dans l'armée. En 1954, la Cour suprême déclare anticonstitutionnelle la ségrégation dans les écoles publiques. Pour faire échec à cette décision se forment alors des conseils de citoyens blancs. Leurs membres, qui comptent des banquiers et des propriétaires d'entreprises, s'engagent à congédier et à refuser des prêts aux partisans de l'intégration des Noirs dans certaines écoles qui leur étaient interdites. Les batailles judiciaires pour forcer les États dissidents à appliquer la loi seront longues et coûteuses.

Les États du Sud réussissent, par la ruse, à empêcher les Noirs de voter tout en respectant la Constitution. Ils imposent une taxe de vote que la majorité des Noirs, trop pauvre, ne peut payer. Ils obligent les électeurs noirs à passer un examen de lecture et de compréhension de la Constitution auquel échouent la plupart d'entre eux, faute d'instruction. Ils adoptent la « clause du grand-père » voulant que seuls puissent voter les Noirs dont le père ou le grand-père avait voté en 1867.

L'affaire Rosa McCauley Parks

Le 1er décembre 1955, dans la ville de Montgomery, en Alabama, Rosa McCauley Parks refuse de céder son siège à un Blanc dans un autobus. Elle est arrêtée et doit payer une amende. Quatre jours plus tard, les Afro-Américains sont invités à boycotter le transport en commun de la ville. Pendant 381 jours, des milliers de Noirs se rendent au travail à pied. Comme ils représentent 75 % de la clientèle, les pertes financières sont grandes pour les propriétaires d'autobus. Le meneur de ce boycottage est le nouveau pasteur d'une église baptiste de Montgomery, Martin Luther King Junior.

King tient à ce que le mouvement demeure non violent, même si les actes d'agression contre les Noirs se multiplient. Il est la cible de deux attentats ratés. On tente aussi de l'intimider par la voie judiciaire. Ainsi, le 21 février 1956, King est condamné à deux semaines de prison sous prétexte que le boycottage nuit au commerce et n'a pas de fondement « juste et légal ». Environ un an après l'arrestation de Rosa Parks, la Cour suprême interdit la ségrégation dans les transports publics.

6.27 Rosa McCauley Parks
(1913–2005)

6.28 Martin Luther King (1929-1968)

Le 28 août 1963, Martin Luther King est reçu à la Maison blanche par le président John F. Kennedy. Ce même jour, il prend la parole sur les marches du Lincoln Memorial, à Washington, devant une foule de 250 000 personnes. Il appelle à la solidarité humaine entre Blancs et Noirs.

Le mouvement des droits civiques

Grâce au boycottage de Montgomery, le mouvement des droits civiques prend une envergure nationale. Dès 1957, des pasteurs noirs fondent la Conférence des dirigeants chrétiens du Sud et élisent King à sa présidence. L'intérêt des médias s'accroît. King apparaît sur la couverture du *Time Magazine*. Toute cette publicité force les politiciens à prendre position. Certains appuient les racistes, d'autres, les Noirs.

Ainsi, le 2 septembre 1957, le gouverneur de l'Arkansas envoie la garde nationale bloquer l'entrée d'une école secondaire de Little Rock à sept filles et à deux garçons noirs. Les jours suivants, des centaines de Blancs prônant la ségrégation se massent devant l'école. L'événement prend tant d'ampleur que le président Eisenhower intervient. Le 24 septembre, il envoie l'armée escorter les neuf élèves jusqu'à leur salle de classe. Pour empêcher l'accès des Noirs aux écoles publiques sans contrevenir à la loi, le gouverneur décide, l'année suivante, de les fermer. La Cour suprême intervient une fois de plus et ordonne la réouverture de ces établissements.

Les manifestations non violentes

En 1957, une commission d'enquête fédérale sur les droits civiques est créée. King et divers groupes noirs poursuivent leur action non violente, en faisant notamment des *sit-in* devant les commerces, au milieu des rues ou dans les zones interdites. En 1960, le gouvernement fédéral ordonne la déségrégation de nombreux lieux publics telles les plages et les cafétérias. Des Blancs contestent ces décisions.

Sit-in

Manifestation non violente au cours de laquelle les protestataires s'assoient par terre dans un lieu public.

La *Civil Rights Act*

En 1964, le gouvernement adopte la *Civil Rights Act* (loi sur les droits civils), qui interdit la ségrégation dans les lieux publics, comme les restaurants. Cette loi limite aussi les ruses servant à empêcher les Noirs de voter. Cependant, elle n'interdit pas les tests de lecture imposés pour l'obtention du droit de vote. Cette même année, Martin Luther King reçoit le prix Nobel de la paix.

La *Voting Rights Act*

En 1965, les Noirs obtiennent véritablement le droit de vote. La *Voting Rights Act* (loi sur le droit de vote) interdit de limiter le droit de vote par l'usage des tests de lecture ou de toute autre épreuve.

6.29 Un hommage à Martin Luther King

Martin Luther King, pasteur noir américain, a réussi à mobiliser des millions d'Afro-Américains pour revendiquer l'égalité entre Blancs et Noirs. La murale ci-dessus est située près du musée Martin Luther King, à Atlanta, dans l'État de la Géorgie.

L'assassinat de Martin Luther King

Martin Luther King est assassiné le 4 avril 1968, à l'âge de 39 ans. Son apport à l'histoire américaine est jugé si important que le troisième lundi de janvier, qui commémore sa naissance, est devenu un jour férié aux États-Unis.

De nombreux regroupements ont continué le combat pour l'égalité. Aujourd'hui, la discrimination a toujours cours dans l'emploi et le logement, et beaucoup d'Afro-Américains vivent dans la pauvreté. Les luttes pour les droits civiques n'ont cependant pas été inutiles. En 1989, 41 ans après la fin de la ségrégation dans l'armée, un Noir, Colin Powell, accède au plus haut poste militaire des États-Unis : chef d'état-major des armées. Et, en novembre 2008, l'ancien pays des esclaves africains se donne pour président un Afro-Américain, Barack Obama.

6.30 La déségrégation des écoles publiques

Le 24 septembre 1957, à l'école secondaire de Little Rock, en Arkansas, l'armée américaine escorte neuf jeunes Noirs jusqu'à leur salle de classe.

1 a) Qui appelle-t-on les *Afro-Américains* ?

_____

_____

_____

b) Quelle proportion de la population représentent-ils aux États-Unis en 1960 ?

_____

2 a) Quelle conséquence a l'abolition de l'esclavage ?

_____

b) Les Noirs acquièrent-ils la liberté au moment où l'esclavage est aboli ? Précise ta réponse.

_____

_____

_____

3 a) En quelle année Rosa McCauley Parks a-t-elle été arrêtée ?

_____

b) Quel délit a-t-elle commis ?

_____

_____

c) Comment ont réagi les Noirs de Montgomery ?

_____

_____

d) Comment se termine l'affaire Rosa McCauley Parks ?

_____

_____

_____

4 Qui est à la tête du mouvement de contestation et de boycottage de Montgomery ?

_____

5 Le *sit-in* est une forme de manifestation non violente qu'utilisent les Afro-Américains pour faire avancer leur cause. En quoi consiste cette façon de protester ?

_____

_____

_____

6 Aujourd'hui, malgré les progrès accomplis, la situation des Noirs reste difficile aux États-Unis. Donnes-en deux exemples.

- _____

  _____

- _____

  _____

7 Les luttes pour les droits civiques n'ont pas été inutiles aux États-Unis. Donnes-en un exemple dans le domaine militaire.

_____

_____

Le discours de Martin Luther King à Washington attire une foule de 250 000 personnes.

B L'apartheid en Afrique du Sud

Le système de ségrégation mis en place en Afrique du Sud est nommé « apartheid », qui signifie « séparation » dans la langue des **Afrikaners**. Ces derniers sont les descendants des Néerlandais établis sur la pointe sud de l'Afrique depuis 1652. L'apartheid amène la domination d'une majorité par une petite minorité blanche, formée surtout de descendants de colons britanniques et d'Afrikaners.

6.31 Nelson Mandela (1918–2013)

Trois ans après sa libération, Nelson Mandela a reçu le prix Nobel de la paix.

Un parti qui exclut la majorité de la population

Dès son arrivée au pouvoir, en 1948, le Parti national, dirigé exclusivement par des Afrikaners, établit ce régime raciste. Il déclare que les Noirs vivant en Afrique du Sud depuis des générations ne sont plus des Sud-Africains. Il invente alors 10 nationalités et répartit les Noirs entre celles-ci. Cette mesure permet aux Afrikaners de prétendre constituer la majorité de la population.

L'État classe en trois catégories, selon leur origine, tous ceux qui n'ont pas la peau blanche: les Noirs (79 %), les Métis (9 %) et les Indiens (2,5 %). Ces trois groupes, qui forment 90 % de la population, n'ont aucun droit civique. Chacun est l'objet d'un système de ségrégation différent. Les Noirs subissent les mesures les plus sévères.

Pendant les 42 ans de l'apartheid, des Noirs, des Métis, des Indiens et des Blancs socialistes et communistes organisent la lutte contre ce régime. Le mouvement de résistance le plus important est le Congrès national africain, l'ANC. Ses principaux dirigeants sont Oliver Tambo, Walter Sisulu et Nelson Rolihlahla Mandela. Sisulu passera 25 ans en prison, et Mandela, 27 ans. Lors de sa libération, en 1990, Mandela a 71 ans. Quatre ans plus tard, il est élu président de l'Afrique du Sud.

6.32 Le classement des Sud-Africains de couleur pendant l'apartheid

Catégories	Définitions
Noirs	Membres des peuples autochtones (Xhosas, Zoulous, etc.).
Métis	Descendants: • des esclaves capturés en Malaisie par les Néerlandais entre 1580 et 1803; • des peuples autochtones exterminés par les colonisateurs: les Khoi et les San; • de couples interraciaux: Noir + Indien; Noir + Métis; Métis + Indien; Blanc + personne de couleur.
Indiens	Descendants: • de commerçants venus de l'Inde; • de travailleurs emmenés de l'Inde dans les années 1860 par le Royaume-Uni.

1 En Afrique du Sud, qui sont les Afrikaners et comment se nomme le système de ségrégation qu'ils ont mis en place?

_____

_____

_____

2 a) Quel parti a établi le système de ségrégation mentionné au numéro 1? _____

b) Qui dirigent ce parti? _____

c) Quelle position ce parti adopte-t-il par rapport aux Noirs? _____

_____

_____

3 La population de l'Afrique du Sud se divise en quatre groupes. Complète la légende en ajoutant les groupes et les pourcentages.

Légende

☐ _____

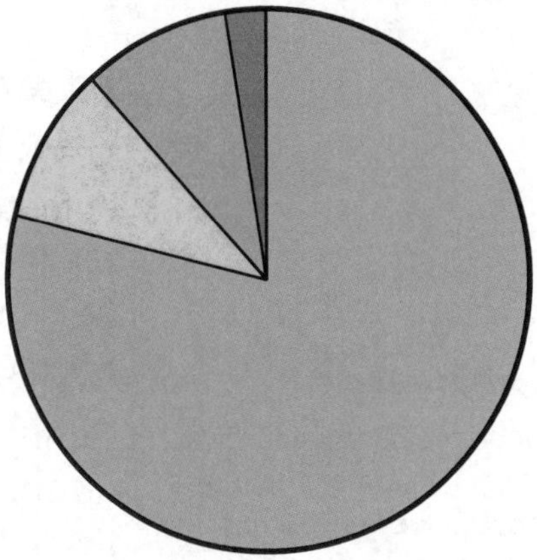

☐ _____

☐ _____

☐ _____

4 L'apartheid est-il un système juste et démocratique? Précise ta réponse.

_____

_____

_____

_____

_____

_____

6.33 Le massacre de Sharpeville

Cette agression contre des Noirs marque tant l'histoire que l'ONU fait du 21 mars la Journée internationale pour l'élimination de la discrimination raciale.

Les interdictions et les obligations

Les Noirs ne sont pas citoyens de leur pays et ils ne peuvent y circuler librement. Ainsi, ils n'ont pas le droit de sortir des quartiers qui leur sont réservés sans un laissez-passer, sous peine d'emprisonnement. Beaucoup de domestiques ou de jardiniers noirs vivent dans une cabane installée sur la propriété de leur employeur blanc. Les enfants n'y sont pas admis. Les Noires domestiques travaillent à des centaines de kilomètres de chez elles et n'ont que deux après-midi de congé par semaine. Ainsi, afin de gagner ce qu'il faut pour nourrir leurs enfants, des millions de mères doivent vivre séparées d'eux.

En Afrique du Sud, contrairement aux États-Unis, les autobus, les trains, les restaurants et les bibliothèques sont totalement ségrégués. Une loi visant à préserver la « pureté du sang des Blancs » interdit les mariages mixtes. Les Noirs ne peuvent quitter le pays, car ils n'ont pas le droit d'avoir un passeport.

La torture et la répression

Les policiers utilisent la torture contre les Noirs sans être inquiétés par les autorités judiciaires. Quand l'ANC et d'autres groupes commencent à manifester de façon pacifique, le gouvernement réagit par une répression meurtrière. Le 21 mars 1960, il envoie ses troupes contre des manifestants non armés à Sharpeville. Des dizaines de Noirs sont tués et des centaines, blessés.

Ce massacre attire l'attention du monde entier. La semaine d'après, 50 000 personnes protestent devant le Parlement. Le gouvernement décrète **l'état d'urgence** et déclare l'ANC hors la loi. Ce dernier poursuit sa lutte dans la clandestinité et décide de créer une section armée. Deux pays de l'Afrique australe, l'Angola et le Mozambique, accueillent ses combattants.

État d'urgence

Loi décrétée par un gouvernement qui lui permet de ne plus respecter les autres lois en vigueur, notamment celles qui concernent les droits des citoyens.

Le solidarité internationale

De 1948 à 1976, le gouvernement applique ses politiques cruelles sans blâme de la part de l'ONU. Mais le massacre de Soweto, le 16 juin 1976, soulève la colère à l'échelle de la planète. Ce jour-là, les policiers tirent sur des élèves qui manifestent contre l'obligation d'apprendre la langue des Afrikaners : 800 enfants sont tués et près d'un millier sont blessés. Un gigantesque mouvement de solidarité s'amorce. Des citoyens du monde entier cessent d'acheter des produits sud-africains. Ce boycottage s'étend à toutes les entreprises qui commercent avec l'Afrique du Sud. Plusieurs d'entre elles rompent leurs liens avec ce pays. En 1977, voulant stopper les agressions sud-africaines contre les pays voisins qui aident l'ANC, l'ONU demande un **embargo** sur la vente d'armes.

Embargo

Interdiction temporaire de la vente d'un produit.

La grande libération

Les sanctions dont le pays est la cible renforcent la position du mouvement anti-apartheid. En 1987, on commence à libérer des dirigeants de l'ANC. En 1990, Mandela est relâché. De 1990 à 1994, les violences politiques font 20 000 morts. Pour ramener le calme, le gouvernement fait alors appel à Mandela. Celui-ci oblige le gouvernement à négocier l'abandon des privilèges accordés aux Blancs. En 1994, Noirs, Métis et Indiens votent aux côtés des Blancs. Mandela devient le premier président noir d'Afrique du Sud.

1 Tammy Mambolela est Noire et vit à Soweto. Elle travaille comme domestique pour Pieter Van Boxmeer, un Blanc de Johannesburg. Pour chacune des situations ci-dessous, indique si elle contrevient ou non aux règles de l'apartheid. Si elle contrevient à une règle, précise ta réponse.

Situation	Non	Oui	Précision
a) Tammy monte dans un autobus réservé aux Noirs.			_____ _____
b) Tammy croise son ami blanc Bill Hunter, dont elle est amoureuse et avec qui elle espère se marier un jour.			_____ _____
c) Tammy quitte précipitamment sa demeure pour aller travailler à Johannesburg. Elle a oublié d'apporter son laissez-passer.			_____ _____

2 a) En 1976, quelle tragédie pousse de nombreux pays du monde à se solidariser pour l'abolition de l'apartheid?

_____

_____

_____

b) En quoi consiste le grand mouvement de solidarité mondial enclenché en 1976?

_____

BOÎTE À OUTILS

sommaire

A Comment interpréter une ligne du temps?

Observe la ligne du temps ci-dessous qui montre les événements qui ont marqué l'histoire de Rome, depuis sa fondation jusqu'à la chute de l'Empire romain.

Rome, de la monarchie à l'empire

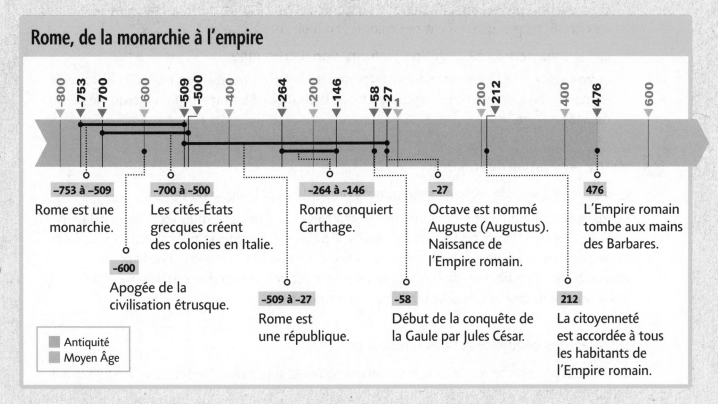

Suis les étapes suivantes pour interpréter la ligne du temps.

1 Décoder l'échelle chronologique

Pose-toi la question suivante: Quelle est l'unité de temps utilisée? S'agit-il de décennies (10 ans), de siècles (100 ans), de millénaires (1000 ans) ou d'une autre unité de temps?

▶ Calcule la différence entre les deux extrémités de la ligne.

Dans la ligne ci-dessus, on doit calculer la différence entre –800 et 600.
On obtient une durée totale de 1400 ans, soit 600 − (−800) = 1400.

▶ Pour obtenir la durée représentée par chaque intervalle, divise le total de cette durée par le nombre d'intervalles.

Cette ligne a 7 intervalles : –800 à –600, –600 à –400, –400 à –200, –200 à 1, 1 à 200, 200 à 400, 400 à 600. Chaque intervalle représente 200 ans, soit 1400 ÷ 7 = 200.

▶ Mesure la distance entre chaque intervalle et détermine l'échelle.

La mesure de chaque intervalle est de 2,3 cm. L'échelle est 2,3 cm : 200 ans.

2 Relever l'information

▶ Le titre d'une ligne du temps indique le sujet de la chronologie qu'elle représente.

Le sujet de la chronologie est l'histoire de Rome, de la monarchie à l'empire.

▶ La façon dont les données sont inscrites sur la ligne du temps te renseigne sur la durée des faits ou des événements illustrés. Il peut s'agir d'événements ponctuels ou d'événements inscrits dans une durée déterminée.

Certains éléments de la ligne du temps correspondent à une année précise. Dans ces cas, il s'agit d'événements ponctuels (par exemple, l'apogée de la civilisation étrusque, Jules César conquiert Carthage, etc.). D'autres éléments marquent la durée de certains événements (par exemple, la période où Rome est une monarchie, la période où les cités-États grecques créent des colonies en Italie, etc.).

▶ La légende permet de déchiffrer l'information représentée.

Le code de couleurs permet de constater que les événements qui ont marqué l'histoire de Rome ont eu lieu pendant l'Antiquité et que la chute de l'Empire romain marque le début du Moyen Âge.

3 Mettre en relation des durées

Compare la durée de certains événements présentés sur la ligne du temps.

Pendant la période où Rome est une monarchie, les cités-États grecques créent des colonies en Italie. Pendant la période où Rome est une république, Rome conquiert Carthage, et Jules César conquiert la Gaule. À la fin de cette période, Octave est nommé Auguste ; c'est la naissance de l'Empire romain. La période où Rome est une république s'échelonne sur une durée plus longue que celle où elle est une monarchie.

4 Dégager des séquences et des tendances

Observe la ligne du temps pour voir si des événements ou des faits se répètent fréquemment ou pas du tout.

Dans cette ligne du temps, il n'y a pas d'événement qui se répète.

5 Dégager la continuité et le changement

Observe la ligne du temps pour dégager certains faits ou événements semblables d'une période à l'autre (continuité) ou différents (changement).

Rome est d'abord une monarchie et devient ensuite une république.

B Comment réaliser une ligne du temps?

Suis les étapes suivantes pour créer une ligne du temps qui illustrera les progrès scientifiques et techniques du 15e siècle au 17e siècle.

1 Déterminer l'intention

Détermine d'abord le but recherché. À quoi cette ligne du temps servira-t-elle?

Le but est de situer les progrès scientifiques et techniques à la fin du Moyen Âge et au début des Temps modernes.

2 Sélectionner l'information

Recherche des renseignements qui serviront à dresser une chronologie. La liste des faits ou des événements relatifs à ton sujet, y compris leurs dates et les principaux personnages.

1400–1600	La Renaissance
1440	Invention de l'imprimerie par Johannes Gutenberg
1543	Démonstration par Nicolas Copernic que la Terre tourne sur elle-même et autour du Soleil
1609	Invention de la première lunette astronomique par Galileo Galilei
1643	Invention de la machine à calculer par Blaise Pascal
1668	Construction du premier télescope par Issac Newton

3 Tracer et orienter un axe

Trace un axe horizontal orienté (axe muni d'une pointe de flèche).

4 Déterminer une mesure, établir l'échelle chronologique et calculer la durée à représenter

Pour faire la graduation de ton axe, tu dois d'abord choisir l'échelle appropriée en tenant compte de la durée totale que ta ligne du temps devra couvrir.

▶ Pour calculer la durée totale, tu dois d'abord arrondir les nombres correspondant aux années de ta chronologie. Pour la première date, soit celle représentant le fait ou l'événement le plus lointain dans le temps, tu arrondis le nombre vers le bas.

Dans le cas présent, 1400 est arrondi à 1380.

Pour la date la plus récente, tu arrondis le nombre vers le haut.

Ici, 1668 est arrondi à 1680.

> Pour obtenir la durée totale de la chronologie que la ligne du temps représentera, tu soustrais la date la plus ancienne de la date la plus récente.

Dans cet exemple, on doit soustraire 1380 de 1680.

La durée totale de la chronologie est donc de 300 ans, soit 1680 − 1380 = 300.

Puisque la durée totale de la chronologie est de 300 ans, l'intervalle de temps le plus approprié est le demi-siècle (50 ans).

5 **Inscrire les segments**

Divise l'axe en segments égaux que tu identifieras par de courts traits verticaux (traits de graduation). Effectue la graduation de ton axe en utilisant seulement les dates pertinentes (nombres repères) de ta chronologie. Au besoin, indique l'année de naissance de J.-C.

Comme il y a 6 périodes de 50 ans dans 300 ans, on doit diviser l'axe en 6 intervalles égaux. Par exemple, si l'axe est de 12 cm, on obtient une longueur de 2 cm pour chaque intervalle de 50 ans, et l'échelle se lira 2 cm : 50 ans.

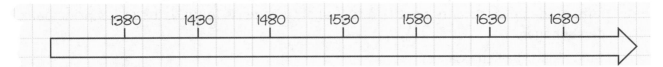

6 **Inscrire l'information sur l'axe**

Inscris les renseignements concernant les faits ou les événements que tu souhaites représenter. Écris les dates et les renseignements pertinents de façon succincte, le long de l'axe, en respectant l'échelle choisie. Si un événement se prolonge au-delà d'une année, il faut le représenter par un trait horizontal.

7 **Donner un titre qui exprime l'intention**

Formule le titre de ta ligne du temps de sorte que ton sujet soit clairement énoncé.

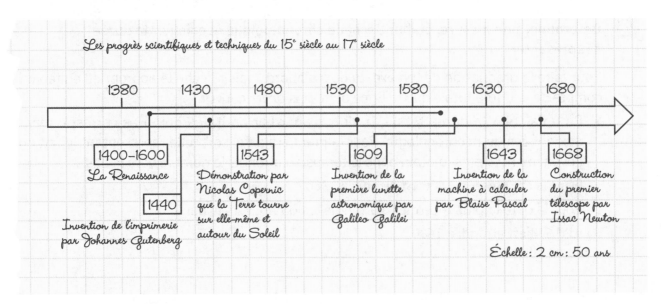

2 La cartographie

A Comment interpréter une carte ?

Les langues des conquérants

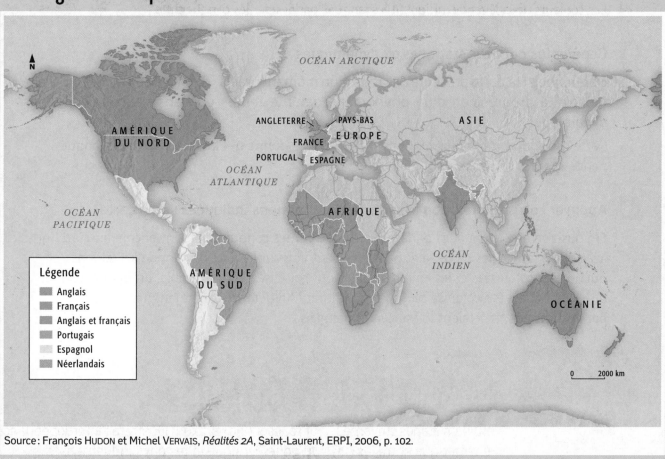

Source : François Hudon et Michel Vervais, *Réalités 2A*, Saint-Laurent, ERPI, 2006, p. 102.

Suis les étapes suivantes pour interpréter la carte ci-dessus.

1 Lire le titre

Lis le titre de la carte : il donne une idée de son contenu (le territoire représenté et le sujet traité). Vérifie également, quand c'est possible, la date où la carte a été réalisée.

Le sujet de la carte est la langue utilisée par les conquérants. La date où cette carte a été réalisée n'est pas indiquée.

2 Prendre connaissance de l'échelle et de l'orientation

L'échelle est de 9 mm pour 2000 km. Sur cette carte, le nord est indiqué.

3 Situer l'espace cartographié

Examine la carte pour déterminer le type de carte et l'espace géographique représenté.

Il s'agit d'une carte thématique. Le territoire représenté est le monde : tous les continents et les océans sont illustrés.

4 Décoder les signes et les symboles de la légende

Lis la légende et repère les signes et les symboles sur la carte.

Les couleurs de la légende indiquent les langues parlées par les conquérants.

5 Repérer les données statiques ou dynamiques

Détermine si la carte présente des faits à un moment précis (données statiques) ou si elle illustre la progression d'un phénomène dans le temps ou dans l'espace (données dynamiques).

Cette carte fournit des informations statiques. Elle donne des indications sur les langues parlées par les conquérants.

6 Appuyer son interprétation à l'aide des informations indiquées sur la carte

On observe que les langues parlées à l'époque par les conquérants sont encore aujourd'hui les langues officielles de certains pays. On peut voir sur la carte du monde les régions qui ont été colonisées et les empires qui les ont colonisées. Par exemple, on peut constater que le Canada a été colonisé par la France et par l'Angleterre, car les langues parlées par les conquérants étaient le français et l'anglais.

B Comment réaliser une carte ?

Suis les étapes suivantes pour réaliser une carte qui illustrera l'interdépendance énergétique entre les pays du golfe Persique et les pays industrialisés.

1 Déterminer l'intention

Détermine le but recherché. À quoi cette carte servira-t-elle ?

L'intention est d'illustrer l'interdépendance énergétique entre les pays du golfe Persique et les pays industrialisés.

2 Sélectionner l'information

Consulte plusieurs sources d'information (cartes, tableaux et documents divers) et relève les informations pertinentes.

Les informations à rechercher sont un fond de carte de planisphère, des données relatives aux exportations de pétrole à partir du golfe Persique (quantités exportées et régions du monde importatrices) et les routes du pétrole (la circulation du pétrole entre le golfe Persique et les régions importatrices).

3 Selon l'intention, dégager les éléments essentiels

Détermine les éléments essentiels à représenter sur la carte.

Les éléments retenus pour la carte sont les limites du territoire du golfe Persique, les quantités de pétrole exportées à partir du golfe Persique dans 3 grandes régions du monde (Asie : 50 % ; Europe de l'Ouest : 20 % ; États-Unis : 20 %) et les routes du pétrole vers ces 3 grandes régions.

4 Tracer la carte

Trace le fond de la carte ou utilise un fond de carte qui illustre bien les zones géographiques à représenter.

5 Concevoir une légende

À l'aide des signes ou des symboles que tu as choisis pour représenter les éléments que tu désires illustrer, conçois la légende.

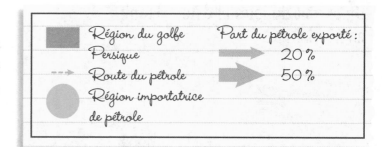

6 Indiquer l'échelle

Indique l'échelle appropriée.

L'échelle est 1 cm : 2000 km.

7 Représenter les éléments essentiels à l'aide de signes et de symboles

Dessine sur le fond de carte les éléments à cartographier à l'aide des symboles et des signes choisis dans la légende.

8 Donner un titre qui exprime l'intention

Donne un titre à la carte qui annonce le but ou la problématique liée au sujet de l'étude.

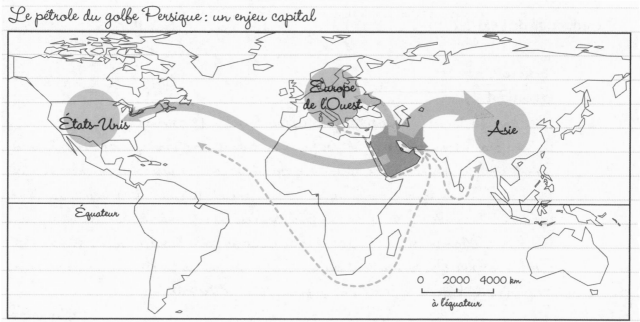

Source : Suzanne LAURIN et Julie BOIVIN, *Territoires 2*, Saint-Laurent, ERPI, 2006, page 310.

Voici un exemple d'un document écrit historique :

Anne Frank est une jeune Juive allemande exilée aux Pays-Bas pendant l'occupation par l'Allemagne durant la Seconde Guerre mondiale. Au moment où elle écrit son journal intime du 12 juin 1942 au 1er août 1944, Anne Frank est cachée avec sa famille et quatre amis dans un appartement secret. Après deux ans passés dans ce refuge, ils seront trahis et déportés vers les camps de concentration nazis. Le journal s'achève quelques jours avant l'arrestation de la famille d'Anne Frank. Celle-ci meurt à 15 ans du typhus au camp de concentration en mars 1945. Anne n'a pas vraiment d'amie. Elle écrit donc ce journal pour raconter ce qui lui arrive en s'adressant à des amies imaginaires.

Un extrait du journal d'Anne Frank en néerlandais

Traduction de l'extrait

Vendredi.   16 oct. 1942.

Chère Jet,

Si Emmy a eu droit à un petit mot de plus, tu ne seras pas non plus laissée pour compte, alors, comment ça va ? Un peu remise de tes émotions, j'espère. Ici, heureusement, tout est encore comme avant. Aujourd'hui, j'ai fait des listes de verbes irréguliers français. C'est un travail minutieux et ennuyeux, mais j'ai envie de le terminer. Je n'ai pas encore travaillé ma sténo, ce soir peut-être, mais c'est vendredi donc ce n'est plus trop le moment. Maman est une fois de plus de mauvais poil. Nous avons appris que la famille Kohnke s'est cachée, tant mieux. En ce moment, je lis Körner, j'aime vraiment ce qu'il écrit. Bon, à la prochaine fois, ma chère petite Jettie,

Anne Frank

Dimanche   18 oct. 1942.

Chère Marianne,

Hier, j'ai encore sacrifié l'écriture. D'abord parce que je voulais terminer la liste des verbes français, et ensuite parce que j'avais d'autres occupations. Kleiman m'a encore apporté 2 livres, l'Arcadia. Ça parle d'un voyage au Spitzberg et La Cure, ils m'ont l'air bien. Il a apporté aussi Les révoltés. [...] Papa veut maintenant me faire lire Hebbel et des livres d'autres auteurs allemands célèbres. J'arrive maintenant assez bien à lire en allemand. Seulement, la plupart du temps, je chuchote au lieu de lire en silence.

[...]

Suis les étapes suivantes pour interpréter le document écrit.

1 Lire le titre

Repère le titre du document. Le titre donne-t-il des indications sur l'intention de l'auteur?

Oui, on peut supposer qu'il s'agit d'un journal intime.

2 Repérer le nom de l'auteur et sa fonction

Qui est l'auteur de ce document? Cette personne occupe-t-elle une fonction particulière? S'agit-il, par exemple, d'un journaliste, d'une historienne ou d'un personnage politique? Que nous révèle l'identité de l'auteur du document?

L'auteure se nomme Anne Frank. C'est une jeune fille juive qui écrit dans un but personnel.

3 Déterminer la nature du document

De quel type de document s'agit-il? Est-ce une lettre, un article de journal ou un autre type de document? Est-ce un extrait ou une reproduction intégrale? Est-ce que le texte présente des faits ou des opinions?

Il s'agit d'un extrait d'un journal personnel. Il présente des faits et des opinions.

4 Repérer la source et la date ou d'autres repères de temps

À quel moment ce document a-t-il été écrit? Quelle est la source de ce document?

Ce texte a été écrit le 16 et le 18 octobre 1942.

5 **Établir s'il s'agit d'un texte d'époque ou non**

Est-ce un document original, une copie ou une traduction?

Il s'agit d'un texte d'époque écrit en néerlandais. On donne également la traduction française du texte.

6 **Déterminer le sujet principal**

Quelle est l'idée principale du texte? Résume-la brièvement.

L'auteure raconte ce qu'elle a fait dans sa journée. Elle parle surtout de son travail scolaire et de ses lectures.

7 **Prendre en note les idées principales**

Y a-t-il d'autres idées importantes? Au besoin, trace un schéma permettant de mettre les informations en relation et d'illustrer le niveau des idées, des faits, des opinions, des causes, des conséquences ou de tout autre aspect important des renseignements présentés dans le document.

L'auteure est le personnage principal. Elle écrit dans son journal à des amies imaginaires. Elle raconte ce qu'elle fait comme travail scolaire. On peut en déduire qu'elle étudie l'allemand et le français. Elle lit surtout des ouvrages allemands. Il semble que pour le père d'Anne, la lecture soit importante.

8 **Regrouper les idées importantes et les synthétiser**

Fais un bref résumé du texte.

9 **Mettre en relation et comparer l'information tirée de plusieurs documents**

Après avoir analysé un document écrit, il est utile d'en comparer l'information avec d'autres documents portant sur le même sujet. Cette comparaison permet de confirmer si les faits sont rapportés de la même façon et si les auteurs en ont la même perception ou s'ils expriment des opinions différentes.

4 Les documents iconographiques

Suis les étapes de la page suivante pour interpréter le document iconographique qui y est présenté.

La Joconde de Léonard de Vinci (1452–1519)

Cette toile, peinte entre 1503 et 1507, représente le portrait de Lisa Gherardini, née à Florence, en Italie, en 1479. Léonard de Vinci aurait réalisé ce portrait à la demande de son époux Francesco del Giocondo. Cette peinture à huile sur bois ne quittera jamais le peintre. Acquise vers 1518-1519 par le roi de France François Ier, *La Joconde* est maintenant exposée au musée du Louvre, à Paris. Il s'agit de la peinture la plus célèbre au monde.

1 Lire le titre

Lis le titre et la légende du document. Le titre donne-t-il des indications sur le document?
Le titre du tableau vient probablement du nom de mariée de Lisa, car *La Joconde* est « La Gioconda » en italien.

2 Déterminer la nature du document

Identifie le type de document dont il s'agit (peinture, gravure, photographie, affiche, fresque, caricature, etc.). Est-ce une image directe de la réalité (par exemple, une photographie prise sur le fait), une représentation d'une réalité ou une reconstitution d'un fait ou d'un événement?
Il s'agit d'une peinture à huile sur bois représentant un portrait. C'est donc une représentation de la réalité.

3 Repérer la source et la date

Quelle est l'origine du document? Quelle est la date ou l'époque? Qui est l'auteur? Quelle en est la provenance? Si la légende ne fournit pas ces renseignements, tente de les déduire en observant le document.
Léonard de Vinci a peint cette toile entre 1503 et 1507.

4 Déterminer le sujet principal

Dégage le sujet principal de l'œuvre et l'intention de l'artiste. L'intention peut être diverse: représenter fidèlement la réalité, proposer une vision personnelle ou poser un regard critique ou humoristique sur une certaine réalité, etc.
La toile représente un portrait sombre d'une jeune femme au sourire et au regard insaisissables. Le peintre propose sans doute une vision personnelle de son sujet.

5 Déterminer des lieux, des acteurs, des circonstances

Décris ce que tu vois sur le document, les renseignements que tu peux y relever (par exemple, les lieux, les circonstances et les personnages).
La toile présente, en avant-plan, le portrait d'une jeune femme assise sur un fauteuil. On peut en déduire que le sujet a posé pour le peintre. L'arrière-plan est un paysage montagneux probablement inspiré d'une région de l'Italie. La jeune femme semble sereine et aisée.

Les tableaux et les diagrammes

A Comment interpréter un tableau et un diagramme?

Le tableau

L'accroissement de la population canadienne, québécoise et ontarienne

Année	Population du Canada (en milliers d'habitants)	Population du Québec (en milliers d'habitants)	Population de l'Ontario (en millers d'habitants)
2010	34 005,3	7929,4	13 135,1
2011	34 342,8	8007,7	13 263,5
2012	34 752,1	8084,8	13 410,1
2013	35 154,3	8154,0	13 550,9
2014	35 540,4	8214,7	13 678,7

Source: Statistique Canada, *CANSIM*, Tableau 051-0001 [en ligne]. (Consulté le 5 novembre 2014.)

Suis les étapes suivantes pour interpréter les données du tableau ci-dessus.

1 Lire le titre

Lis le titre du tableau afin d'en dégager le sujet et l'intention des auteurs.

Le tableau présente l'accroissement de la population au Canada, au Québec et en Ontario.

2 Prendre connaissance des titres des colonnes et des rangées

Repère les titres des colonnes et des rangées du tableau.

La première colonne indique l'année et les colonnes suivantes donnent les populations canadienne, québécoise et ontarienne de chaque année.

3 Prendre connaissance de l'échelle

Repère l'unité de mesure utilisée pour présenter les données.

Les populations sont indiquées en milliers d'habitants.

4 Prendre connaissance de la nature de l'information

Identifie le type ou le genre d'information utilisé dans le tableau.

Le tableau présente les populations de trois régions de 2010 à 2014.

5 Relever des données

▶ Lis chaque ligne en reliant la donnée au titre de la colonne.

En 2010, les populations canadienne, québécoise et ontarienne étaient respectivement de 34 005 000 habitants, 7 929 400 habitants et 13 135 100 habitants.

▶ Lorsque le tableau comporte plus d'une colonne, établis des comparaisons en faisant une lecture verticale (lecture des colonnes) et une lecture horizontale (lecture des lignes).

On constate que les trois populations étudiées ont augmenté à chaque année. De 2010 à 2014, les populations québécoise et ontarienne représentent environ 62 % de la population canadienne.

▶ Analyse les données du tableau pour en tirer des conclusions.

On peut constater que la population canadienne a augmenté de 4,5 % pendant la période étudiée. La population québécoise et la population ontarienne ont eu un taux d'accroissement un peu plus faible que celui du Canada. Le Québec a un taux de 3,6 % et l'Ontario, de 4,1 %.

Le diagramme

Suis les étapes suivantes pour interpréter les données du diagramme à bandes ci-contre.

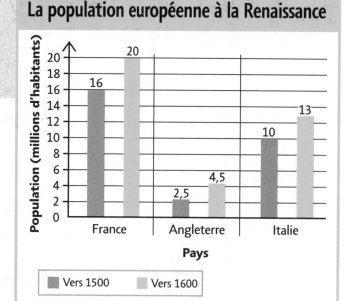

1 Lire le titre

Lis le titre du diagramme afin d'en dégager le sujet et l'intention.

Le diagramme à bandes représente la population européenne au 16e et au 17e siècle.

2 Décoder la légende

Lis la légende et donne sa signification.

La légende indique que les bandes orange et les bandes jaunes représentent respectivement les données sur la population vers 1500 et vers 1600.

3 Prendre connaissance de l'échelle

Dans un diagramme circulaire, tu dois déterminer si les données sont exprimées en pourcentages ou en unités. Dans les diagrammes à bandes verticales et les diagrammes à ligne brisée, tu dois évaluer l'ordre de grandeur des données en fonction de l'échelle de graduation de l'axe vertical.

L'échelle de graduation de l'axe vertical est de deux millions d'habitants.

4 Prendre connaissance de la nature de l'information

Identifie le type ou le genre d'information utilisé dans le diagramme.

Le diagramme présente des pays (France, Angleterre, Italie), deux époques (1500 et 1600) et la population de ces pays.

5 Relever des données

Dans un diagramme circulaire, tu dois examiner la répartition des données et les rapports de grandeur entre ces données. Dans les autres diagrammes, tu dois déterminer la valeur de chaque donnée à partir de la hauteur de chaque bande ou de chaque point.

Vers 1500, la France comptait 16 millions d'habitants, l'Angleterre, 2,5 millions d'habitants, et l'Italie, 10 millions d'habitants. Vers 1600, leur population respective était de 20 millions d'habitants, de 4,5 millions d'habitants et de 13 millions d'habitants.

L'organigramme

Suis les étapes suivantes pour interpréter les informations de l'organigramme ci-dessous.

1 Lire le titre

Lis le titre de l'organigramme pour comprendre le sujet traité.

Le titre de l'organigramme sert à indiquer les relations d'autorité entre les membres de l'Église catholique.

2 Décoder la légende

Les flèches signifient « dirige ».

3 Prendre connaissance de l'échelle

Il n'y a pas d'échelle pour cet organigramme.

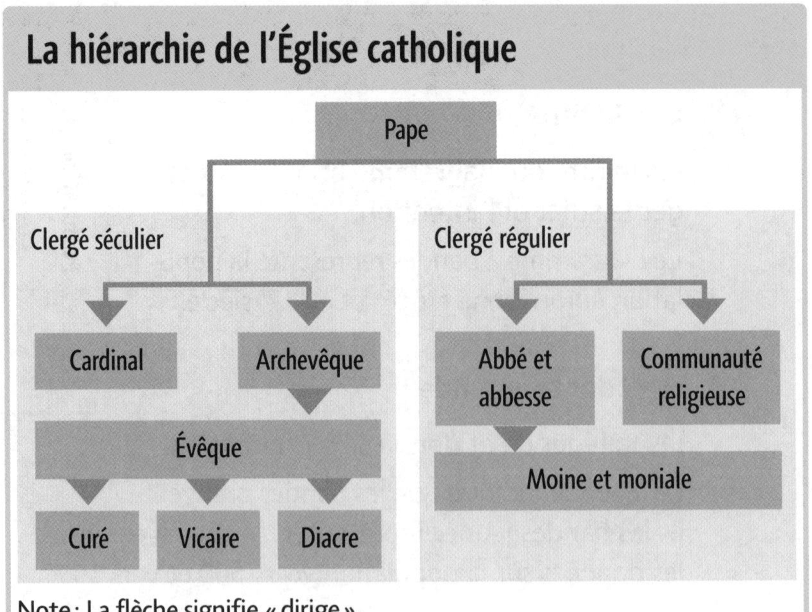

La hiérarchie de l'Église catholique

Pape

Clergé séculier → Cardinal, Archevêque → Évêque → Curé, Vicaire, Diacre

Clergé régulier → Abbé et abbesse, Communauté religieuse → Moine et moniale

Note : La flèche signifie « dirige ».

4 Prendre connaissance de la nature de l'information

L'organigramme présente les relations d'autorité entre les membres de l'Église catholique. Chaque membre a un rôle à jouer.

5 Relever des données

L'organigramme montre que le pape est le chef de l'Église catholique et que cette institution est composée de deux clergés. Il montre aussi que les cardinaux, les archevêques, les abbés et les communautés religieuses dépendent directement du pape. Les archevêques dirigent les évêques et les abbés, les moines. À leur tour, les évêques commandent les curés, les vicaires et les diacres.

B Comment construire un tableau et un diagramme?

Le tableau

Suis les étapes suivantes pour construire un tableau qui présentera la répartition de la population selon la langue maternelle et la langue d'usage au foyer.

1 Déterminer l'intention

Précise le sujet du tableau ainsi que ton intention.

Sujet : La population du Québec selon la langue maternelle et la langue d'usage au foyer de 1981 à 2006.

Intention : Montrer que la population dont la langue maternelle est autre que le français et l'anglais a augmenté et que la répartition de la population selon la langue d'usage au foyer donne un portrait légèrement différent de celui selon la langue maternelle.

2 Sélectionner l'information

Rassemble l'information en relevant des données précises et en notant leurs sources.

3 Tracer et nommer chacune des entrées

Prépare les colonnes et les rangées de ton tableau. Détermine le nombre de colonnes et le type de données que les colonnes présenteront.

La première colonne contiendra les années sur lesquelles le tableau fournit de l'information. La deuxième colonne traitera de la langue maternelle et la troisième colonne, de la langue d'usage au foyer. Ces deux variables sont divisées en trois catégories de langue, soit le français, l'anglais ou toute autre langue. Pour la période considérée, le tableau présentera les pourcentages de la population de chacune des catégories.

4 Établir l'échelle

Détermine l'unité de mesure que tu utiliseras pour présenter tes données.

Les données seront exprimées en pourcentages.

5 Inscrire les données

Reporte les données recueillies dans le tableau. Inscris les données dans le tableau en t'assurant qu'elles figurent dans les bonnes cases et qu'elles sont exprimées dans l'unité de mesure appropriée. S'il s'agit de proportions, les données doivent être exprimées sous la forme de pourcentages.

6 Donner un titre qui exprime l'intention

Donne un titre précis au tableau en indiquant l'année ou les années couvertes par les données qui y sont présentées. Ajoute la source des données sous le tableau.

L'évolution de la population du Québec selon la langue maternelle, de 1981 à 2006

Année	Langue maternelle (en %)			Langue d'usage au foyer (en %)		
	Français	Anglais	Autre	Français	Anglais	Autre
1981	82,4	11,0	6,6	82,8	12,3	4,9
1986	82,8	10,4	6,8	83,1	11,8	5,1
1991	82,0	9,2	8,8	83,0	11,2	5,8
1996	81,5	8,8	9,7	82,8	10,8	6,4
2001	81,4	8,3	10,3	83,0	10,5	6,5
2006	79,6	8,2	12,2	81,8	10,6	7,6

Source : Institut de la statistique du Québec, Gouvernement du Québec, *Données sociales du Québec*, Édition 2009, p. 24 [en ligne]. (Consulté le 7 novembre 2014.)

Le diagramme à bandes

Suis les étapes suivantes pour construire un diagramme à bandes qui présentera l'évolution de la population canadienne.

1 Déterminer l'intention

Précise le sujet de ton diagramme et ton intention.

Sujet : L'évolution de la population canadienne de 1956 à 2006.

Intention : Montrer que le nombre de personnes âgées de 80 ans et plus a augmenté continuellement au cours de cette période.

2 Sélectionner l'information

Rassemble l'information dans un tableau. Relève des données précises en notant bien leur source.

Tableau de données

Année	Nombre de personnes âgées de 80 ans et plus
1956	182 000
1966	280 000
1976	385 000
1986	537 000
1996	932 000
2006	1 167 000

Source : Statistique Canada, *Recensement de 2006 : Portrait de la population canadienne* [en ligne]. (Consulté le 7 novembre 2014.)

3 Tracer et nommer chacune des entrées

Détermine d'abord le type de données représentées par chaque axe. Ensuite, trace l'axe vertical et l'axe horizontal du diagramme en indiquant leur titre et les unités de mesure utilisées, s'il y a lieu.

Axe vertical : Nombre de personnes (milliers)

Axe horizontal : Année

4 Établir l'échelle

▶ Dans un diagramme à bandes verticales, tu dois d'abord déterminer l'échelle de graduation de l'axe vertical. Pour ce faire, arrondis la valeur la plus élevée de tes données, estime le nombre de gradations requises, puis divise la valeur arrondie par ce nombre.

▶ Ensuite, tu dois déterminer le nombre de bandes nécessaires sur l'axe horizontal. (Il s'agit du nombre de données à représenter.) À l'aide de traits, divise l'axe en autant de segments égaux. Inscris les étiquettes des bandes sous ces segments.

▶ Dans un diagramme à bandes horizontales, tu détermines tout d'abord l'échelle de graduation de l'axe horizontal, puis le nombre de bandes nécessaires sur l'axe vertical.

5 Inscrire la légende

S'il y a plusieurs types de données associés à chaque étiquette, construis une légende pour présenter tes données. Utilise une couleur différente pour chaque type de données et donne la signification de chaque couleur.

6 Inscrire les données

Trace la hauteur de chaque bande en fonction des données recueillies et de la légende, s'il y a lieu. Tu peux également inscrire les données au-dessus de chaque bande.

7 Donner un titre qui exprime l'intention

Donne un titre précis au diagramme en indiquant l'année ou les années qu'il couvre. Ajoute la source des données sous le diagramme.

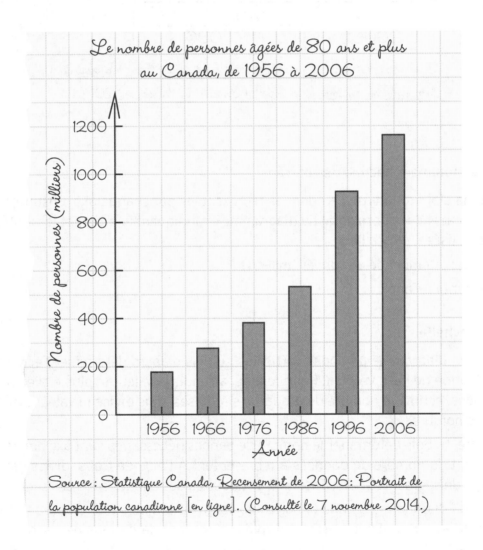

Le nombre de personnes âgées de 80 ans et plus au Canada, de 1956 à 2006

Source : Statistique Canada, *Recensement de 2006 : Portrait de la population canadienne* [en ligne]. (Consulté le 7 novembre 2014.)

Le diagramme circulaire

Suis les étapes suivantes pour construire un diagramme circulaire qui présentera la composition de la population immigrante du Québec.

1 ## Déterminer l'intention

L'intention est de montrer la composition de la population immigrante selon divers groupes d'âge.

2 ## Sélectionner l'information

Rassemble les données dans un tableau. Exprime les données en pourcentage en t'assurant que le total des données est bien égal à 100. N'oublie pas de noter la source des données.

Tableau de données

Groupe d'âge	Population immigrante	Proportion de la population immigrante (en %)
0 à 14 ans	10 595	20,4
15 à 24 ans	5 549	10,7
25 à 34 ans	19 734	38,0
35 à 44 ans	10 304	19,8
45 à 64 ans	4 476	8,6
65 ans et plus	1 301	2,5
Total	51 959	100,0

Source : Secrétariat, Gouvernement du Québec, Rapport annuel de gestion 2013-2014 [en ligne]. (Consulté le 6 novembre 2014.)

3 ## Établir l'échelle

Calcule la mesure de chaque angle au centre que tu devras tracer. Pour ce faire, multiplie chaque pourcentage que tu as noté dans ton tableau par 360°.

La première donnée correspond à 20,4 % du total. Elle sera représentée par un secteur ayant un angle au centre d'environ 73°, soit 0,204 × 360 = 73,44.

Si le pourcentage est 10,7 %, l'angle au centre sera d'environ 39°, soit 0,107 × 360 = 38,52.

4 ## Tracer et nommer chacune des entrées

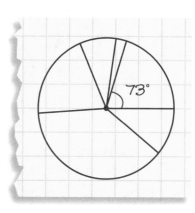

▸ Trace un point sur une feuille. À l'aide d'un compas, trace un cercle autour de ce point. Dessine le cercle suffisamment grand pour pouvoir y inscrire les données.

▸ À l'aide d'un rapporteur d'angles, et en partant du centre du cercle, trace les angles au centre dont tu as noté les mesures.

5 Inscrire les données

Colorie chaque secteur du cercle d'une couleur différente (de préférence une couleur pâle pour pouvoir y lire l'information présentée) et inscris pour chaque secteur le pourcentage correspondant. S'il n'y a pas suffisamment d'espace dans un secteur, inscris le pourcentage à l'extérieur et relie-le, au besoin, au secteur par un trait.

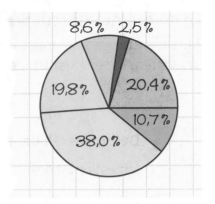

6 Inscrire la légende

Dresse la légende du diagramme. Il faut être très précis sur la signification attribuée à chaque couleur.

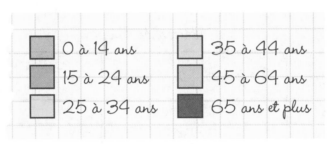

7 Donner un titre qui exprime l'intention

Donne un titre précis au diagramme en indiquant l'année ou les années qu'il couvre. Ajoute la source des données sous le tableau.

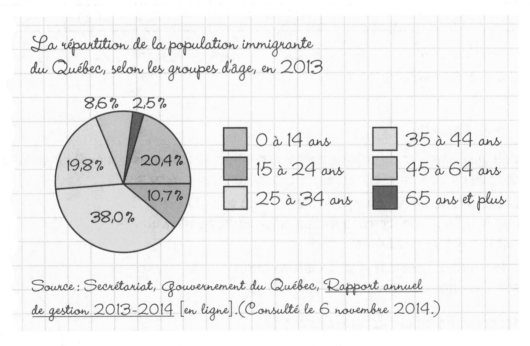

La répartition de la population immigrante du Québec, selon les groupes d'âge, en 2013

Source : Secrétariat, Gouvernement du Québec, Rapport annuel de gestion 2013-2014 [en ligne]. (Consulté le 6 novembre 2014.)

6 Le schéma des causes et des conséquences

Suis les étapes ci-dessous pour réaliser le schéma des causes et des conséquences du texte « L'éducation et la Révolution tranquille au Québec ».

1 Lire le texte

Lis attentivement le texte pour bien identifier le fait, le phénomène ou l'événement qui en constitue le sujet principal.

Le texte traite des changements survenus en éducation au cours de la Révolution tranquille.

2 Repérer les causes et les conséquences

Surligne d'une couleur différente les causes et les conséquences ou dresses-en la liste sur une feuille. Repère les marqueurs de relation (donc, parce que, à cause de, étant donné que, etc.) et les verbes qui expriment une cause ou une conséquence (entraîne, résulte, dépend, etc.).

Dans le texte ci-dessous, les mots exprimant une cause ou une conséquence des changements survenus en éducation sont encerclés. Les causes sont surlignées en rose et les conséquences, en bleu.

L'éducation et la Révolution tranquille au Québec

L'expression « Révolution tranquille » désigne les changements importants survenus au Québec au cours des décennies 1960 et 1970. Plusieurs de ces changements concernaient le domaine de l'éducation : la prise en charge des écoles et des programmes d'enseignement par l'État, la création d'un ministère de l'Éducation, la mise sur pied des polyvalentes et des cégeps, l'accès gratuit à l'enseignement. Mais qu'est-ce qui explique ces changements ?

Une cause souvent mentionnée par les historiens est le besoin de main-d'œuvre spécialisée qui nécessite la formation de travailleurs scolarisés et spécialisés. Le rapport Parent a aussi démontré la nécessité de moderniser le système d'éducation québécois.

Les effets de ces changements furent nombreux et majeurs. Le nombre de personnes instruites augmenta rapidement au Québec. Les gens provenant de toutes les couches sociales eurent accès à des emplois plus diversifiés et mieux payés. Le nombre de filles augmenta dans les écoles et les établissements d'enseignement supérieur.

3 Déterminer le type de schéma à utiliser

Choisis le type de schéma qui conviendrait le mieux aux causes et aux conséquences relevées : un tableau ou un schéma ?

La présentation la plus appropriée est un tableau. On le construit en utilisant des mots précis.

4 Tracer le schéma

Trace le schéma en résumant chaque cause et chaque conséquence avec précision. Utilise des flèches de façon appropriée si nécessaire.

Les changements survenus en éducation au cours de la Révolution tranquille	
Causes des changements	Conséquences des changements
Besoin de main-d'œuvre spécialisée	Augmentation du nombre de personnes instruites au Québec
Nécessité de moderniser le système d'éducation québécois	Accès à des emplois plus diversifiés et mieux payés
	Augmentation du nombre de filles dans les écoles et les établissements d'enseignement supérieur

7 La démarche de recherche

1 Prendre connaissance du problème

▶ Définis le problème dans tes propres mots.

▶ Pense à ce que tu connais déjà sur ce sujet.

▶ Pense à une stratégie de recherche qui pourrait mener à la solution.

2 S'interroger

▶ Formule les questions qui te viennent spontanément à l'esprit.

▶ Organise ces questions en catégories.

▶ Choisis les questions utiles.

3 Planifier une recherche

▶ Établis un plan de recherche en pensant aux différentes étapes.

▶ Repère des sources d'information pertinentes et fiables.

▶ Choisis ou conçois des outils pour la collecte de tes données.

4 Recueillir l'information, traiter l'information

▶ Recueille les données.

▶ Classe ces données en catégories.

▶ Distingue les faits des opinions.

▶ Utilise ton jugement pour critiquer les données.

▶ Distingue les documents pertinents des documents non pertinents.

▶ Compare les données que tu as recueillies.

5 Organiser l'information

▶ Choisis un moyen pour transmettre ton information.

▶ Conçois un plan.

▶ Sélectionne l'essentiel de l'information.

▶ Organise tes données sous forme de tableaux, de listes, de graphiques ou présente-les sous forme de texte.

▶ Rassemble les documents pertinents qui appuient ton information.

▶ Indique tes sources d'information.

6 Communiquer les résultats de la recherche

▶ Choisis le vocabulaire approprié pour présenter ta recherche.

▶ Présente tes résultats.

▶ Utilise différents moyens pour faire ta présentation.

7 Revenir sur la démarche

Cette étape peut être faite après chacune des étapes précédentes pour évaluer le travail accompli.

▶ Effectue un retour sur ta démarche pour vérifier si tu peux améliorer certaines choses.

▶ Évalue la qualité de ta communication.

▶ Détermine ce que tu as appris.

▶ Imagine ce que tu pourrais faire différemment pour améliorer ton travail.

ACTIVITÉS SYNTHÈSES

1 a) Trouve l'année qui correspond à chacun
des événements ou des faits suivants.

1. Début de la Renaissance :

   _____1400_____

2. Fin de la Renaissance :

   _____1600_____

3. Premier voyage de Christophe Colomb vers l'Amérique :

   _____

4. Début du commerce des indulgences :

   _____

5. Naissance de l'Église anglicane :

   _____

6. Mise au point de l'imprimerie :

   _____

b) Place ces événements ou ces faits en ordre chronologique en reportant le numéro
correspondant dans les cercles ci-dessous.

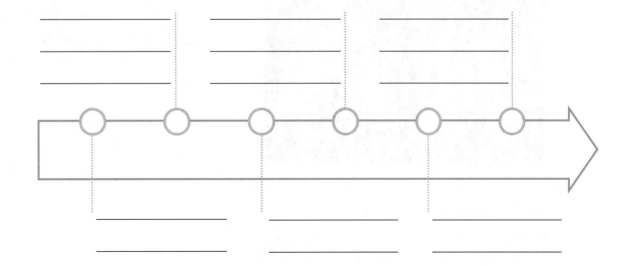

2 a) Sur la carte géographique ci-dessous, situe les royaumes suivants en inscrivant le numéro correspondant :

① Danemark ④ Espagne ⑦ Écosse

② Angleterre ⑤ Portugal ⑧ Saint Empire romain germanique.

③ Suède ⑥ France ⑨ États de l'Église

b) Entoure une ville importante de l'Église catholique.

c) Entoure un pays d'Europe où la religion anglicane est solidement implantée.

d) Entoure la ville où a commencé le massacre de la Saint-Barthélemy.

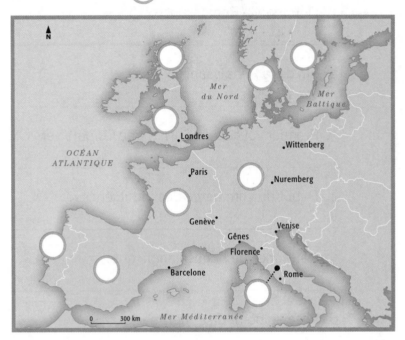

3 Associe chacun des énoncés et des illustrations ci-dessous au concept approprié.

- art
- critique
- humanisme
- individu
- liberté
- philosophie
- Réforme
- Renaissance
- responsabilité
- science

a)

_____

b) Être humain en tant qu'être unique, distinct des autres êtres humains et de la collectivité.

_____

c) Période débutant dans le dernier siècle du Moyen Âge et se terminant avec le premier siècle des Temps modernes.

_____

d) Fait de prendre en charge l'orientation de sa vie et d'accepter les conséquences, physiques ou morales, de ses actes.

_____

e) Remise en question des manières de penser imposées par l'Église.

_____

f) Machine à calculer.

_____

g) Mouvement culturel, scientifique et philosophique se caractérisant par le retour aux auteurs grecs et latins de l'Antiquité.

_____

h) Faculté de choisir soi-même sa façon de penser et d'agir sans se faire imposer celle des autres.

_____

i) Mouvement religieux qui remet en question les pratiques de l'Église catholique et qui entraîne la formation de plusieurs Églises protestantes.

_____

j) Elle s'interroge sur le sens de la vie et les valeurs morales à l'aide de la raison.

_____

4 Complète les phrases ci-dessous à l'aide des mots suivants.

- réaliste • imprimerie • latin • Soleil
- perspective • Univers • Antiquité • Églises

a) Les humanistes étudient la littérature de l' _____ . Ils doivent

d'abord apprendre deux langues : le grec ancien et le _____ .

b) Avant l'invention de l' _____ , des moines copistes transcrivaient les livres.

c) Le monde chrétien est en crise : le mouvement de la Réforme entraîne la fondation

de plusieurs _____ protestantes.

d) L'astronome polonais Copernic élabore la théorie de l'héliocentrisme, qui place

le _____ au centre de l' _____ .

e) L'art de la Renaissance est _____ , car il évoque le monde naturel.

f) Les scènes représentées par les peintres de la Renaissance ont désormais de

la profondeur grâce, notamment, à la maîtrise de la _____ .

5 Associe chacun des personnages suivants à l'énoncé approprié.

| • Descartes • Gutenberg • Luther • Calvin • De Vinci • More |

a) Penseur et homme politique anglais. _____

b) Mathématicien et philosophe français. _____

c) Fondateur du calvinisme. _____

d) Scientifique, inventeur et artiste. _____

e) Fondateur de l'Église luthérienne. _____

f) Inventeur de l'imprimerie. _____

6 Comment les idées des humanistes de la Renaissance influencent-elles des domaines comme la religion, la science et les arts? Réponds à la question en rédigeant un court texte d'environ 100 mots.

_____

_____

_____

_____

_____

_____

_____

_____

_____

_____

_____

ACTIVITÉS SYNTHÈSES

DU DOSSIER 2

1 Indique l'année où chacun des événements suivants s'est produit.

a) Prise de la ville de Constantinople par les Turcs : _____

b) Christophe Colomb débarque aux Antilles : _____

c) Signature du traité de Tordesillas : _____

d) Fondation, par les Anglais, d'une première colonie en Amérique, la Virginie : _____1607_____

e) Arrivée de Jacques Cartier à Gaspé : _____

2 Inscris les lettres correspondant à chaque événement de la question 1 dans les cercles sur la ligne du temps.

3 Sur la carte géographique suivante :

a) identifie les continents et cinq grands royaumes d'Europe ;

b) complète la légende : inscris le royaume correspondant à la couleur.

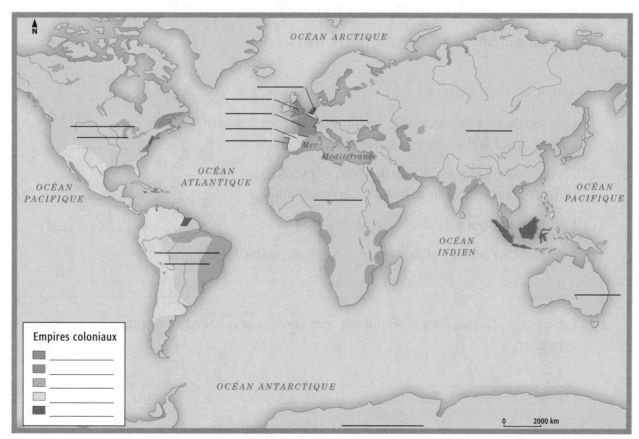

Les principaux empires coloniaux au début du 17ᵉ siècle

4 Associe chacune des définitions suivantes à un mot de l'encadré.

> • économie-monde • colonisation • commerce • sucre de canne • enjeu
> • empire • les grandes découvertes • territoire

a) Échanges commerciaux entre tous les continents de la Terre. _____

b) Gouvernement qui soumet plusieurs villes
   ou territoires étrangers à son autorité. _____

c) Période de l'histoire où des navigateurs de plusieurs
   pays d'Europe cherchent des territoires inconnus
   remplis de richesses. _____

d) Ensemble des activités d'échange, de vente ou d'achat
   de produits ou de services, incluant les esclaves. _____

e) Exploitation, par le gouvernement d'un pays,
   d'un territoire qu'il s'est approprié et dans lequel
   il envoie une partie de sa population. _____

f) Préoccupation importante concernant une chose
   que l'on peut perdre ou gagner ou qui peut avoir
   des conséquences négatives ou positives. _____

g) Étendue de terre sur laquelle une autorité gouverne. _____

h) Produit surnommé « l'or brun », à la Renaissance. _____

5 De qui ou de quoi s'agit-il ?

a) Un produit très recherché par les Européens, qui provient
   d'Asie et qui sert parfois à conserver les aliments. _____

b) L'astronome polonais qui, le premier, démontre que
   la Terre tourne sur elle-même et autour du Soleil. _____

c) L'instrument qui est l'ancêtre de la boussole. _____

d) Les trois civilisations d'Amérique conquises par les Espagnols.

_____   _____   _____

e) Les trois continents impliqués dans le commerce triangulaire mis en place par les empires
   européens.

_____   _____   _____

6 Complète les fiches suivantes en ajoutant les informations manquantes.

Explorateur : _____ (1488).   Lieu d'origine : _____ .

Pays finançant le voyage : _____ .

Voyages réalisés : Il est le premier navigateur européen à franchir

_____ pour atteindre l'Asie.

Conséquence : Il nomme la région _____ , qui sera renommée par le

roi _____. Le roi souhaite donc poursuivre les voyages vers l'Asie.

Explorateur : _____ (1492).   Lieu d'origine : _____ .

Pays finançant le voyage : _____ .

Voyages réalisés : Il croit qu'il arrive _____ , mais il est sur un

nouveau continent inconnu des Européens.

Conséquences : Le territoire sera envahi par différents _____ .

Explorateur : _____ (1497).   Lieu d'origine : _____ .

Pays finançant le voyage : _____ .

Voyages réalisés : Il débarque à _____ , en Amérique du Nord.

Conséquences : Le territoire sera ensuite convoité par l'Angleterre.

Explorateur : _____ (1498).   Lieu d'origine : _____ .

Pays finançant le voyage : _____ .

Voyages réalisés : Il est le premier navigateur européen à atteindre

_____ en contournant l'Afrique.

Conséquences : Le Portugal s'installe sur la côte est de l'Afrique.

Explorateur : _____ (1499).   Lieu d'origine : _____ .

Pays finançant le voyage : _____ .

Voyages réalisés : Il se rend en _____ .

Conséquences : Le mot « Amérique » a été formé à partir de son prénom.

Explorateur : _____ (1500).   Lieu d'origine : _____ .

Pays finançant le voyage : _____ .

Voyages réalisés : Il débarque sur la pointe sud du _____ .

Conséquences : Il prend possession du territoire au nom du roi du Portugal.

Explorateur : _____ (1519).   Lieu d'origine : _____ .

Pays finançant le voyage : _____ .

Voyages réalisés : Il est le premier navigateur européen à _____ .

Conséquences : Un détroit au sud de l'Amérique du Sud porte son nom.

Explorateur : _____ (1519).   Lieu d'origine : _____ .
Pays finançant le voyage : _____ .
Voyages réalisés : Il débarque sur le territoire qui deviendra le Mexique et il s'attaque à la civilisation _____ .
Conséquences : Le territoire est conquis par l'Espagne.

Explorateur : _____ (1533).   Lieu d'origine : _____ .
Pays finançant le voyage : _____ .
Voyages réalisés : Il débarque sur le territoire de la côte ouest de l'Amérique du Sud et il s'attaque à la civilisation _____ .
Conséquences : Le territoire est conquis par l'Espagne.

Explorateur : _____ (1534).   Lieu d'origine : _____ .
Pays finançant le voyage : _____ .
Voyages réalisés : Il prend possession du territoire qui correspond au Québec au nom du roi de France.
Conséquences : Le territoire est conquis par _____ .

Explorateur : _____ (1608).   Lieu d'origine : _____ .
Pays finançant le voyage : _____ .
Voyages réalisés : Il installe le premier établissement à _____ .
Conséquences : Le territoire est habité par des colons français.

7 Quelles conséquences les voyages d'exploration des royaumes européens ont-ils eues sur les peuples qui habitaient l'Amérique ? Réponds en utilisant les mots suivants (ou des mots de la même famille) : *richesses, esclaves, épidémies, guerres, colonisation, commerce.*

_____

_____

_____

_____

_____

_____

_____

1 Associe chaque mot de l'encadré à l'une des définitions suivantes.

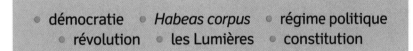

> • démocratie • *Habeas corpus* • régime politique
> • révolution • les Lumières • constitution

a) Mode d'organisation politique, juridique, sociale et économique d'un pays.

_____

b) Loi fondamentale d'un État qui détermine, notamment, le type de régime politique et le fonctionnement du gouvernement.

_____

c) Rébellion contre les autorités dans le but de prendre le pouvoir et d'instituer un nouveau régime politique.

_____

d) Régime politique où le peuple exerce le pouvoir directement ou par l'entremise de représentants qu'il choisit.

_____

e) Loi qui oblige les autorités à amener tout accusé devant un juge peu après son arrestation.

_____

f) Mouvement philosophique et scientifique européen qui fait la promotion des connaissances.

_____

2 À l'aide de traits, associe les personnages suivants, qui ont marqué le Siècle des lumières, aux énoncés qui correspondent à leur pensée ou à l'une de leurs réalisations.

L'être humain a le droit de chercher le bonheur pendant qu'il est sur terre. •

Une loi est légitime seulement si elle respecte la liberté des individus. •

L'*Encyclopédie*, avec la participation de 150 spécialistes de toutes les disciplines. •

Les individus d'une même société devraient tous être égaux en droits. •

Pour garantir la liberté des individus et le respect de leurs droits, les pouvoirs d'un gouvernement doivent être séparés. •

Le meilleur gouvernement est formé d'une assemblée législative représentant le peuple. •

• Voltaire

• Locke

• Rousseau

• Paine

• Diderot et D'Alembert

• Montesquieu

3 a) Sur la ligne du temps ci-dessous, colorie de la couleur de ton choix la période qui correspond au Siècle des lumières.

b) Mets un trait et inscris l'année où chacun des événements suivants s'est déroulé : l'adoption de la déclaration d'Indépendance américaine et la prise de la Bastille, en France.

4 Inscris l'année où chacun des événements suivants a eu lieu, puis reporte la lettre correspondant à l'événement au bon endroit sur la ligne du temps.

a) La signature du traité de Versailles.

_____

c) L'imposition des Actes de navigation.

_____

e) Le *Boston Tea Party*.

_____

b) L'adoption de la Constitution américaine.

_____

d) L'adoption de la bannière étoilée par le Congrès.

_____

f) L'abolition de la Loi du timbre.

_____

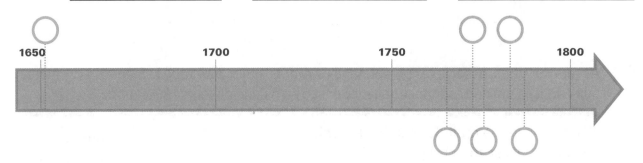

5 Sur la carte ci-contre :

a) colorie le territoire occupé par les Treize colonies américaines, puis complète la légende ;

b) inscris le nom de chacune des colonies ;

c) place un point à l'endroit où, en 1781, s'est déroulée la bataille qui a mené à la capitulation de l'armée britannique.

Légende

☐ Les Treize colonies

6 Qui suis-je ou qui sommes-nous ?

a) Nous sommes les fondateurs de Jamestown.

_____

b) Je suis le premier président des États-Unis.

_____

c) Nous avons tous les trois participé à la rédaction de la déclaration d'Indépendance américaine.

- _____
- _____
- _____

d) Je dirige les premières troupes françaises venues soutenir la révolution américaine.

_____

e) À la tête des troupes britanniques, j'ai rendu les armes le 17 octobre 1781.

_____

7 Inscris l'année où chacun des événements suivants s'est déroulé, puis reporte la lettre correspondant à l'événement au bon endroit sur la ligne du temps ci-dessous.

a) Napoléon Bonaparte prend le pouvoir.

_____

c) Ouverture des États généraux.

Mai _____

e) Abolition du Comité de salut public.

_____

b) Début du procès de Louis XVI.

_____

d) La prise de la Bastille, à Paris.

Juillet _____

f) Louis XVI jure fidélité à la Constitution.

_____

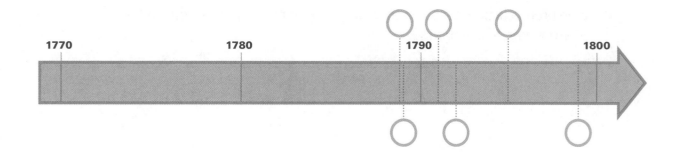

8 Qui suis-je ou qui sommes-nous ?

a) J'ai été guillotiné sur la place publique en 1793.

_____

b) Nous menons avec d'autres membres, dont Robespierre, le Comité de salut public.

- _____

- _____

c) Nous sommes des défenseurs de la Révolution facilement identifiables par notre habillement.

_____

d) Avec d'autres députés de l'Assemblée, j'ai créé le Tribunal révolutionnaire et le Comité de salut public.

_____

e) Nous sommes 26,3 millions en France, en 1789.

_____

f) Nous faisons partie de la noblesse avant la Révolution de 1789.

_____

_____

_____

_____

_____

g) Nous sommes 600 000 dans cette ville.

_____

h) Je prends le pouvoir par la force le 9 septembre 1799 et je réintroduis le pouvoir de la noblesse.

_____

ACTIVITÉS SYNTHÈSES 4
DU DOSSIER

1 a) Trouve l'année qui correspond à chacun des événements ou des faits suivants.

   1. Invention de la machine à vapeur par James Watt :

   _____

   2. Décennie qui marque le début de la révolution industrielle en Grande-Bretagne : _____

   3. Invention de la locomotive à vapeur par George Stephenson : _____

   4. Création de la Bourse de Londres : _____

   5. Présentation du libéralisme économique dans un ouvrage d'Adam Smith : _____

   6. Publication par Marx de son *Manifeste du parti communiste* : _____

   7. Reconnaissance du droit à la syndicalisation : _____

   b) Place ces événements ou ces faits en ordre chronologique en reportant le numéro correspondant dans les cercles ci-dessous.

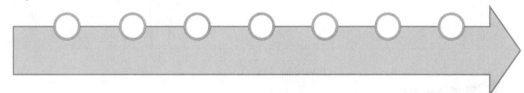

2 Sur la carte géographique ci-contre :

   a) situe l'océan Atlantique, la mer du Nord, la mer d'Irlande et la Manche ;

   b) surligne les frontières du Royaume-Uni en vert ;

   c) colorie la Grande-Bretagne en jaune ;

   d) colorie l'Irlande en rouge ;

   e) colorie la France en bleu ;

   f) situe les villes suivantes en utilisant le chiffre correspondant :
   1. Londres, 2. Bristol, 3. Liverpool, 4. Manchester et 5. Glasgow.

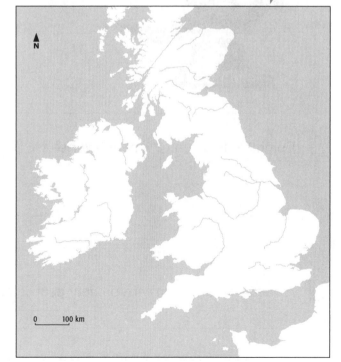

3 Le tableau suivant montre des inventions qui datent de la révolution industrielle.

a) Dans la deuxième colonne, écris le nom de l'invention qui a succédé à l'objet représenté dans la première colonne.

b) Dans la troisième colonne, explique l'utilité de cette invention au cours de la révolution industrielle.

Avant la révolution industrielle	Pendant et après la révolution industrielle	Utilité de l'invention
	_____ _____	_____ _____ _____ _____
	_____ _____	_____ _____ _____ _____
	_____	_____ _____ _____ _____

4 Comment le bateau à vapeur favorise-t-il l'industrialisation de la Grande-Bretagne ?

_____

_____

_____

5 À quelle condition un entrepreneur peut-il faire des profits ?

_____

_____

6 Remplis le schéma suivant.

La _____ disponible.

Les facteurs à l'origine de la révolution industrielle en Grande-Bretagne au 18ᵉ siècle.

La présence de _____ : charbon et fer.

La présence de nouvelles _____.

La présence de _____.

L' _____ plus performante.

7 Coche les conséquences de la révolution industrielle.

a) Un exode rural.

b) L'amélioration des conditions de vie des ouvriers.

c) L'urbanisation du pays.

d) La formation de nouvelles classes sociales.

e) Une plus grande richesse pour tous les citoyens.

f) Une mécanisation et une nouvelle division du travail.

8 Quels secteurs d'activité ont été complètement bouleversés par l'industrialisation ?

- _____

- _____

9 À l'aide d'une flèche, associe chacun des énoncés ci-dessous au système économique approprié. Attention! Un même énoncé peut se rapporter à plus d'un système économique.

a) Ce système assure une meilleure répartition de la richesse que le capitalisme. •

b) Seuls quelques individus peuvent s'enrichir. •

         • Capitalisme

c) Les ouvriers doivent prendre le pouvoir par la révolution. •

         • Communisme

d) Les moyens de production sont la propriété de la collectivité. •

         • Socialisme

e) Il repose sur l'accumulation de profits par un petit • groupe d'individus.

10 Associe chaque description aux éléments suivants. Attention! Certains peuvent être utilisés plus d'une fois.

> • les ouvriers   • les locomotives et les bateaux à vapeur   • les enfants
> • les syndicats   • les bourgeois   • le communisme

a) Ils possèdent les moyens de production des biens.

_____

b) Ils possèdent leur capacité de travail, qu'ils échangent contre un salaire.

_____

c) Ils s'enrichissent par le profit et la réduction des salaires des travailleurs.

_____

d) Elles permettent le transport des marchandises lourdes sur de longues distances.

_____

e) Pour aider leurs parents financièrement, ils travaillent dans les mines et dans les filatures.

_____

f) Ils ont aidé les ouvriers à améliorer leurs conditions de travail.

_____

g) Ils vivent dans des logements insalubres près des usines.

_____

1 Complète l'illustration à l'aide des indications suivantes.

a) Près du voilier, inscris ce que les pays colonisateurs apportent dans les colonies. Tu peux aussi faire des dessins ou des symboles.

b) Dans le territoire de l'Afrique, insère des dessins, des symboles ou des mots qui représentent les intérêts des pays colonisateurs et les moyens qu'ils utilisent pour imposer leurs volontés.

c) Inscris dans la bulle des paroles qu'un Africain de l'époque aurait pu prononcer, qui expriment une ou plusieurs conséquences de la colonisation.

2 Vérifie ta compréhension des enjeux de la colonisation en Afrique en complétant le schéma synthèse ci-dessous.

LES PAYS COLONISATEURS

_____

LES RAISONS

Pour s'approprier les ressources servant à alimenter les industries européennes ;

_____

_____

_____

_____

LE COMMENT

En retirant aux paysans leurs terres ;

_____

_____

_____

_____

_____

_____

LA COLONISATION DE L'AFRIQUE

LES CONSÉQUENCES

Des populations autochtones maltraitées ; _____

_____

_____

_____

_____

_____

_____

3 À l'aide des descriptions, trouve les mots de l'entrecroisé dans les cases placées à la verticale. Découvre ensuite ce qui est inscrit dans les cases placées à l'horizontale (trois mots).

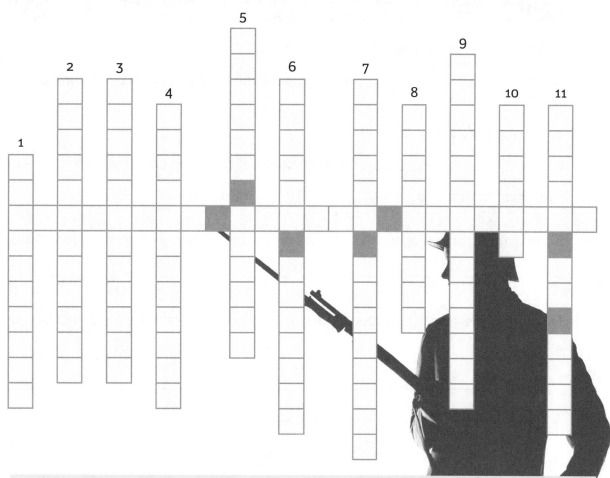

1. Fait d'être supérieur dans un domaine.

2. Résultat des révoltes dans les colonies.

3. Prise de possession de territoires dans le but d'en exploiter les ressources et d'y installer des gens.

4. Domination politique, économique, militaire d'un pays sur un ou plusieurs autres pays.

5. Autre nom pour désigner la Première Guerre mondiale.

6. Nom qui désigne l'alliance du Royaume-Uni, de la France et de la Russie au cours de la Première Guerre mondiale.

7. Nom donné au regroupement de pays qui se sont opposés à ceux décrits au n° 6.

8. Pays qui est le grand perdant de la Première Guerre mondiale.

9. Mouvement contraire à celui décrit au n° 3.

10. Ville où la conférence précisant la répartition de l'Afrique entre différents pays européens s'est déroulée.

11. Construction qui relie la mer Méditerranée à la mer Rouge.

4 Complète les phrases à l'aide des mots de la liste suivante.

- colonisateurs
- valeurs
- peuples
- terres fertiles
- frontières

a) Les Européens occupent les _____.

b) Les _____ ne correspondent pas à la répartition des groupes ethniques africains.

c) La langue de l'école est celle des _____.

d) Les _____ et la religion sont celles des colonisateurs.

e) L'acculturation des _____ colonisés.

5 Nomme un accord européen qui a eu des répercussions sur la colonisation de l'Afrique.

_____

6 Nomme quatre avantages économiques de la colonisation pour les pays colonisateurs.

- _____

  _____

- _____

  _____

- _____

  _____

- _____

  _____

7 a) Complète les phrases suivantes sur la justification des pays colonisateurs au sujet de leur intervention dans les colonies.

- Les colonisateurs affirment qu'ils vont _____ les territoires.

- Ils disent vouloir _____ les populations.

b) Que signifie le premier mot trouvé en a)?

_____

c) Que signifie le second mot trouvé en a)?

_____

1 a) Les événements suivants se rapportent aux luttes menées par les femmes pour obtenir les mêmes droits que les hommes. Inscris l'année où chacun de ces événements s'est produit.

1. Les Québécoises obtiennent le droit de vote aux élections provinciales.

   _____

2. Les Canadiennes obtiennent le droit de vote aux élections fédérales.

   _____

3. Marie Lacoste publie son *Traité de droit usuel*, sur l'incapacité juridique de la femme mariée.

   _____

4. Marie-Claire Kirkland est la première femme députée à l'Assemblée nationale du Québec.

   _____

5. Emmeline Pankhurst fonde le mouvement des suffragettes (*Women's Social and Political Union*).

   _____

6. Le Canada légalise la pilule contraceptive.

   _____

7. Les femmes sont admises en médecine à l'Université de Montréal.

   _____

8. La femme est reconnue comme une personne au Canada.

   _____

b) Place ces événements en ordre chronologique en reportant le numéro correspondant dans les cercles ci-dessous.

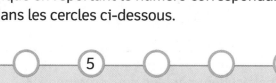

○ ⑤ ○ ○ ○ ○ ④ ○

2 Le document ci-contre reproduit la une du journal *Le Devoir* du 29 octobre 1929. L'effondrement de la Bourse de New York fait la manchette. Énumère trois conséquences de cet effondrement.

- _____
  _____
  _____

- _____
  _____
  _____

- _____
  _____

3 Observe l'affiche suivante qui a été publiée durant la Seconde Guerre mondiale, au Canada, puis réponds aux questions qui s'y rapportent.

a) À qui s'adresse cette affiche?

_____

_____

b) Quel but visent les autorités canadiennes en publiant cette affiche?

_____

_____

_____

_____

_____

_____

_____

c) En temps de guerre, que craignent particulièrement les gouvernements?

_____

Nom : ______________________ Groupe : ____________ Date : ____________

d) Pour empêcher la divulgation de renseignements, quelle mesure adoptent les gouvernements au nom de la sécurité nationale?

____

____

____

____

4 Examine l'affiche ci-contre, puis réponds aux questions.

a) Donne une définition de l'apartheid.

____

____

____

____

____

____

____

____

____

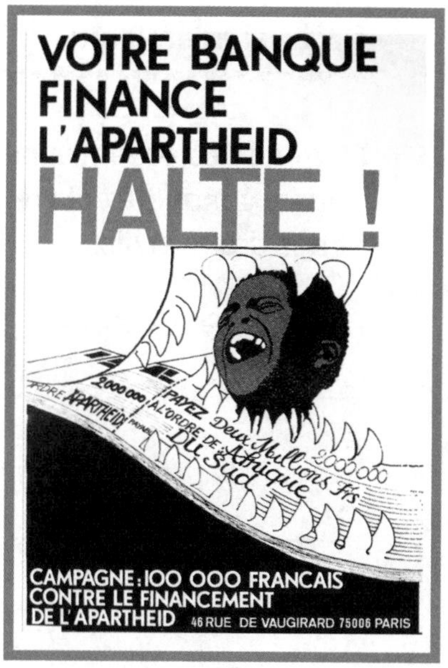

VOTRE BANQUE
FINANCE
L'APARTHEID
HALTE !
CAMPAGNE : 100 000 FRANCAIS
CONTRE LE FINANCEMENT
DE L'APARTHEID
46 RUE DE VAUGIRARD 75006 PARIS

b) De quel pays émane cette affiche?

____

c) À quoi s'opposent les personnes qui appuient cette campagne?

____

____

____

____

d) Quel événement pourrait avoir déclenché cette campagne anti-apartheid?

____

____

____

____

5 À l'aide d'une flèche, associe chacun des personnages suivants à son pays. Attention aux pièges!

a) Mohandas Gandhi •   • États-Unis

b) Martin Luther King •   • Indochine

c) Nelson Mandela •   • Inde

d) Rosa McCauley Parks •   • Afrique du Sud

e) Hô Chi Minh •   • Portugal

f) Jawaharlal Nehru •   • Algérie

6 Nomme des organismes qui, aujourd'hui, luttent pour la conquête et la reconnaissance des libertés et des droits civils.

_____

_____

_____

_____

7 Quelles actions accomplissent ces organismes pour défendre les droits humains fondamentaux?

_____

_____

_____

_____

_____

_____

_____

_____

_____

SOURCES

AKG IMAGES

p. 58 (2.4), IAM, World History Archive

p. 154

p. 164

ALAMY

p. 2 (0.1), STOCKFOLIO

p. 3 (0.2), The Art Archive

p. 3 (0.3), Moviestore Music and Arts Photo Library

p. 7, Lebrecht Music and Arts Photo Library

p. 10 (0.4), P. Horree

p. 12, The Print Collector

p. 17, The Art Archive

p. 18, The Art Archive

p. 28, The Art Gallery Collection

p. 31, Lebrecht Music and Arts Photo Library

p. 33 (haut, droite), The Art Gallery Collection

p. 34 (bas, droite), The Art Archive

p. 35 (bas), North Wind Picture Archives

p. 38 (1.15) et 39 (2), Lebrecht Music and Arts Photo Library

p. 44, The Art Archive

p. 46 (1.19) et 50 (1), D. Hallinan

p. 47 (haut, gauche), Lebrecht Music and Arts Photo Library

p. 47 (1.20) et 50 (5), P. Widmann

p. 47 (1.21) et 50 (4), Classic Image

p. 48, The Art Gallery Collection

p. 49 (centre, gauche), Interfoto

p. 49 (centre), 256 et 258. Ivy Close Images

p. 49 (bas), The Art Archive

p. 50 (2), Idealink Photography

p. 50 (3), Medicalpicture

p. 50 (6), Stock Italia

p. 50 (8), F. Iacobelli

p. 51, M. Holden

p. couv. 1 (bas, gauche), 53 (2.2), The Art Gallery Collection

p. 54, North Wind Picture Archives

p. 58, Ivy Close Images

p. 58 (2.5), Illustration Works

p. 58 (2.6), PARIS PIERCE

p. 59 (2.7), North Wind Picture Archives

p. 59 (2.8), MartinShields

p. 59 (2.9), INTERFOTO

p. 59 (2.10), Portraits Essentials

p. 63 (2.13), The Art Gallery Collection

p. 63 (2.14), North Wind Picture Archives

p. 64, Cro Magnon

p. 66, World History Archive

p. 68, Quagga Media

p. 69, INTERFOTO

p. 70, World History Archive

p. 74, North Wind Picture Archives

p. 75, World History Archive

p. 76 (2.25), North Wind Picture Archives

p. 77, The Art Archive

p. 80, North Wind Picture Archives

p. 82, D. Delimont

p. 83 et 89 (droite, haut), North Wind Picture Archives

p. 84, The Art Archive

p. 86, J Marshall - Tribaleye Images

p. 87 (2.38) et 89 (droite, centre), The Art Archive

p. 88, mediacolor's

p. 91 (3.3), ClassicStock

p. 93, The National Trust Photo Library

p. 95 (3.6) et 99 (haut, gauche), North Wind Picture Archives

p. 95 (3.7) et 99 (haut, droite), Mary Evans Picture Library

p. 96 (3.8) et 99 (bas, gauche), The Art Archive

p. 96 (3.9) et 99 (bas, droite), Lebrecht Music and Arts Photo Library

p. 96 (3.11), The Art Archive

p. 97 (3.12), North Wind Picture Archives

p. 98, Interfoto

p. 102, The Art Archive

p. 105 (3.17), North Wind Picture Archives

p. 105 (3.18), North Wind Picture Archives

p. 106, North Wind Picture Archives

p. 108, North Wind Picture Archives

p. 111 (3.22), The Art Gallery Collection

p. 111 (3.23), The Art Archive

p. 113 (3.24, gauche), World History Archive

p. 113 (3.24, centre et droite), North Wind Picture Archives

p. 115 (3.25), The Art Gallery Collection

p. 115 (3.26), C. Ehlers

p. 117, North Wind Picture Archives

p. 118, North Wind Picture Archives

p. 119, The Art Archive

p. 120 (3.33)

p. 122, The Art Archive

p. 123, The Art Gallery Collection

p. 128 (4.5), Mary Evans Picture Library

p. 129 (4.6), Lebrecht Music and Arts Photo Library

p. 129 (4.8), World History Archive

p. 134, North Wind Picture Archives

p. 145 (4.18), Classic Image

p. 145 (4.19), The Art Archive

p. 148, Interfoto

p. 149, North Wind Picture Archives

p. 150, Lebrecht Music and Arts Photo Library

p. 157, The Art Archive

p. 158, Prisma Archivo

p. 167, North Wind Picture Archives

p. 171, The Print Collector

p. 172, North Wind Picture Archives

p. 173, North Wind Picture Archives

p. 174, The Print Collector

p. 176, O. Maksymenko

p. 177, Interfoto

p. 178, The Print Collector

p. 179, The Print Collector

p. 186, Archive Images

p. 191, The Art Archive

p. 192, Archive Pics

p. 194 (6.5), Mary Evans Picture Library

p. 194 (6.6), Photos 12